方尖碑
OBELISK

探知新视界

开罗

Cairo 1921: Ten Days that Made the Middle East

缔造现代中东的十日

[加拿大] C. 布拉德·福特 著
高爱娣 译

译林出版社

图书在版编目（CIP）数据

开罗1921 ：缔造现代中东的十日 /（加）C.布拉德·福特（C. Brad Faught）著 ；高爱娣译. -- 南京 ：译林出版社，2025. 7. -- ISBN 978-7-5753-0761-1

Ⅰ. D815.4

中国国家版本馆CIP数据核字第20250NQ934号

著作权合同登记号　图字：10-2023-119号

插图图片来源：达志影像

开罗1921：缔造现代中东的十日　[加拿大] C. 布拉德·福特 / 著　高爱娣 / 译

责任编辑　陈　锐
装帧设计　廖文韬
校　　对　施雨嘉
责任印制　董　虎

原文出版　Yale University Press，2022
出版发行　译林出版社
地　　址　南京市湖南路1号A楼
邮　　箱　yilin@yilin.com
网　　址　www.yilin.com
市场热线　025-86633278
排　　版　南京展望文化发展有限公司
印　　刷　江苏凤凰新华印务集团有限公司
开　　本　652毫米 ×960毫米　1/16
印　　张　16.75
插　　页　5
版　　次　2025年7月第1版
印　　次　2025年7月第1次印刷
书　　号　ISBN 978-7-5753-0761-1
定　　价　68.00元

目 录

致 谢

研究和撰写这本书具有特殊的乐趣。这一乐趣不仅来源于本书的主题，还因为从事这一工作成为疫情防控期间一项令人愉悦的任务。为了熬过那段令人不快的不宁时光，每个人都要找到自己的应对之道；撰写这部围绕1921年开罗会议的著作，正是我借以度过艰难时光的事情。

如同所有的写作过程一样，本书的完成得益于一众朋友和机构的支持，我要借此机会对他们表示感谢。首先，我要感谢耶鲁大学出版社伦敦分社和我的编辑乔安娜·戈弗雷。我与乔相识并一起工作已经有好几年了，她已成为这一领域的佼佼者。乔以非凡的热情承接了这本书的创意，指导其通过出版过程中的每一道关口。我还要感谢耶鲁大学出版社的其他有关人员，他们应时而助、素养专业；在他们之中，我要特别感谢凯蒂·厄克特、费利西提·蒙德和露西·巴肯。对雅各布·布兰迪，我还要表达更多的谢意。

对于一本高标准的历史著作来说，档案馆和图书馆是必不可少的。在为此书调研的过程中，我得到诸多档案馆和图书馆的帮助，对这些机构及其出色的员工和线上资源，我一并深表感谢。这些机构包括：位于伦敦基尤的国家档案馆，伦敦国王学院的利德尔·哈特军事档案中心，剑桥大学的丘吉尔档案中心，纽卡斯尔大学格特鲁德·贝尔档案馆，位于伦敦的议会档案馆，位于爱丁堡的苏格兰国家文档馆，牛津大学圣安东尼学院的中东档案中心，牛津大学博德利图书馆；廷代尔大学的J.威廉·霍西图书馆，以及多伦多大学的约翰·P.罗巴茨研究图书馆。还要对我的兄弟威拉姆和他的妻子凯蒂表示衷心感谢，他们安排我住在其位于渥太华西部拉纳克郡的乡间别墅里，以便我能够集中精力完成此书。我非常骄傲地成为第一位“白湖之畔的驻地作家”。

我将此书献给我以前的两位教授，一位是政治学家，另一位是历史学家。在其漫长且成果丰硕的职业生涯中，他们的为师之道、为学之道都堪称楷模，他们多年来给予我的指导和友谊更是弥足珍贵。向多伦多大学荣誉教授尼尔·内维特和特雷弗·劳埃德先生致谢！这仅仅是我表达对他们两位钦佩之情的些许心意。最后，我还要感谢我的妻子朗达·詹森。出于写作此书的需要，我时常用历史的眼光审视生活中的一切，朗达总是以高雅而幽默的态度对此予以迁就，她对我的支持始终如一。

20世纪20年代初期的中东

前　言

1921年3月20日，星期天，英国殖民地事务大臣丘吉尔作为主办者，邀请开罗会议的与会代表们参加他举办的一场特殊参访活动。开罗会议的主题是研究第一次世界大战后中东地区地缘政治的未来发展。受邀的代表们从下榻的酒店出发，穿过尼罗河，经过短暂旅行，来到吉萨，参观古金字塔和斯芬克斯狮身人面像。这一行程是丘吉尔亲自设计的，他想给这些代表带来一次巅峰体验，纪念他们在埃及首都相聚的日子。虽然还留有几场正式的晚宴，但这一天对金字塔的参访将成为这次为期十天的会议的高光时刻。

那天拍摄的一张照片，日后将成为中东现代历史进程中一个标志性的影像。参加活动的人们坐在骆驼背上，在斯芬克斯像正前方一个挨着一个比邻而立。在照片的最左侧，是丘吉尔的夫人克莱门坦，她头裹围巾，戴着墨镜，一袭白色套装随风飘逸。在她的旁边，是她的丈夫，丘吉尔身穿风衣，头戴礼帽，一副太阳镜架在鼻梁上。

然后就是久已成名的阿拉伯问题专家格特鲁德·贝尔。贝尔身裹一件长大衣，大衣上配有一条不太应时的皮领子，头戴一顶装饰羽毛、制作精美的帽子，帽檐下，贝尔冷冰冰的目光直视镜头。贝尔旁边，是已成为传奇人物的T.E.劳伦斯。劳伦斯头戴一顶礼帽，西装领带加身，迟疑地坐在骆驼背上，与其"阿拉伯的劳伦斯"的名号格格不入。最右侧，是斜眼盯着镜头的沃尔特·汤普森，他是丘吉尔的保镖。尽管这张照片后来非常出名，但其捕捉的场景却多少有些怪异，让人容易感觉到这明显是一张旅游合影。尽管贝尔和劳伦斯着装正式，但他们都拥有在沙漠中长途旅行的丰富经验，且在以往数月中骑行骆驼，他们在照片上的形象不免有些做作。与此同时，丘吉尔和他的夫人克莱门坦，此前从未骑过骆驼；丘吉尔的笨拙表现很快就在众人面前暴露无遗。

开罗会议是中东现代政治史中的分水岭。1919年的巴黎和会和1920年意大利圣雷莫会议举行之后，丘吉尔提议召开开罗会议，其目的是决定刚创立不久的国际委任统治制度的属性与落实范围。在其闭幕之后，开罗会议将启动建立伊拉克和约旦两个新阿拉伯国家的进程，并将深刻影响未来委任统治下巴勒斯坦的发展方向，而委任统治下的巴勒斯坦也是现代以色列国的前身。虽然在20世纪早期的部分中东史研究中，开罗会议曾受到过重点关注，但从未像在本书中那样被全面深入地研究过。[1]最近，当我将要完成埃德蒙·艾伦比将军传记的编纂工作时，我开始思考，对开罗会议的深入考察或许能给理解1921年那具有重要意义的十天会期中的事件和意图带来新的有价值的视角。[2]1921年春天，在艾伦比还是英国驻埃及高专的时候，他曾在日记中数次提到"丘吉尔先生"将到达开罗，参加一场关乎中东地缘政治未来的特殊会议。确实，丘吉尔仅在会议召开前的几周才与艾伦比联系，征求他对会议代表下榻和举行会谈酒店的建议；艾伦比提出把会议安排在位于开罗中心地带的豪华酒店——塞米拉米斯酒店。[3]

在过去的半个世纪中，此次会议的重要与会者，特别是丘吉尔和贝尔的私人文件已经变得方便查阅。当开始深入阅读会议文件时，我开始意识到，通过这些文件，我们可以对会议的过程和结果有更为深入的了解。当我阅读相关材料，梳理此次会议如何得以召开、如何组织推进，以及那些受邀与会人士的参会目标以及个人人品如何等问题的时候，我感到，对此次会议的全面审议或许有助于更深入、更坚实地理解和把握第一次世界大战结束后的那段世界外交史。那个年代有一种特殊的“会议文化”，坚信可以通过国际峰会解决世界大战带来的一系列破坏性问题。

开罗会议（连同其部分人员参加的耶路撒冷后续会议）的召开与欧洲的传统一脉相承，这一传统创立于1815年召开于维也纳、1878年和1884年召开于柏林的外交会议，延伸到1919年召开的巴黎和会以及1920年召开的圣雷莫会议。与此类似，自1887年以后，英国的殖民地与帝国事务会议也定期召开，这些都强化了当时的会议文化。开罗会议代表被赋予的任务是，在“一战”带来剧烈的地区动荡且奥斯曼帝国应时而败的背景下，重塑和重组中东地区的若干关键部分。

这一重大变局，既关乎欧洲的地缘政治利益，对中东地区的新生国家也同样意义重大。中东变局的双重重要性是自然的，但不能因此简单地将新生中东国家的利益归置于以英法为代表的欧洲帝国中心的利益之中。尽管开罗会议主要是英国政府的事务，但出席会议的有几位来自伊拉克政府的重要官员，其中既有伊拉克人，也有英国人。伊拉克官员的出席在某种程度上表明，会议征询了相关地区的意见，并在会议审议中加以考量。换句话说，本书将要论证的一点是：开罗会议不仅仅是一个“橡皮图章”或“纯粹的花架子”——以往的某些历史学者曾经这样描述过此次会议。[4]在那个时代，大国托管作为传统帝国统治的继承者是被视为更为进步的，在欧洲和美国的高层官署内代表着一种国际行为的高标准，尤其在帝国仍是现代国际关系中重要组织特征的背景下更是如此。[5]研究全球性帝国历史的著名学者约翰·达尔文曾说过一句具有标志性的话：英国在中东的帝国统治，是“世界中一个不稳定的突出部”。[6]那个年代的中东事务政治家和外交官，试图按着国家构建的要求来改造这一地区；直到今天，中东地区仍然带有当年这种尝试的明显烙印。

当我更为深入地阅读主要与会者在会议期间的书信，更深入地审阅会议文档记录，以及更深入地了解支撑其中东政策目标的会议框架时，会议日程的严肃性和全面性也越发清晰起来。为了更具吸引力，会议被安排在独具一格的埃及首都开罗举行，而当时还是一名伊拉克政府官员的格特鲁德·贝尔却担心，这次会议不过是英国殖民地事务部组织的一场作秀，在最初还不太愿意参加会议。1921年2月下旬，贝尔在离开巴格达前往开罗的旅途中曾给其继母弗洛伦斯·贝尔女士写信称，“我对参会一点都不积极”，她怀疑在伊拉克形势躁动不安之际离开巴格达是否明智。尽管不情愿前往开罗是贝尔的第一个念头，但一个月后，在其回家的旅途上，贝尔的立场则变得更为深思熟虑：“美好的工作就在眼前，我真的很高兴回到巴格达。”[7]确实，贝尔在1921年春天关于中东未来及其个人作用的乐观态度，反映了开罗会议多数与会者的看法，丘吉尔和劳伦斯尤其乐观。所有与会者离开时都踌躇满志，决心推进落实会议决定，完成对中东地区的政治重塑。随着虚弱的奥斯曼帝国军队1918年秋天在阿拉伯半岛、叙利亚和巴勒斯坦遭到全面失败，中东地区的政治重组已经开始。临近会议闭幕时，意气风发的劳伦斯给他在牛津的妈妈写信说："我们在所有重要的问题上都达成了一致，烦琐小事被一笑了之。"[8]

本书的基本任务就是回答这样一个问题：是什么因素促成了丘吉尔及其参加开罗会议的部分同事在1921年3月的一个上午，来到斯芬克斯像前，坐在骆驼背上？对于他们来说，此次会议代表着一个具有进步意义的雄心：在中东地区为当地政府塑造全新的战后地缘政治格局。从近期看，根据巴黎和会推动组建的国联之要求，开罗会议的计划中还包括一些延续英国委任统治的内容。然而，所有相关人士都清楚地认为，这些委任统治都将向着有利于真正民族独立的方向而逐步淡化消散。他们优先考虑民族国家的概念，将其视为地区重建的标准，这一举措对于后奥斯曼帝国时代的中东控局来说是一种明智的办法吗？开罗会议上主导性的"沙里夫方案"就此问题做出了回答。根据这一方案，将由哈希姆王朝的两位继承人——费萨尔和阿卜杜拉王子，分别担任伊拉克和外约旦两个君主制国家的国王。但是，开罗会议开具的药方最终能否给予伊拉克和外约旦人民所渴望的政治与经济稳定呢？另外，巴勒斯坦的政治形势异常复杂，该问题在会议上谈论激烈，巴勒斯坦能够通过此次会议的宽泛计划找到未来发展的正确方向吗？

20世纪20年代初期，国际地缘政治形势波诡云谲。面对这一形势，聚集在开罗的会议代表们试图为中东各地的阿拉伯人民和巴勒斯坦的犹太人打造一个持久的集权国家模式。通过一系列新设计组建的国家，将阿拉伯世界与当代世界在政治上联系起来；这一想法，与两年前规模大得多的巴黎和会所提出的愿景并无不同。[9]简而言之，英国和1918年之后的国际社会决心在中东于旧世界的废墟上打造一种新的秩序，开罗会议将成为显示这一决心的有力和代表性的范例。

第一章

第一次世界大战时期的中东

1918年秋天，随着灾难性的第一次世界大战在西线步入尾声，远在东方的叙利亚首都大马士革，人们正在热烈庆祝该国摆脱奥斯曼帝国四百年的统治而获得独立。10月1日上午，作为埃德蒙·艾伦比将军统帅的联合部队的一部分，澳大利亚沙漠骑兵部队开进了燃烧未尽、混乱不堪的大马士革。很快，为了显示对即将到来的“阿拉伯北方军”的敬意，澳大利亚人撤出了这座被征服的城市，让阿拉伯人享受属于自己的崇高和历史性的胜利时刻。[1]“阿拉伯北方军”以阿拉伯汉志地区哈希姆王朝费萨尔王子的名义进行战斗。现在他们尽情享受胜利时光。大马士革在历史上曾是泛阿拉伯地区的中心，伴随着震耳欲聋的欢呼声，这座30万人口的城市正沉浸在战胜奥斯曼帝国的喜悦中。同样沉浸于狂喜之中的还有年轻的英国军官T.E.劳伦斯中校。1915年初，身为开罗阿拉伯局一名普通职员的劳伦斯，不畏艰险，转而成为费萨尔的主要军事顾问。大多数阿拉伯人将劳伦斯视为英雄，称他为“奥伦斯”。1918年10月1日，劳伦斯驾驶着他那辆绰号为“蓝雾”的劳斯莱斯装甲车进入了大马士革。劳伦斯后来回忆道，那天他像往常一样，身穿全套的阿拉伯服装，“人们欢呼着他的名字，鲜花簇拥、热吻连连，还有人从房屋顶上喷洒玫瑰油”[2]。

然而，在大马士革受到庆典般欢迎的背后，则是劳伦斯在战争后一阶段所感受到的那种油尽灯枯的疲惫。在阿拉伯半岛、巴勒斯坦和叙利亚的沙漠中进行了近两年艰苦卓绝的战斗，劳伦斯身心交瘁。他亲率疲惫之师，面对奥斯曼人的强暴，坚忍不拔、勇敢作战，其心中帮助阿拉伯人摆脱奥斯曼统治赢得独立的信念始终不渝。[3]然而，在大马士革接下来的四十八小时里，劳伦斯心中坚守已久的希望在更为强大和执着的英法现实政治需要面前发生了动摇。劳伦斯进入大马士革两天以后，费萨尔将举行属于他自己的凯旋般的入城仪式，几个小时后紧随进城的是艾伦比。

魅力洋溢的阿拉伯王子与刻板严厉的英国司令官同意于入城的当天下午在市内一家酒店会面，艾伦比将借此次会面向费萨尔通报英国政府关于甫获解放的叙利亚的政策计划，而英国的相关计划将使费萨尔即刻获得阿拉伯独立的希望化为泡影。尽管在过去的两年中，两人在反对奥斯曼帝国的斗争中是并肩作战的盟友，但彼此从未见面。艾伦比立即被费萨尔吸引了，他在后来写给妻子的信中这样评价费萨尔：“热情”“亲和”“在原则问题上坦诚直率”[4]。根据劳伦斯的描述，费萨尔对艾伦比的印象是“魁伟、热烈、友善，是那个声名远扬、纵横世界大国的典型代表”[5]。在剑拔弩张却干脆利落的三十分钟会面中，两人为中东地区开启了一种不断扩展的新型治理方式。

此次会面的地点——维多利亚酒店，现已不再位于大马士革的中心地带，早已淹没在20世纪的城市发展中。但在1918年，该酒店是大马士革唯一的A级酒店；10月3日下午的半个小时，其豪华内场见证了艾伦比与费萨尔在第一次世界大战后期的一次值得纪念的会面。作为费萨尔的主要英国军事顾问，劳伦斯也出席了。此次会面的争议性结果令劳伦斯极为沮丧，以至于他决定立即退出战争，打道回家。这次会面将被证明只不过是战时帝国内部的一次刻板的例行公事。

艾伦比是带着英国政府的指示来和费萨尔会面的。根据这一指示，费萨尔必须明白，叙利亚的未来必须有法国的正式参与和监管。在两年前的1916年初，英法两国签署的《赛克斯-皮科协定》对此作出了明确规定。当费萨尔得知叙利亚未来的独立被附加了诸多限制条件时，显得犹豫迟疑；恼怒的艾伦比问劳伦斯："你难道没有告诉费萨尔叙利亚要接受法国的保护吗？""长官，我没有告诉他，我对此一无所知。"根据当时在场的澳大利亚将军哈里·乔威尔的会见记录，劳伦斯是这样回答艾伦比的问题的。言不由衷在会谈中并不常见，艾伦比被劳伦斯佯装不知《赛克斯-皮科协定》有关规定的举动激怒了。当劳伦斯声称不愿与委派给费萨尔的法国联络官进行合作时，艾伦比更为愤怒。劳伦斯愤怒地表示，他的休假要过期了，他打算立即开始休假。怒不可遏的艾伦比大声说道："好吧！你休吧！"劳伦斯沮丧地离开了会场。[6]在酒店外面，劳伦斯碰见了他沙漠作战时的亲密战友皮尔斯·乔伊斯中校；在皮尔斯看来，此时的劳伦斯穿着一身肮脏不堪的阿拉伯服装，面露抑郁、精神萎靡。与皮尔斯打招呼后，劳伦斯说："我的工作完成了，我要回家了。"[7]第二天晚间，劳伦斯离开大马士革前往埃及，再从埃及回到英国；此后，劳伦斯再也没有回过大马士革。

后来，他写了一本记叙"阿拉伯起义"的个人回忆录——《智慧七柱》。在书中，劳伦斯对当时那样决绝地离开中东表达了遗憾之情："无以名状的痛苦即刻涌上心头。"[8]回过头看，如果经过几代人后人们试图找到一个标志性的时间点，即从那个时候开始，"中东"逐步成为国际事务中的一个常见用词；那么，艾伦比与费萨尔在大马士革的会面以及劳伦斯突然的黯然退出，将成为一个合适的可供选择的时间节点。劳伦斯认为阿拉伯人在大马士革遭到了背叛，在其离开大马士革以后，很快就开始漫漫奔走，试图说服英法两国允许费萨尔拥有并治理其率领的阿拉伯军队协助盟国赢得的土地。乔伊斯后来描述道，劳伦斯是在"为费萨尔的战后政治地位而战"[9]。对于坚定执着的劳伦斯来说，这场战役一直进行到1921年3月，以开罗会议十天内做出的关键决策而宣布告终。

本质上说，劳伦斯以及其他几位关键人物在开罗会议上试图达到的目标，起因于第一次世界大战后奥斯曼帝国在中东统治的瓦解。奥斯曼帝国的溃败对于英国在这一地区的战略利益来说，意义重大、影响深远，法国和俄国的利益也同样受到影响。随着维多利亚时代在19世纪后期步入尾声，大英帝国发现自身处于错综复杂、不断变化的地缘政治环境之中。[10]一个统一的德意志帝国已经成为明显对手，其工业产能已经超越英国，其海军也对英国皇家海军在公海上长期享有的优势构成挑战。苏伊士运河和通往印度的航道是大英帝国的战略枢纽，被称为帝国的"旋转门"，而近年来法国同德国一样咄咄逼人，对英国的这一枢纽构成严峻挑战。近几十年来，英法在这一地区的竞争与日俱增。1884—1885年的"柏林西非会议"后，一小部分欧洲国家加速瓜分了撒哈拉以南非洲的大部分地区；在这一过程中，英法两国冲在前列。在那个时代，控制尼罗河上游对欧洲国家来说意义重大，英法在上尼罗河流域展开激烈争夺。1898年，基奇纳伯爵率军取得苏丹战场的胜利以后，受命率团前往法绍达；基奇纳在最后一刻将英法两国的外交对抗平缓下来。如果基奇纳此行有辱使命、归于失败，那么伦敦和巴黎都相信两国间将会爆发战争。此后不久，英国在南非卷入了持续三年的布尔战争。这场战争的代价极其高昂，英帝国的著名诗人鲁德亚德·吉卜林认为，这场战争给英国带来的教训是“不可胜数的”。在这场战争中，德国对布尔人反对英国的地缘政治企图予以积极同情，这一事实必将加深英国对帝国事务当前状况的忧虑感。[11]

与此同时，英国怀着日益增长的不安观望着奥斯曼帝国统治了四个世纪的中东地区。奥斯曼帝国在传统上被英国视为制衡俄国在本地区特别是沿印度西北边疆一线进行扩张的工具，但现在它看起来已经陷入不可挽回的衰落之中。从某种程度上说，多年以来，这个所谓的“欧洲病夫”早已被视作病入膏肓，但在20世纪之交，巴尔干地区的独立运动与俄国在高加索地区的扩张交织叠加，沉重打击着奥斯曼帝国的完整，世人对奥斯曼帝国衰落的担忧赫然突出。此外，法国把手伸向突尼斯，设法从奥斯曼人手中夺走了它；在此之前，英国使用同样伎俩占领了塞浦路斯和埃及。同时，奥斯曼帝国在欧洲的另一个竞争对手——奥匈帝国，于1908年吞并了奥斯曼帝国的波斯尼亚-黑塞哥维那；1911年，再趋活跃的意大利帝国主义开始在利比亚逞强示威。综上所述，在世界滑向第一次世界大战的几年里，奥斯曼帝国的衰落推动着英国全面评估其通过扶植奥斯曼强化自身帝国地位的传统政策。[12]

英国在中东地区的帝国政策，向来是由多种手段构成的混合体，旨在谋取特定的政策目标。英国的第一个政策手段属传统外交，英国借此构筑起相互协调的使领馆体系，用以增进自身利益。第二个手段属非常规的影响手段，包括经济、金融和军事渗透等，旨在赢得当地精英群体的支持。这方面最持久的例子，被称为“大博弈”；在这场旷日持久的博弈中，英国与俄国在波斯和阿富汗肆意玩弄鬼魅伎俩和阴谋勾连。[13]第三个手段是，英国在确保苏伊士运河的完整不受侵害的前提下，建立缓冲地带或讨好附庸国，以确保其至关重要的利益得到维护。1882年被英国占领以后，埃及理所当然地成为英国这一政策的支点。邻近的亚丁中转港口具有同样的重要地位，它是通向印度的关键站点。第四个手段是，英国还时不时地认为有必要发起陆上和海上军事行动，以确保其地区地位的安全。1878—1880年的第二次阿富汗战争和1884—1885年的戈登苏丹远征行动，就是这一手段的突出运用。大英帝国所有的这些战略手段运用，意味着在20世纪的头十年中，英国在中东地区内部及其周边地带拥有明显的主导地位，这一主导地位直接而重大的意义在于确保至关重要的连接印度的苏伊士通道的安全。[14]

尽管英国的“四边战略”是有效的，但其实际运用从不依循泾渭分明的严格套路。英国在中东地区的经营中总会碰到不期而遇的现实问题，其四种手段在英国政策筹划中主次位置的排定，将取决于英国政府的最优化战略设计。19世纪90年代，德国对外政策中自负独断的一面更趋抬头，这一趋势一直延展到20世纪的第一个十年；这一情势无疑使中东地区的形势更趋复杂。在年轻而又野心勃勃的德皇威廉二世的掌控下，德意志帝国在中东地区开始显露出自己的野心并与英国和俄国展开争夺。德皇于1898年访问耶路撒冷和大马士革，显示了德国在中东地区的野心。

德国还在1908年运行的汉志铁路的设计与建设过程中发挥了关键作用，这是德国在中东地区采取的更为实质性的进取手段。德皇当时最亲近的谋士马克斯·冯·奥本海姆设法说服威廉二世相信，将德国的辐射范围向东推进将提升帝国的国际影响。奥本海姆曾是德国驻开罗领事馆的一名随员，他深得威廉的信任，在这个具有吸引力的向东发展问题上一言九鼎。在此问题上具有同样重要影响的是阿道夫·马沙尔·冯·比伯斯坦。比伯斯坦气质高贵，贵族出身，是德国驻君士坦丁堡的大使。两人特殊政治影响的重大成果之一，就是推动德皇同意支持修建全长800英里，从大马士革到伊斯兰教圣地麦地那，穿越阿拉伯沙漠腹地的汉志铁路。

多年来，奥斯曼苏丹阿卜杜勒·哈米德二世，就梦想修建一条从大马士革一路到达麦加的铁路，载运虔诚的穆斯林每年前往麦加朝圣。此外，汉志铁路还将彰显苏丹本人信守着其伊斯兰世界哈里发的职责，并致力于昭示奥斯曼帝国的声威。作为修建汉志铁路的序幕，奥斯曼人沿着同样的线路建设了一条电报线。此线一旦完成，就将充分说明修建汉志铁路是完全可行的。随后，1901年5月，汉志铁路的修建开始了。奥斯曼帝国境内的大部分地区都为修建铁路展开了强制性捐款，而奥斯曼当局曾预计世界各地虔诚的穆斯林会迅速解囊捐助，前往麦加的朝觐之旅将变得更便捷、更安全、更便宜。

汉志铁路的成功修建主要依赖于奥斯曼士兵的劳役，但同样也依靠来自国外，特别是德国的专业技术知识。例如，铁路的管理者是来自莱比锡的海因里希·奥古斯特·迈斯纳，他从1886年开始在奥斯曼帝国工作，足迹遍及帝国的多个地方。对于英国来说，修建这条铁路是奥斯曼—德意志发起的战略挑衅行为，对英国的中东利益构成潜在威胁，临近的苏伊士运河的安全理所当然成为英国的首要关切。1884年的马赫迪起义已经给苏伊士运河安全拉响了警报，英国曾派遣戈登将军前往苏丹解决危机，但没有成功。[15]以往曾在印度西北边疆地带兴起的圣战运动，在索马里兰也不断抬头，这引起了英国的严重关切。汉志铁路于1908年修建完成后，英国的疑虑进一步加重，一批德国人被任命到铁路的各层运营岗位上；1910至1917年间，汉志铁路的行政总监一职由德国人担任。[16]总而言之，英国人所担心的是，汉志铁路将成为强化中东地区奥斯曼—德意志帝国轴心的工具。

在1914年夏天欧洲全面战争爆发之前的最后几年中，这些帝国间的竞争和挑战更为尖锐。面对风起云涌的内部抗争，奥斯曼帝国持续走向衰落；1912—1913年爆发的第一次巴尔干战争，导致奥斯曼帝国几乎失去了其所有的欧洲领土。苏伊士运河作为帝国的"脊柱"，对英国历来极端重要，而邻近的伊朗最近发现石油以后，苏伊士运河对英国的重要性更为突出。[17]"一战"爆发前夕，英国皇家海军决定把舰队动力由燃煤转为燃油；作为英国对外贸易和帝国地位最重要的武装臂膀，英国皇家海军为了全面保持作战能力，对石油这一液体"黑金"形成了高度依赖。当时作为海军大臣的温斯顿·丘吉尔于1914年6月果断出手，推动英国政府买下了"英波石油公司"的控股权，以确保皇家海军未来的燃料供应安全。[18]西方主导的现代石油工业迅速发展，中东地区在其中的中心地位不断凸显。至此，对英国而言，这一崭新的地缘战略现实给其在中东地区的广泛利益又增添了新的内涵。伦敦因而坚信，在日益迫近的大战中，奥斯曼帝国很可能会支持同盟国德国和奥匈帝国，中东地区最重大的地缘政治重组近在咫尺。可以说，面对根本性的地区变局，英国的应对准备比其他任何一个欧洲国家做得都更好一些。[19]

1918年艾伦比与费萨尔在大马士革进行了一次影响重大的会面；在此之前的几年中，英国驻埃及高专亨利·麦克马洪爵士为此次会面的举行打下了基础、营造了气氛。作为终生为英帝国服务的外交官，麦克马洪于1915年被派往埃及接替基奇纳勋爵；基奇纳勋爵在埃及担任三年的高专以后，突然于1914年8月被任命为陆军大臣。[20]麦克马洪经验丰富、谨慎细致，堪称处理帝国事务的老手，但他公开其与沙里夫·侯赛因之间函件的决定令人费解，因为那些函件有可能引发争端。年迈的哈希姆王朝统治着阿拉伯半岛西部的汉志地区，麦加和麦地那都在这一区域。同时，阿拉伯半岛其他绝大部分区域都处在沙特王室和拉希德王室的控制之下。

英国驻埃及高专麦克马洪于1915年8月在收到沙里夫试探性信函几周后予以了回复，他的回函很可能引发了争执。如果确实如此，那也事出有因。基奇纳此前曾于1914年2月在开罗会见过侯赛因的一个儿子——阿卜杜拉王子，这次会面为两边的接触定下了调子。在那次简短而重要的会面中，基奇纳试图评估阿拉伯人在大战于近期蔓延至中东地区之后，是否有意愿站在英国一边对抗奥斯曼。后来，1915年3月，基奇纳确实对其伦敦战争委员会的同僚们谈道："如果出现瓜分土耳其的局面，在阿拉伯地区出现一个处于英国扶植之下的阿拉伯王国符合英国的利益。……麦加、麦地那和卡尔巴拉等伊斯兰教的主要圣地都含括在内。"[21]战前汉志地区阿拉伯人和奥斯曼人之间的紧张关系已经多年呈上升之势，汉志铁路的修建进一步加剧了这种紧张关系。铁路穿越了贝都因人居住的大片土地，对于贝都因人来说，汉志铁路的修建预示着奥斯曼人对汉志控制的强化，侯赛因和哈希姆王室对此更是心怀不满。令侯赛因更为不满的是，在麦地那出现了一支一万人规模的带有威胁性质的奥斯曼卫戍部队。实际上，在1915年的这一时刻，沙里夫和他的四个儿子已在内部形成共识：在汉志发起反抗奥斯曼帝国统治的阿拉伯起义是一项正义的事业。他们推算，起义最早可以在1916年6月发起。[22]在勤勉和资历深厚的大臣爱德华·格雷领导下，英国外交部对汉志地区所有这些现实和潜在的事态发展表示欣然接受。

在基奇纳明确表示希望在后奥斯曼时代的中东地区出现一个英国影响下的汉志阿拉伯国家几个月后，费萨尔王子于1915年5月访问大马士革；访问期间，阿拉伯民族主义秘密组织“青年阿拉伯协会”和“盟约社”的代表，交给费萨尔一份后来被称为“大马士革议定书”的文件；费萨尔的父亲侯赛因依据这一文件开始与麦克马洪进行了长时间的通信。[23]此时，第一次世界大战已经爆发，阿拉伯民族主义者在该议定书中提出了阿拉伯人支持协约国对抗奥斯曼帝国的条件。一旦接受这些条件，这份议定书会保证哈希姆王室将来组织起义，反抗其土耳其霸主。

几个月之后，1915年7月14日，侯赛因的第一封来信放到了英国驻埃及高专官邸的办公桌上。高专官邸位于开罗市中心，俯瞰着尼罗河。两人之间受到高度重视的信函往来一直持续到1916年3月，共计10封，双方各5封。这些信函形成了一些核心原则；根据这些原则，英国及协约国将以特定的方式，回应和配合沙里夫动员其哈希姆阿拉伯王国人民对抗奥斯曼部署在阿拉伯半岛、叙利亚和巴勒斯坦的成千上万的现代化强大军事力量。这些信函并不构成英国和哈希姆王室之间有约束力的正式条约，但其内容确实表明麦克马洪愿意严肃看待哈希姆阿拉伯民族主义者的政治意愿。同时，双方同意未来联盟作战的效果将关乎英国对战后建立独立阿拉伯国家的支持。[24]在信中，侯赛因表示有意愿、有准备投入己方的人力和资金，摆脱奥斯曼的控制，赢得国家独立。他的立场与英国彻底推翻奥斯曼帝国的意志相互契合，这将分散奥斯曼对中东地区的把控，弱化以德国为首的三国同盟从事战争的能力。

麦克马洪与侯赛因之间的信函往来于开罗和麦加之间，总共持续了约八个月，一直到1916年3月10日才告结束。这一天，麦克马洪向沙里夫发出了最后一封信，在信中同意了对方向英国提出的多项支援要求，包括提供大批武器和价值5万英镑的索维林金币；麦克马洪还在信中表示知悉阿拉伯起义将很快在6月发起。[25]起义如期发起。1916年6月10日黎明，侯赛因亲自从其麦加宫殿的窗户里开了第一枪。[26]麦加的一声枪响，划破了战前这座伊斯兰最神圣城市凌晨时分的宁静，开启了阿拉伯人与奥斯曼人之间持续两年多的沙漠鏖战。

一百多年过去了，这场应时而生的阿拉伯大起义依然激动人心。T.E.劳伦斯是这场起义中的领导人物。他魅力四射，领导贝都因人起义抗争，在战争结束时被称为“阿拉伯的劳伦斯”；他的故事为他带来了全球性声誉。他于1888年出生在威尔士一个不怎么因循守旧的家庭，当时他的家正处于一个流动不居的阶段。劳伦斯共有兄弟五人，家里的第五个孩子，也就是劳伦斯最小的弟弟，出生于1900年。劳伦斯8岁时，与他的父母和三个兄弟居住在牛津北部地区的一座大房子里，所在的院子绿树成荫。劳伦斯的家庭地址波尔斯特德路2号，在很多年里成为“内德”——劳伦斯年轻时的绰号——知性和孤僻生活的中心。他的父母，托马斯和萨拉，把他们家后花园的一间地下室提供给劳伦斯作书房，成为他享受个人独处时光的空间；劳伦斯是一个敏感和书生气重的青少年，他渴望有这么一间书房。这个僻静的小屋装备齐全，有外来电源和连接主楼的电话，还有一座壁炉，劳伦斯这个十几岁的少年在这里发奋读书；后来上大学后，劳伦斯又在这里笔耕不辍。

劳伦斯学生时代的写作汇聚成一篇论文，成为他三年来在牛津大学耶稣学院为攻读近代史学位而大量阅读的最高成果。劳伦斯的本科论文体现了他对中世纪十字军东征历史日益增长的兴趣。他对这一课题怀有长期兴趣，为此进行了两次暑期长假旅行：一次是骑自行车周游法国，另一次是徒步周游叙利亚。每到一个地方，劳伦斯都要探访和描绘当地的西方建筑遗迹——主要建成于12世纪的十字军城堡。劳伦斯深深沉迷于此，并于1909年夏天独自徒步游访叙利亚，走遍了叙利亚的山山水水，行程约有1000英里。在游访叙利亚的过程中，他一丝不苟地记录下所见所闻，学会了说阿拉伯语，同时形成了对中东地区人民、社会和文化的强烈情感；这种情感成为他余生的支配力量。

1910年，劳伦斯在牛津大学获得一级学位，牛津大学的阿什莫林博物馆管理人戴维·霍加斯向他提供了一个叙利亚考古员的工作岗位。考古地点是卡尔凯美什，这是一个意义重大、文物众多、有着三千年历史的赫梯遗址。劳伦斯欣然接受了这一岗位，加入考古挖掘。实际上，在牛津大学毕业后最初的几个月中，回到中东是劳伦斯压倒一切的愿望，他甚至为此婉拒了研究生奖学金。启程前往叙利亚之前，劳伦斯用部分夏天时间参加了“牛津大学公务人员培训营”，再次骑自行车周游法国。最终，霍加斯于11月确认劳伦斯获得了考古助理职位，劳伦斯启程就职。起初，劳伦斯来到黎巴嫩，在那里学习了两个月的阿拉伯语。1911年2月，劳伦斯来到了叙利亚北部古城迦基米设。坐落在迦基米设附近的卡尔凯美什成为劳伦斯未来三年的职业家园，劳伦斯后来曾回忆道，那段日子是他“经历过的最美好时光”[27]。

卡尔凯美什挖掘场占据了幼发拉底河西岸的一大片土地，距离奥斯曼土耳其边界很近。除了修建汉志铁路，奥斯曼人还修建了柏林—巴格达铁路，这条铁路正好经过卡尔凯美什。[28]这条铁路在德国人监管下于1903年开工，但长期不能竣工，直到多年后的1940年才由别人完成修建。在劳伦斯于卡尔凯美什驻留的三年时间里，这条铁路线的修建在区域性帝国角逐的背景下备受争议，而伊朗石油的发现以及美索不达米亚很可能蕴藏石油的前景又进一步加剧了有关争议。同时，近来全面投入使用的汉志铁路成为指向阿拉伯心脏的箭头，也是奥斯曼宗主权的影响范围深入阿拉伯世界的显证。1911年刚刚来到叙利亚北部的劳伦斯，还不知道六年之后他将会策划如何摧毁瘫痪汉志铁路，以配合阿拉伯起义。

时光倥偬，大事穿梭。劳伦斯在这些年中，不仅历练成为一名熟练的考古学家，还锻炼成为一名能干的英国情报特工和战场上阿拉伯非正规作战力量的领导者。[29]在卡尔凯美什的最初几个月中，劳伦斯建立了自己的朋友圈，其中不少是当地阿拉伯人；劳伦斯还制定了工作和社交规程，时不时会遇到一些大佬要客；其中一位是43岁的知名女性沙漠旅行者格特鲁德·贝尔。贝尔有着长途探险经历，语言才能非凡，摄影眼光敏锐，文字生动煽情，是中东地区最为知名的欧洲女性。像劳伦斯一样，贝尔也是牛津大学现代史专业的毕业生，她见到劳伦斯后在写给家里的信中说道：“他是一个有趣的男孩儿，打算做一个旅行家。”自从1911年5月首次见面之后，两人将永远联系在一起，成为战时英国在这一地区的政治和军事先锋人物。[30]

直到1914年，劳伦斯的生活一直围绕着卡尔凯美什的赫梯遗址挖掘工作。在这一时期，他间或回到国内牛津大学，也会在本地旅行或到邻国黎巴嫩旅游。与此同时，衰落中的奥斯曼帝国继续着分崩离析的过程。就在几年前的1908年，在青年土耳其党革命的逼迫下，苏丹阿卜杜勒·哈米德二世恢复了1876年奥斯曼宪法并将更多的权力移交给下议院。但对于那些激进的民族主义者，比如主张宪政改革的青年土耳其党人来说，这些让步不仅来得太迟，改革幅度也不尽如人意。因此，在次年4月，苏丹就被强力废黜了。此后，奥斯曼首都君士坦丁堡和整个帝国内部的政治动荡不断增加。[31]"一战"前的奥斯曼乱局也深深吸引了劳伦斯，他在写给朋友的一封信中喊出"打倒土耳其佬"。但他同时理性地指出："我担心，那里死气沉沉，没有活力。"他还特别希望，如果奥斯曼帝国被其内部动乱击垮，被其奴役的阿拉伯人民就能够获得独立。[32]

从1914年开始，英国陆军部开始利用劳伦斯不断增加的地区专业知识及其纯熟的语言技巧。这一年的1月，在位于伦敦的"巴勒斯坦勘探基金会"的赞助下，劳伦斯开始了一项特别的绘制地图探查活动。他在卡尔凯美什的亲密同事伦纳德·伍利参加了这项活动；"皇家工程师协会"成员斯图尔特·纽科姆上尉也是活动成员之一，纽科姆在后来的阿拉伯起义中发挥了重要作用。劳伦斯一行三人以考古漫游者的身份，穿越了崎岖难行的西奈半岛，实际上执行着英国间谍任务。他们对这一区域的地理状况进行了详尽考察，其中包括禁止公开的关于内盖夫沙漠的地理情况。基奇纳勋爵当时任陆军大臣，根据他的指示，此次考察活动的目的在于预判，迫在眉睫的欧洲冲突对中近东地区的大国政治将产生什么样的影响。劳伦斯曾用“快如粉刷”描述他的地图绘制工作，突出反映了他的个人风格。[33]他们的考察结果后来被“巴勒斯坦勘探基金会”以《寻的旷野》为名予以出版。勘察工作完成于1914年秋天，这个时刻具有标志性意义，劳伦斯由此进入了自己新的生活征程，战争正在逼近。卡尔凯美什挖掘场地的美好时光结束了，劳伦斯的生活将随着世界大战和阿拉伯起义的到来，进入一个危机四伏、变幻不定的阶段。

数年之后，劳伦斯在他的《智慧七柱》一书中写道：他早期曾梦想着“助推建立新亚洲”，尤其是幻想通过阿拉伯起义反抗奥斯曼霸主来实现这一目标。[34]1914年12月，劳伦斯的“助推”已经初步展开了；他在这个月被陆军部派往开罗，成为一名低级别情报军官。当年的10月下旬，奥斯曼帝国已正式加入世界大战，站在同盟国一边。中东地区决定性冲突的舞台就此搭就，劳伦斯曾热切地预判：这场冲突的结局将会宣告奥斯曼遍及中东的四百年帝国权威的终结。

然而，对于劳伦斯来说，直到1915年，他在开罗的办公室情报工作还是“无聊的”，他在当年6月写给家人的一封信中沮丧地抱怨着。[35]尽管如此，劳伦斯工作表现良好，他编发的《阿拉伯简报》尤其出色，成为英国十分重要的情报刊物。但随着时光的流逝，任何形式的有意义的阿拉伯起义还显得遥不可及，令他感到沮丧。他将这一迟缓状态归咎于汉志哈希姆王室的五个人身上。在欧洲战争不断扩大的背景下，发动起义是不是有利于阿拉伯人的正确道路？在那时，汉志哈希姆王室还没有就此问题达成一致。但是，在大战爆发后的一整年中，在亨利·麦克马洪爵士和沙里夫·侯赛因通信的推动下，发动起义的前景在汉志阿拉伯人中酝酿聚集。

从1916年末到第二年年中，发生了两件扭转中东战争进程的重大事件。第一件是劳伦斯和一组英国情报人员于1916年10月被从开罗派往阿拉伯半岛。他们将前往会见侯赛因的四个儿子中三个年长的（第四个儿子只有十几岁），以确定其中哪一位能够有效地领导反抗奥斯曼的阿拉伯军事行动。劳伦斯在一封家信中说道，他要在侯赛因的儿子中寻找一位具有完成这一任务“必要素质”的人物。[36]这次前往汉志吉达的特殊使命，使劳伦斯有机会先后见到侯赛因的长子阿里王子、二儿子阿卜杜拉王子和三儿子费萨尔王子。劳伦斯沮丧地发现，前两位，特别是阿卜杜拉王子，没有表现出令人印象深刻的军事领导潜能。然而，这一感觉却并不是双向的，至少阿卜杜拉对劳伦斯印象良好。他会见劳伦斯时，对其渊博的当地知识印象深刻，不敢相信一个非阿拉伯人能对当地部落关系和渺无人迹的沙漠地理有如此透彻的了解。另外，劳伦斯似乎对奥斯曼军队在汉志的调动了若指掌。同样令人印象深刻的是，劳伦斯向阿卜杜拉介绍这些情况时，使用的是流利的阿拉伯语，甚至是当地的俗语。据说在与劳伦斯会谈时，阿卜杜拉王子曾不解地惊呼：“这人是上帝吗？他怎么什么都知道？”[37]

尽管有阿卜杜拉热情洋溢的称许，但劳伦斯还是怀着失望的心情离弃了在吉达的会谈，寻求会见侯赛因国王第三个有资格会谈的儿子——费萨尔王子。从吉达出发，经过长达100英里的艰辛内陆骆驼骑行，劳伦斯在10月下旬抵达了费萨尔遥远的沙漠营地。甫一抵达，劳伦斯的长途跋涉就被证明是一趟不虚此行的旅行。他后来在《智慧七柱》一书中写道：“这就是我来阿拉伯所要找寻的那个人。”就劳伦斯而言，如果费萨尔能够实权掌控汉志的贝都因人，阿拉伯起义就有真正取得成功的机会。他也是这么做的。1917年一年之中，发展缓慢的反抗奥斯曼的起义开始聚集成势，在这一过程中，费萨尔和劳伦斯位居核心地位。[38]

由此，在1917年上半年，新生的阿拉伯起义的民族主义梦想成分趋淡，战场行动趋多。起义行动的实际效能之所以日益增加，主要原因之一就是费萨尔作为领导人，有能力招募人员并将他们长时间安留在战场上，从而在反抗奥斯曼的斗争中取得进展。领导一支基本上由非正规单位组成的军队不是一件容易的事情，但凭借几次成功的攻击汉志铁路的行动，起义在1917年春天取得进展，其取得最后成功的前景呈现光明。在英国官员看来，贝都因人具有成为战士的突出潜能，皮尔斯·乔伊斯在一份报告中强调，他们"极具素养，保持安静，在黎明进攻之前进入阵地"[39]。

第二件改变阿拉伯起义早期事态的重大事件，是1917年年中艾伦比将军的到来，担任"埃及远征军"的司令。艾伦比将军刚从死气沉沉的西线战场调离，渴望取得成功，他立刻被新的领导岗位重新激发起活力。与劳伦斯的初次会面，同样对艾伦比将军产生了积极影响。艾伦比与劳伦斯的个人经历千差万别，气质明显各异，但战争的迫切需要促成了他们两人的相遇。艾伦比在会见劳伦斯前不久才来到开罗，替代行动不力的阿奇博尔德·默里将军。作为一名职业骑兵，艾伦比被西线战场的残酷沉闷和巨大损失所深深折磨。调配到充满活力的开罗，以及随之而来的在巴勒斯坦和叙利亚发起战役的广阔空间，将给他一个崭新的开端。当年6月，在伦敦的辞别时刻，首相戴维·劳合·乔治交给艾伦比一项充满感情色彩的任务：把耶路撒冷作为一件圣诞礼物交给英国人民。首相对艾伦比说，英国人民渴望一场干净利索的胜利。这一任务需要艾伦比来完成，他决心不辱使命。

1917年7月12日，筋疲力尽的劳伦斯来到开罗，向艾伦比报告了一个重要消息；对于艾伦比来说，劳伦斯的报告胜过任何欢迎礼物。经历两天穿越沙漠的匆匆跋涉，劳伦斯身穿与众不同的阿拉伯服装，来到了新任总司令的司令部，并带来了好消息。他说他来这里是报告，几天前阿拉伯军队在具有战略意义的红海亚喀巴港击败了奥斯曼人，取得了令人震惊的胜利。另外，劳伦斯自己筹划了此次行动，并身先士卒，亲率一群非正规部队的阿拉伯战士对亚喀巴发起进攻。这群阿拉伯战士中，最突出的是勇猛的哈维塔特酋长奥达・阿布・塔耶。劳伦斯身体枯萎但精神昂奋，怎么看都不像一个英国军官。他身高难以引人注意，只有5英尺5英寸，现在他站在身高6英尺2英寸的艾伦比面前，叙述着两天前阿拉伯人取得难以置信胜利的故事。

艾伦比人称“公牛”，多数时间都沉默寡言。那天，当着装怪异的劳伦斯向他讲述一周前发生的重大事件时，艾伦比更为寡言。阿拉伯人击败了奥斯曼在亚喀巴的卫戍部队，几乎将他们全都赶进大海。7月12日在英军司令部进行的这次影响深远的会面，只有劳伦斯在其《智慧七柱》一书中有所记述，别人对之加以修饰或劳伦斯凭借妙笔生花而言过其词的可能性不大。劳伦斯这样描述了他与艾伦比开始的会面：面对“魁伟自信”的艾伦比，“渺小卑微的我”向他缓缓走去。由于那天劳伦斯着装怪异，艾伦比将军也分不清他在多大程度上是真实的干将，在多大程度上是江湖骗子。但不管怎么说，确实取得了一场胜利；而且，尽管劳伦斯衣衫不整，但只要英国向战场上的阿拉伯人毫无保留地提供援助，更多类似的胜利也是可以预期的。艾伦比认可了劳伦斯的汇报并欣然承诺提供支持，会面由此结束。劳伦斯写道，艾伦比承诺提供的支持“比其最贪婪的下属以为‘足够的’要求还要多”。艾伦比向他保证，“将尽我所能向你提供帮助”，劳伦斯将带着这一保证重返阿拉伯半岛继续战斗。[40]艾伦比向伦敦的帝国总参谋长威廉·罗伯逊说：“劳伦斯在阿拉伯半岛的行动意义重大。”[41]事实确实如此。

与此同时，艾伦比在那年秋天挥军穿越巴勒斯坦，发起了自己组织的战役。经历了默里将军前期的两次失败之后，艾伦比指挥军队最终在加沙地带赢得了胜利，之后，在挥师北上穿越崎岖的朱迪亚丘陵向耶路撒冷进军之前，又在贝尔谢巴赢得了另一场胜利。随着圣地冬季的临近，艾伦比统帅的联合部队面对着决心尽可能长时间与之对抗的奥斯曼对手，作战行动艰苦卓绝。[42]艾伦比在写给妻子的信中以疲倦的口吻写道:“他们（奥斯曼军队）为之战斗的地域岩石遍地、崎岖多山，难以形容。”[43]尽管如此，到了12月初，协约国军队在圣诞节之前夺回耶路撒冷已成定局。奥斯曼人为保卫圣城进行了最后一战，但在12月9日，他们最终被驱逐并迅速向东北方向逃窜，进入比邻的叙利亚。[44]两天之后，联军于12月11日在耶路撒冷举行了正式的入城式，艾伦比有意地从老城的雅法门大步进入耶路撒冷，并在古老的大卫塔下的城堡上发表声明：在英国占领期间，耶路撒冷居民的公民与宗教自由将得到维护。[45]

1917年，艾伦比以迅猛的节奏对奥斯曼军队展开打击，为英国和协约国夺回了巴勒斯坦和叙利亚；先是加沙，而后是贝尔谢巴，现在是耶路撒冷，军事多米诺骨牌的倒塌迅疾而猛烈。同时，在艾伦比的右翼，费萨尔率领的“阿拉伯北方军”从阿拉伯半岛席卷而来，经巴勒斯坦南部进入叙利亚。费萨尔的领导艺术鼓舞人心，劳伦斯在游击作战中发挥着富有想象力和决定性的作用，奥斯曼帝国军队开展有效军事行动，特别是利用汉志铁路实施作战行动的能力受到游击战的袭击困扰；在此情况下，协约国方面已经准备迎接近在咫尺的胜利。据说，劳伦斯曾对他队伍里的军官们说，“大家都是朋友”；但皮尔斯·乔伊斯认为，在贝都因人眼中，劳伦斯凭借着勇敢和坚忍成为沙漠上的标志性人物。[46]1917年冬天和1918年春季，灵活精明的德国将军奥托·李曼·冯·桑德斯指挥的一支奥斯曼军队还在阿拉伯半岛拼死战斗，但强大、意志坚定的协约国与阿拉伯联合部队继续将他们向后驱赶。奥斯曼军队持续向北后撤，并东渡约旦河向安曼城以东后撤。

1918年9月，巴勒斯坦战役在历史名地米吉多迎来了其最后阶段的一场关键性胜利。米吉多是《圣经》记载的世界末日决战战场。协约国联军的此次胜利，扫清了进攻大马士革的通道，该城在10月初即被联军攻占。对于艾伦比和“埃及远征军”来说，这场战役证明是一场响亮的胜利。协约国联军以较小伤亡取得一系列胜利之后，7.5万名奥斯曼士兵举手投降，这几乎是李曼将军麾下的全部力量。[47]到10月底，奥斯曼军队只剩下退守到阿勒颇的一些零散人员。再次被艾伦比击败以后，奥斯曼军队在其加里波利战役的英雄穆斯塔法·凯末尔指挥下，在穆斯里米耶进行了最后的拼死抵抗。此次作战失败后，奥斯曼在10月30日签署了《摩德洛斯停战协定》，宣告全面投降。[48]至此，在对中东进行了近五百年的统治之后，奥斯曼帝国不复存在。应对和处理这一恢宏的帝国消亡的有关条款，将交由战后的巴黎和会进行外交审议。

尽管成功举行了阿拉伯起义，协约国联军也对奥斯曼帝国取得了全面胜利，但英国和法国在中东面临的地缘政治形势的复杂性一点也没有比战前减少。1916年，由于预见到协约国联军会最终在中东取得胜利，英法两国谈判形成了一项非正式协定，并以双方谈判主官马克·赛克斯爵士和佛朗索瓦·乔治-皮科的姓氏命名该协定。虽然《赛克斯-皮科协定》在阿拉伯起义前几天就得以批准，但其谈判和批准过程却是秘密进行的，只有很少几个人了解这一协定的相关规定，侯赛因和费萨尔等哈希姆王室的头面人物对此一无所知。协定条款将维护英法在中东地区的利益置于在战后满足阿拉伯人的独立要求之上。

《赛克斯-皮科协定》的推动者是一名来自约克郡的36岁拥有头衔的贵族。马克·赛克斯爵士是第六代准男爵，他富有，有丰富的中东旅行经历，惯于坚守自己的信念；但在20世纪10年代及之后一段时间里，有些人认为赛克斯只不过是一个谋求私利的机会主义者。劳伦斯就持这样的观点，他后来嘲讽地写道，赛克斯“除了偏见、直觉和一知半解之外”一无所有。尽管如此，在1915—1916年中东地区狂热的战时氛围下，这三种品行风格具有很强的市场。[49]赛克斯最初被基奇纳引入政府部门，担任其个人阿拉伯事务顾问。很快，赛克斯就积极推动英国政府成为在中东脱离奥斯曼统治之后重塑战后地区秩序的关键角色。阿斯奎斯政府策划建立了一个议会委员会，由外交部的莫里斯·德·邦森爵士主持；随着该委员会的成立，在1915年后期，一项关于奥斯曼帝国垮台之后英法瓜分奥占美索不达米亚和叙利亚的宏大计划，开始在伦敦和巴黎受到关注和支持。[50]情绪高涨的赛克斯是这一计划的先锋，他和他的法国同行乔治-皮科对这一计划进行了详尽的阐述。两人集中在法国驻伦敦的使馆进行了一系列会谈，研拟出中东地区新绘地图的范围界限。根据两人的规划，中东的新地图包括红色的英占A区和蓝色的法占B区，美索不达米亚和外约旦由英国占有，叙利亚由法国控制。从本质上说，赛克斯和皮科两人的做法，完全是英法两国间无视地区自治权的赤裸裸的地缘政治操作。《赛克斯-皮科协定》也不是建立在大国委任统治思路之上的，后者是后来在巴黎和会上通过的。赛克斯和皮科在巴勒斯坦的未来问题上没有达成一致；尽管有人认为黎巴嫩会落到法国人手里，但两人在黎巴嫩问题上也未形成清晰的意见。不管如何，最基本的计划还是形成了，赛克斯与皮科于1916年1月3日握手成交。[51]

很快，处于帝国晚期的俄国也加入了《赛克斯-皮科协定》。1916年，在沙皇尼古拉二世脆弱的领导下，有三百年历史的罗曼诺夫王朝在1917年接连不断的革命所导致的崩溃之前已开始摇摇欲坠。而在1916年，英国等协约国正处心积虑地把每况愈下的俄国保留在抵抗同盟国的阵营里，其策略之一就是使俄国成为《赛克斯-皮科协定》中的参与方[52]，有关的复杂外交运作于5月完成。然而，赛克斯与皮科提出的中东地区未来的领土划界，却没有按着麦克马洪最近在与侯赛因往来信函中所作出的承诺进行。巴黎和会创建的委任统治制度也没有被提及。在某种程度上，麦克马洪对笼统的阿拉伯未来独立表达了支持，摩擦之根由此埋下。在后来的五年中，是否向阿拉伯人作出过承诺，一直是英法两国面对的一个棘手问题。特别是，侯赛因所理解的麦克马洪对阿拉伯独立所作出的承诺，后来被解读为“口惠而实不至”之举。但不管怎么说，三方参与的《赛克斯-皮科协定》之主要意图，是在奥斯曼帝国被击败之后维护英国、法国以及较少程度上俄国等国在中东地区的地缘政治利益，这一点是没有疑义的；而这一盘算几乎没有顾及地区内阿拉伯人占领的土地。

同时，对于英国而言，一个次要性的问题也浮出台面且日显急迫。位于伦敦的犹太复国主义组织的头目哈伊姆·魏茨曼，长期吁求在巴勒斯坦建立一个犹太人的民族家园，现在这一吁求不断抬头、临近高潮。[53]英国在巴勒斯坦的外交存在可以追溯到1838年；当时，在英国国教福音派社会改革派人士洛德·沙夫茨伯里的推动下，英国在那里建立了一个领事馆。[54]事实上，在19世纪末和20世纪初的几年里，国际犹太复国主义的政治游说在英国具有头等重要性，这种状况在第一次世界大战中到达顶点。1916年12月，迫于灾难浩繁、代价高昂战争的政治压力，以及舰队街如影随形的阴谋活动，在位八年的赫伯特·阿斯奎斯首相宣布辞职。魅力沛然、精明灵敏的戴维·劳合·乔治，趁机填补了唐宁街10号出现的这个空缺。犹太复国主义者从其反应中发现，这位新首相是其坚定的政治支持者。自幼受到故乡威尔士基督教浸信会福音派教堂宣讲的熏染，劳合·乔治当时开始接受犹太复国主义者鼓吹且被众多千禧年基督徒信奉的关于世界末日即将到来的观点。他们认为，流散的犹太人重返巴勒斯坦是基督第二次降临——世界末日到来的先兆。[55]这一信仰十分坚定但进展不畅，因为魏茨曼坚持把巴勒斯坦作为犹太复国主义者的家园，拒绝考虑英国提出的其他备选地域（如乌干达或萨斯喀彻温）。犹太复国主义者的这一要求，将为英国开辟除了与汉志阿拉伯势力结盟之外在中东发挥影响的新途径。

事实证明，1917年是英国公开承诺支持犹太复国主义运动的分水岭。魏茨曼坚持为犹太复国主义事业奔走呼号，展开政治游说，与英国重要的决策者进行了一系列会见会谈。他会见了前内政大臣及后来的英国驻巴勒斯坦高专赫伯特·塞缪尔爵士。塞缪尔是一名犹太人，也是坚定的犹太复国主义者。魏茨曼随后会见了赛克斯，赛克斯很快被说服，相信在巴勒斯坦帮助建立一个犹太人国家有利于英国的地缘政治利益。动物学家、政治家罗斯柴尔德勋爵，成为犹太复国主义的另一个关键盟友。特别重要的是，阿瑟·贝尔福是魏茨曼的老相识，贝尔福虽然脱离其短暂的首相岗位已有数年，但还是外交大臣，仍是举足轻重的政治人物。如此，魏茨曼多年来为推进犹太复国主义事业而付出的努力终得回报，他的梦想正在成真。1917年11月2日，贝尔福给罗斯柴尔德写了一封信，在信中，贝尔福明确宣称英国支持在巴勒斯坦建立一个“犹太人的民族家园”[56]，这封信此后被称为《贝尔福宣言》。该信谨慎地提到，“不允许发生任何损害巴勒斯坦现有的非犹太族群民生与宗教权利的事情”。《贝尔福宣言》的发表，表明英国宣告了对后奥斯曼时代巴勒斯坦的占有权，并申明了其支持在巴勒斯坦建立一个犹太人国家的态度；法国将被迫接受巴勒斯坦是一个英国的特别问题。然而，对于阿拉伯人及其英国的重要支持者（劳伦斯是其中最知名者）来说，《贝尔福宣言》要应对的是战后中东地区尖锐的地缘政治与社会形势，是一项具有严峻挑战性的工程。

《贝尔福宣言》的消息传到劳伦斯耳朵里的那一刻，他就认定这个宣言是进一步背叛阿拉伯事业的例证。在劳伦斯看来，如果《赛克斯-皮科协定》勾画的蓝图明确了英法在中东地区的支配地位，以及与此伴随的阿拉伯从属地位，《贝尔福宣言》则是令人遗憾的雪上加霜；这两项政策对英国—阿拉伯联盟构成了“强大压力”。据其授权的传记作者杰里米·威尔逊后来表示，这两份文件也对劳伦斯的内心造成压力，但要稍微轻柔一些，因为在这一时期，劳伦斯正在战场上进行战斗，远离政治权力中心；除了在沙漠上推进战役行动之外，劳伦斯没有什么可以影响形势发展的途径和手段。他坚守的希望就是：联军最终战胜奥斯曼军队的胜利将为阿拉伯人赢得一个公正的结局，他现在每天都在冒着生命危险为阿拉伯人的利益而战斗。

艾伦比在中东取得的胜利，在英国及其盟国受到热烈庆祝；在1918年9月发给艾伦比的一封撼人心魄的电报中，英国国王乔治称赞艾伦比的胜利“居功至伟”。[57]对奥斯曼军队取得的胜利，为艾伦比赢得了经久不息的个人声望，也给他赢得了贵族头衔：第一代米吉多和菲尼斯通的艾伦比子爵。确实，无论是从夺得的领土上看，还是从其所具有的象征意义上说，艾伦比取得的胜利都是完美的。但是从地缘政治上看，艾伦比的胜利带给各参战者的却是不完整的结局。如果说阿拉伯人对后奥斯曼时代的中东地区抱有很高的期望，那么伦敦和巴黎也同样如此，只不过英法的设想有所不同。麦克马洪与侯赛因的通信、《赛克斯-皮科协定》和《贝尔福宣言》等联盟战时外交运作的结果，从现在起都将凭借头年取得的胜利而推进实施，以便在广袤而多样化的中东地区催生一个全新且有可能是全面彻底的解决方案。奥斯曼帝国消亡了，但出现了辽阔和棘手的外交空白；劳伦斯对此毫不怀疑。仓促离开大马士革之后，劳伦斯于1918年10月14日离开开罗，启程返回伦敦；在回乡的路上，劳伦斯开始回顾总结他在沙漠上的战斗岁月。在写给亚喀巴基地司令官R.H.斯科特少校的一封信中，劳伦斯以一种怀旧的笔调写道，他的阿拉伯局同事和英军战友是“一个特立独行的小团队，但我们改变了近东的历史。我在琢磨，列强将如何引导阿拉伯人的未来发展”[58]。劳伦斯后来很快发现，就在同一时刻，有相当多的人正在询问着同样的问题。

第二章

1918年后的中东外交

1918年10月，艾伦比领导联军在巴勒斯坦和叙利亚对奥斯曼及其德国盟友取得了压倒性的胜利。出乎意料，奥斯曼帝国丧失了这块它统治了四百多年的广袤土地的宗主权。确实，在这个充满了历史性重大事变的时代，奥斯曼势力在中东地区的崩溃将被证明是“一战”最为重要、最具长远意义的后果之一。在长达数百年的时间里，外部诸帝国支配着巴勒斯坦尘土飞扬的平原与峻峭嶙峋的丘陵；它们为了维护其控制权，大多数都采取了分而治之的策略。这方面最新的例子，就是奥斯曼在省区管理方面所采取的行省制度，这一制度施用于巴勒斯坦和奥斯曼帝国的整个中东辖区。19世纪中叶，奥斯曼帝国正处于伊斯兰现代化呼声广受支持的时代，埃及出生的法学家穆罕默德·阿卜杜的著作是这个时代精神的缩影；在此背景下，坦齐马特改革应时而生。但就是从这个时候起，英国人因为奥斯曼的行省制度固有的地方色彩而对其持抵制态度，他们试图创立一种新型的国家来取而代之，这些国家在未来有可能最终获得真正的西方式民族独立。

虽然艾伦比认识到他领导的军事行动取得了摧枯拉朽般的胜利，但他几乎没有时间深入考虑这一胜利的深远影响。眼前事态的发展如此迅速，以至艾伦比被迫随着战事的进展采取即刻的外交行动。10月5日，艾伦比在写给国王乔治的私人助理秘书克里夫·维格拉姆的信中说："与六个月前相比，这里和欧洲的形势都发生了很大变化。"10月底，艾伦比与奥斯曼方面象征性地签署了《摩德洛斯停战协定》，这一天恰好是他率军在贝尔谢巴战胜奥斯曼军队一周年的日子；那次战役之后，"埃及远征军"倾巢而出，向夺取耶路撒冷的目标挺进。《摩德洛斯停战协定》的签署也开启了紧锣密鼓的筹划盘算，有关方面要深入探究的问题是：战争的胜利对中东地缘政治的未来意味着什么？

虽然最初的形势发展令阿拉伯人感到满意，但在新夺取的中东地区，一种新的地缘政治形势正在不断抬头；事实证明，这一新的形势对于战时盟友来说是十分复杂的。费萨尔认为，阿拉伯人凭借征服者的权力应被允许保留对叙利亚的控制。然而，英国和法国受制于《赛克斯-皮科协定》，占领叙利亚之后的所有事态都要从地缘政治的角度予以考量。此时此地，艾伦比既要履行好军队司令的职责，又要扮演好叙利亚民事长官的角色，同时还要对费萨尔的立场和敏感予以恰到好处的尊重。如同艾伦比10月6日从大马士革写给陆军部的信中所言："阿拉伯政府成立了，阿拉伯的旗帜在政府建筑上迎风飘扬。"

在战后的最初日子里，叙利亚的政治形势相对平静。但欧洲和阿拉伯复杂的政治现实，却阻碍着费萨尔取得他所希望获得的一切，且更为严重的是，费萨尔认为他的所求都是其人民有权享有的。早些时候，在10月3日于维多利亚酒店举行的那次情绪激动的会谈中，艾伦比通报费萨尔：英国政府正式承认在巴勒斯坦和叙利亚作战的阿拉伯军队。[1]这一承认意味着，在即将到来的巴黎和平谈判中，阿拉伯方面保有一席之地。可以肯定的是，艾伦比不止一次地告诉费萨尔，在未来的和平谈判中，阿拉伯的地位将予以澄清。艾伦比在写给妻子的信中说，他意识到费萨尔“对和平解决方案有疑虑”，“但我告诉他，他必须相信协约国将会公正地对待他”。然而，艾伦比从未幻想费萨尔和阿拉伯方面将得到所有他们认为应有的权利。虽然对大马士革阿拉伯国民政府正在发挥效能感到高兴，但艾伦比在给妻子的信中写道：“这里有多种相互矛盾的政治利益，这在某种程度上妨碍了我们重整秩序的努力。”随后不久，艾伦比于10月23日向伦敦的新任帝国总参谋长亨利·威尔逊爵士报告称：“阿拉伯政府正在令人满意地开展工作。”[2]但艾伦比很快又追加了一份消息，确认组建一个由欧洲人监管的“敌区被占领土管理当局”（以下简称“管理当局”），这一机构立即摧垮了阿拉伯人施政地位的根基。所有这些表明，新占阿拉伯地区的政治形势依然问题重重、动荡不宁。

“管理当局”证明是实施间接统治的一次预演，它设有北部分局、南部分局和东部分局等三个下属单位。这一殖民地管理模式成为广为接受的英国标准。同时，艾伦比向陆军部解释称：“土耳其施政系统将尽可能长地予以延续，现存的管理机构将会得到利用。”间接统治体现了帝国的统合之道，它作为中东地区临时管制措施的有效价值，对于艾伦比来说是自然而然的。结果是，以往土耳其的行政区域及其相关记录将得以沿用，以便为今后建立欧洲人监管的政权铺平道路。艾伦比强调，这样的政权如果想取得成功，就必须以非政治的方式展开运行。与此相适应，“管理当局”的所有官员都严禁参与“任何政治宣传”，也不许“卷入任何政治问题”。[3]

“管理当局”的责任疆界不包括美索不达米亚和汉志，但在其他方向与《赛克斯-皮科协定》的条款严密吻合，这意味着“管理当局”北部分局由法国人控制，南部分局由英国人管理。“管理当局”东部分局以大马士革为中心，因此该局职责至少在目前与费萨尔新设的阿拉伯管理机构相重叠。在艾伦比内心，他毫不怀疑“管理当局”的相关规定本应是暂时性的，但“管理当局”一旦存在，其本身就可能带有惯性，至少是呈现半永久性的前景。在这种情况下，同其英国同事一样，艾伦比内心深处不信任法国人，但从未公开表露。艾伦比能从费萨尔那里清晰地看出类似的对法国人的不信任，这位阿拉伯领袖有预见性地指出：“他们打算把控这个国家。”

尽管在谈论新的临时政治安排时，艾伦比需要保持不折不扣的公平公正，但在私下，他直言不讳地书写或谈论眼下的形势，提到法国时更是这样。《赛克斯-皮科协定》的共同起草者佛朗索瓦·乔治-皮科当时正在被考虑担任“管理当局”北部分局的法国主官；在艾伦比看来，此人只不过是一个“外表聪明的肤浅之辈”。艾伦比在11月9日写给威尔逊将军的信中说：“我非常了解此人，他也认识我。”如同艾伦比所看到的，乔治-皮科和法国的首要问题就是：如果允许他们得到其希望在黎凡特获得的所有东西，就会“立刻出现麻烦”。在发给威尔逊的一份特别直白的报告中，艾伦比详尽阐述了他对中东地区战后主导形势的看法。他预测到，随着军事管制的结束，未来形势发展难测。对法国人的不信任不会以任何形式减弱。艾伦比相信，与对法国人的不信任相反，由于战时与费萨尔值得信任的合作关系，在眼下阶段，阿拉伯人对英国人的信任是牢固的。没有这一信任，“整个阿拉伯就会陷入血与火和瓦砾之中。……如果我们信守我们已经宣告的关于人民自决权的原则，我们将保住那份信任；如果相反，我们将会陷入混乱”。

1918年11月11日，也就是给威尔逊写了那份预言式书信两天之后，协约国与德国达成了停战总协议，标志着第一次世界大战的结束。经历了四年多无法估量的死亡、毁坏和混乱之后，一切看起来要结束了。艾伦比在给母亲的信中如释重负地写道：“除了在重新安排民族与边界过程中会不可避免地出现一些麻烦外，战争结束了。”[4]

以艾伦比老道的看法，《赛克斯-皮科协定》与战后中东地区当下展开的地缘政治形势严重不符。还有其他一些英国官员持有与艾伦比相同的立场，其中包括陆军上将雷金纳德·温盖特爵士。温盖特前两年里担任英国驻埃及高专，艾伦比于1919年3月接替了他的职位。温盖特在1918年11月写信给艾伦比称：“如果不想彻底废弃的话，《赛克斯-皮科协定》就需要做大幅度调整。”更为急切的是，早在近三年前，T.E.劳伦斯就曾在1916年对《赛克斯-皮科协定》表示异议。

1918年10月下旬，劳伦斯回到了伦敦。一回到家中，他就立即为阿拉伯事业奔走奋争。[5]劳伦斯清晰地向劳合·乔治政府，特别是其负责英国中东政策的“东方委员会”的委员们说明：他们可以指望费萨尔支持英国在中东地区的帝国地位，但只有在他们坚持反法态度的情况下才能做到这一点。劳伦斯以前的考古老同事戴维·霍加斯这时也回到了伦敦，他写道：“在这里，我们对法国人的总体态度正在趋于强硬，劳伦斯让每个人都紧张起来，而且做得很好。”[6]劳伦斯热衷于借助本人的声望和新闻界支持阿拉伯事业；那年早些时候，劳伦斯在会见美国电影制片人洛厄尔·托马斯时就表现出这种心态。劳伦斯很快在给《时代周刊》编辑杰弗里·道森的信中写道：“阿拉伯人在参战之前并没有与我们签署条约，一直拒绝其他大国的诱惑。他们从没有公关宣传人员，也从不为自己申辩；他们承受着苦难，尽其所能地艰苦作战，对此我可以发誓证明。”[7]确实，英国主张对巴勒斯坦和美索不达米亚的宗主权，并没有引起费萨尔的反对；但在费萨尔看来，他这样做的回报就是英国支持他自己提出的对叙利亚和黎巴嫩的所有权主张，抵制法国人同时提出的相同主张。

由此，在整个10月和11月，费萨尔试图在这一地区采取一项阿拉伯政府应管尽管的政策。当这一政策推行至黎巴嫩，特别是其口岸通道时，立即引起了法国的抵制；艾伦比也采取相应举措，以安抚英国的战时盟友和阿拉伯人。当地知名阿拉伯领导人舒克里帕夏阿尔阿约比在卸任了大马士革军事长官职务之后，立即被费萨尔安排到贝鲁特担任相同职务。法国人强烈反对这一单方面的任命，声称这一举动违背了《赛克斯-皮科协定》关于B区的条款规定；按照法国人的解读，这些条款将黎巴嫩置于法国的控制之下。为了保持和平，艾伦比暂且勉强同意了法国人的要求，力压费萨尔让舒克里下台。但费萨尔拒绝这一公开施压。于是，10月10日，英国驻留在贝鲁特的军官接到他们的司令官爱德华·布尔芬将军的指示：移除贝鲁特所有公共建筑上的阿拉伯旗帜。费萨尔理所当然地对这一赤裸裸的示威性举动做出愤怒反应且不接受安抚。他向艾伦比发去了一份措辞简要的电报，抗议道：“我觉得没有必要解释和描述有何等的侮辱降临到贝鲁特的阿拉伯旗帜上，你最近曾告诉我，这个国家享有与英国其他盟国完全相同的待遇标准，这一点已获乔治五世陛下的认可。”

作为这些新占阿拉伯土地上的民事长官，艾伦比很快就认识到，在当下瞬息万变的政治与外交氛围中周旋运作，不仅劳而无功，而且难以取得决定性成果。对于作为一名职业军人的他来说，这种情形与其在长期军事生涯中所经历的情况几乎完全相悖。为了回应费萨尔对贝鲁特事态的抗议，艾伦比重复着他以前曾经表达过的立场：在巴黎缔造和平的商议得以举行且形成关于本地区未来发展的约束性决议之前，他有责任确保军事管制在黎巴嫩和他职权范围所及的所有地区得到有效实施。但艾伦比也认识到，让费萨尔对其下辖的民众和存有争议的土地实施更多的管辖，既有必要也有价值。因此，10月21日，他授权费萨尔在英国军事管制的监督下，在《赛克斯-皮科协定》划定的A区和B区实施全面的政治控制。于是，几周以后，费萨尔前往刚解放不久的阿勒颇巡视，以昭示他的一个观点，即：叙利亚已经事实上成为一个独立的阿拉伯国家。11月6日，费萨尔以胜利者的姿态进入该城，并于11月11日发表了激动人心的演说。他呼吁大家发扬阿拉伯的慷慨大度与爱国意志，把叙利亚建设成为后奥斯曼时代的多元化国家。他对他的听众说道：“在摩西、基督和穆罕默德面前，阿拉伯人就是阿拉伯人，任何在穆斯林、基督徒和犹太人之间播种不和的人都不是阿拉伯人。在所有身份中，我首先是一个阿拉伯人……我恳求我的兄弟们把我视为这片土地的仆人。”[8]

费萨尔坚持由阿拉伯人控制叙利亚的立场，因两天前达成的《英法宣言》而得以加强。在这份宣言中，英法两国承诺：“长期遭受土耳其压迫的人民将获得全面和最终的解放，民族政府和行政机构将得以建立，而相关政府与行政机构的权威则基于本土人民初始和自由的选择。”[9]英法两国似乎以此立场取代《赛克斯-皮科协定》。就在费萨尔进入阿勒颇的当天，乔治-皮科进入贝鲁特并立即要求将叙利亚转置于法国人管制之下。他的这一企图很快破灭，11月9日《英法宣言》的影响实际上废弃了《赛克斯-皮科协定》。然而，《英法宣言》的全文文本还规定，英国和法国在阿拉伯中东地区的未来政治发展中扮演一种“职能”角色，但文件并未就其“职能”角色进行具体阐述。

这项所谓“职能”角色的精准含义究竟是什么，仍是人们猜测的议题，有人从其字里行间辨认出，这实际上是走向巴黎和会后来确认的正式委任统治的一个步骤。无论如何，对于艾伦比来说，《英法宣言》正是他所期盼的，他可以借此缓和阿拉伯街头的紧张局势，以及他与费萨尔之间的个人外交关系。艾伦比曾在10月19日写信给威尔逊将军称：“如果英国和法国政府能够发表一份声明，大致申明战后在决定被解放地区之政府模式的过程中，将考虑当地人民的希望和意愿，那么将对恢复信心大有助益。”[10]从这个意义上说，艾伦比确实是得其所求。

与此同时，劳伦斯在11月8日给费萨尔的父亲沙里夫·侯赛因发电报，通知他：有关方面很快将与艾伦比就汉志派代表来巴黎问题保持联系。外交部已经征询过艾伦比：此时安排阿拉伯自己派代表直接参与巴黎和会是否得当？艾伦比热情地表达了肯定意见。劳伦斯告诉沙里夫说，费萨尔是明确的，实际上是唯一的适合担任代表的人选。沙里夫欣然同意劳伦斯的建议，并指示费萨尔立即启程前往法国首都并担任他的全权代表。沙里夫强调：一旦到达巴黎，即与“我们忠实的大不列颠盟友”保持密切联系，尽可能为新生的阿拉伯国家争取最有利的外交成果。于是，1918年11月下旬，费萨尔为叙利亚的阿拉伯政府奠定了基础框架之后，启程前往法国，参加即将开幕的巴黎和会。同时，劳伦斯继续在威斯敏斯特东方委员会面前为阿拉伯事务展开有力申辩。

总之，到11月底，就艾伦比所经历的而言，奥斯曼帝国垮台所激发的最初的政治和外交挑战都得以应对。他的相关建议在英国政府的最高层得到认可，他与费萨尔达成了一项协定，他还尽其所能与法国人维持友好关系。就最后一点而言，马克·赛克斯爵士也做出了贡献。他和乔治-皮科一样，在11月来到中东。此前不久，赛克斯拼凑了一个自己领头的小型使团，并说服外交部相信该使团将会发挥作用，能为英国争取到“军事和政治形势所允许的最为有利的中东问题解决方案”。10月30日，赛克斯启程前往巴勒斯坦。[11] 如同乔治-皮科一样，赛克斯一到目的地，即向艾伦比报告；两人都以“政治顾问”的身份为各自的政府工作。他们与国内政府部门之间的所有通报，都须经过主持全面工作的军事长官艾伦比过目。艾伦比看起来对两个人都感到满意。例如，他曾告诉威尔逊，他对皮科的到来感到高兴，“我终于有个人可以与之直言不讳了”。艾伦比此前没有见过赛克斯，但预计他与乔治-皮科是一路人。但威尔逊对此却没有把握。12月初，威尔逊写信给艾伦比称:“我希望马克·赛克斯能够安分守己，他人不错，但偏执狂热。他那份该死的《赛克斯-皮科协定》无论如何必须废弃。”

实际上，一个月前，从《英法宣言》发表之日那一刻起，《赛克斯-皮科协定》就已经被废弃了。然而，《英法宣言》所包含的民族自决愿望，从其在中东付诸履行到全面实现，还有漫长的路途要走。

在此期间，艾伦比身处日常事务的中心；他在其临时军事管制区域内四处巡游，体察当地的政治气候，同时力图把控阿拉伯人反抗欧洲人的潜在威胁。艾伦比将发生类似事变的可能性归咎于法国人。他于12月14日在一份文件中向威尔逊解释称："我刚从阿勒颇、贝鲁特等地回来……当地阿拉伯人对法国人的情感仍然不佳，而法国人并未努力去缓解这一状况。"艾伦比还欣慰地告知威尔逊，"赛克斯作用突出，很有帮助"，且"与皮科相处融洽"。[12]

艾伦比负责把控的中东紧张局势还面临着另一个复杂因素。当时，哈伊姆·魏茨曼及其犹太复国主义同伴持续向英国政府施压，要求履行《贝尔福宣言》中所作出的承诺。然而，正如艾伦比所预料的，坚定的犹太复国主义运动与巴勒斯坦近60万阿拉伯永久居民存在着不可调和的冲突；巴勒斯坦的犹太居民只有少得多的6.6万人。他在12月写给陆军部的报告中称："必须认识到这样一点：在巴勒斯坦，阿拉伯人的民族雄心并不突出，那里的非犹太居民主要关心的是在巴勒斯坦内部维护自身地位，这一地位正在受到犹太复国主义运动的威胁。"换言之，对于大部分努力推动兑现《贝尔福宣言》的犹太复国主义者来说，巴勒斯坦阿拉伯人的民族主义情绪是第二位的关切。在此情况下，艾伦比对那些和平缔造者们带着什么样的应对之策来巴黎开会并不抱有幻想。

1919年新年，巴黎和会已经开始，艾伦比仍在花费大量时间思考中东地区地缘政治格局的未来。他巡视了其辽阔的管辖区域，查验与奥斯曼达成的《摩德洛斯停战协定》的落实情况。他在1月15日向温盖特将军抱怨道：天呐！被击败的奥斯曼人居然还在"拖延"履行停战协定的条款。[13]其后，艾伦比于2月初在君士坦丁堡度过了三十六个小时，在那里，他要求并得到了奥斯曼方面对停战协定的全面落实。艾伦比特别要求奥斯曼立即解散其在中东地区的所有部队，这一要求得到及时落实。[14]

整个2月间，艾伦比都在把握处理中东地区变化莫测的英法政治外交形势，其对巴勒斯坦的军事管制也因这一形势得以持续。在这段时间，赛克斯因感染西班牙流感在巴黎病逝。在1月22日为英国代表团起草的最后一份文件中，赛克斯赞扬了艾伦比，称他是大国在中东地位的“关键标志”，“他人品华美、深孚众望，从容应变、战功赫赫”，赛克斯继续说道，所有这些因素使得艾伦比成为一笔“丰饶资产”。因此，赛克斯总结道，那些开始在巴黎展开形势审议的与会者，应就所有相关问题征求艾伦比的看法和意见。[15]与此同时，艾伦比在他的司令部里继续抵制法国人在黎巴嫩或叙利亚突出其军事存在的企图。[16]尽管乔治-皮科反复要求增加当地法国驻军的规模，但艾伦比坚持不为所动。艾伦比向威尔逊报告说，他拒绝法国外交官的请求，既基于军事上的考虑，也出于政治上的考量。“我的部队已经足够……而且我也不认为皮科先生有权对我战区所必需的部队数量发表看法；如果在巴黎和会正在进行之际，更多的法国部队开进来，”艾伦比继续说道，“就会给那些公开质疑法国意图的本地居民造成一个印象，即叙利亚的未来已经被决定了。”[17]

毫无疑义，艾伦比现在感觉自己正处于国际事务的火炉之中。这一处境不仅是不可回避的窘迫之境，而且与其军事职业背景并不相关。3月初，他在写给一位朋友的信中说道:“这里有太多需要作为、需要思考的事项。所有国家和准备成为国家的势力，各个宗教和政治派别都起而互搏，并且都试图拉拢我站在他们一边。到目前为止，我坚持了下来，但未来还须小心前行。”[18]

几天之后，3月12日，艾伦比以地方行政长官的身份应召来到巴黎，向美国总统伍德罗·威尔逊和其他出席巴黎和会的领导人直接通报当前中东地区的政治形势；也正是在3月初的这个时候，与会的领导人开始全面关注并深入研究这一问题。[19]早在2月28日，劳合·乔治的私人秘书菲利普·克尔就写信征询老板的意见称："您难道不认为尽快把艾伦比召到巴黎来是一个好主意吗？他在叙利亚、巴勒斯坦和土耳其问题上比任何其他人都更有发言权，至于有关军事问题，他的建议将更为难能可贵。"[20]首相同意了这一建议。很快，艾伦比就接到与会邀请并于3月19日抵达巴黎。

在接下来的四十八小时里，艾伦比高速运转，参与了一系列高层外交对话。如同玛格丽特·麦克米伦在她的历史著作《和平会议》一书中所称："在1919年的六个月中，巴黎是世界的首都。"艾伦比在这里被视为征战英雄而受到欢迎，他的作战区域即使不是大战中最为辽阔的战场，也是其最具传奇意义的战场之一。[21]英国代表团在巴黎有两处主要驻地，艾伦比住在其中的雄伟酒店，拥有"一个最舒适的套间，还有一辆汽车供他使用"。艾伦比随后投入工作，针对与会代表关于中东地缘政治形势的理解宣讲其掌握的地区现实政治情况。艾伦比的巴黎之行引起了普遍关注，他对此没有感到不安，而是颇感欣慰。他告知家人说："人们不断地采访我，拍照，还给我拍摄电影。"3月20日，艾伦比向和会上的"四人委员会"作了报告。[22]

这一天，伍德罗·威尔逊、劳合·乔治、乔治·克里孟梭和意大利的维托里奥·奥兰多仔细听取了艾伦比的报告；此前几个小时，此人在巴黎街头被追捧为凯旋的军队司令官，而这几位领导人中却没人有过这样的资历。在现身巴黎之前，艾伦比已经声名远播。像往常一样，艾伦比的发言直率而简洁。艾伦比直率地阐明，把法国的委任统治强加于叙利亚将会引发军事上的灾难，克里孟梭对此尤其感到不悦。威尔逊总统曾在早些时候问过艾伦比一个问题：为什么法国人的利益在中东受到排挤，而形势的发展却有利于英国人和阿拉伯人？对艾伦比来说，这个问题正中下怀，他选择用一种通俗化的表述回答这一问题，他说："在我上学的时候，如果我看到两个男孩儿在打架，其中一个是大个子，一个是小个子，我首先会踢那个大个子，而不是踢打小个子。"[23]克里孟梭对此回答更是不满。此话关于法国人在叙利亚地位的意味已十分清晰，而且出自艾伦比这样一位历经考验的武人之口，看起来对那些闻听此言的人已经起到了预期效果。

然而，"四人委员会"与艾伦比会谈的主要成果，却是威尔逊的一项建议，即成立一个"在土耳其实施委任统治联盟内部委员会"（后被称为"金-克兰委员会"），派往叙利亚调查形势，其任务是以与11月份宣布的《英法宣言》相符的方式确定当地人民的意愿。此时，这位美国总统对《赛克斯-皮科协定》的剩余价值已不屑一顾。威尔逊新近拟制的"十四点"成为建立新世界秩序的指南，其中包含着民族自决原则；威尔逊问询道，基于这一原则组建合理适当的委员会难道不是正确的前进方向吗？[24]毫不奇怪，明知叙利亚对自己心怀敌意的法国人，断然拒绝了威尔逊的建议。尽管如此，威尔逊却同时提出这个委员会的调查范围还应扩至美索不达米亚和巴勒斯坦并因此惹恼了英国人。该委员会按时成立了，但由于英法不愿加入，也无意参加其后续的审议，委员会只有美国人参加。最终，直到1922年，金-克兰委员会的提议报告才得以发表；此时，无论是法国还是英国，都认为此报告仍有争议。[25]

艾伦比在巴黎的逗留，时间短暂、工作繁忙，主要忙于与各位“大佬”（他在给朋友的信中如此称呼“四人委员会”的成员）举行会谈。但他仍能忙里偷闲，举办了一场重要的午餐会，前来赴会的客人中包括费萨尔和劳伦斯。劳伦斯于1月初抵达巴黎并随即与英国和阿拉伯代表团保持联系。但就在午餐会上与费萨尔和劳伦斯会面之后，艾伦比的注意力被外交部引向另一个紧迫问题。从某种意义上说，巴黎和会的日程对于首相来说可谓包罗万象，艾伦比曾评论说，“威尔逊和劳合・乔治的领导能力给我留下十分深刻的印象”；但英控埃及的政治形势却严重恶化，需要劳合・乔治予以关注。实际上，“一战”末期埃及就爆发了民族主义反叛，公共秩序广受破坏。[26]埃及的民族主义至少可以回溯到1882年英国占领埃及之时，“一战”的爆发和英国在1919年放逐民族主义领导人萨德・扎格卢勒之举，进一步激发了埃及的民族主义运动。

为了应对埃及的形势，英国政府开始考虑向开罗派出更强有力的人物。温盖特将军因未能在事发之初采取断然措施制止事态失序蔓延而受到指责，他因此而被召回伦敦应询埃及的危机。在考虑赴开罗接替温盖特的人选时，首相看好艾伦比并得到了前印度总督寇松勋爵的支持；寇松认为，艾伦比是“中东地区最具声望的民事与军事长官”。寇松后来在10月份被任命为外交大臣。

于是，3月20日上午，英国政府通知艾伦比，希望任命他为驻埃及和苏丹的特别高专。艾伦比毫不犹豫地接受了这一任命，很大程度上是因为他认为这只是因应温盖特滞留英国的临时安排，时间不会太长。[27]21日出发的时候，艾伦比给他的妻子写信说：“我现在前往动荡不已的埃及，埃及的复杂混乱形势是新出现的。”艾伦比相信，他的出现会产生一定的“稳定效果，但埃及的动荡有着深刻根源，那里有艰苦的工作要做”[28]。他于25日抵达埃及，立即投入帝国总督的角色，同时至少暂时仍留任协约国在中东占领地区的总司令。

艾伦比仓促离开，赶赴埃及之后，巴黎和会又继续进行了三个多月，直到6月份才宣告闭幕。但和会并没有化解中东地区的地缘政治和阿拉伯人要求独立的问题。费萨尔和经常伴其左右的劳伦斯，强烈要求赋予叙利亚以独立阿拉伯国家的地位，但无论是法国还是英国都没有准备好接受这一结果。美国同样没有做好准备。费萨尔并不反对在巴勒斯坦建立犹太人家园的计划，对法国战后控制黎巴嫩的意图也不持异议。就如麦克米伦提到的，“法国在历史上一直是奥斯曼帝国内部基督教群体的保护者，但其与黎巴嫩的马龙教派有特别密切的关系”[29]。费萨尔因此决定不再争取控制黎巴嫩。但在叙利亚、美索不达米亚和阿拉伯世界其他地区，费萨尔继续坚持民族自决的权利。1920年3月，费萨尔和新一届叙利亚国民大会（此次大会后来被视为叙利亚的首届议会）宣告成立叙利亚阿拉伯王国。然而，这一宣告未被理睬，劳合·乔治和克里孟梭拒绝承认新生的叙利亚国家。同时，威尔逊认为，对于阿拉伯人来说，唯一可行的解决问题的方案是在新成立的国联指导下，通过巴黎和会确定的委任统治制度，走宪政渐进主义道路。在此情况下，费萨尔于4月份怀着痛苦的心情提前离开巴黎，劳伦斯同样如此。[30]面对会议结果，两个人都痛切地感到被盟友，特别是法国背叛了。艾伦比之后不久于5月份在大马士革遇到了费萨尔，并报告威尔逊将军说：“费萨尔在巴黎驻留一段时间后，就像在离开叙利亚前往法国之前一样，其对法国的痛恨没有丝毫减弱……他明确告诉我，他不允许法国人留在叙利亚。”[31]然而，在英国和法国政府看来，如果委任统治制度被用作走向阿拉伯独立的第一步，或许各方都不是输家。巴黎和会后第二年在意大利召开的最高会议圣雷莫会议，将考虑把委任统治制度付诸实施，这或许会成为实现这一目标的途径。[32]

圣雷莫会议于1920年4月召开，联盟最高会议的成员齐聚一周，就头一年在巴黎确定的委任统治制度进行深入审议。劳合·乔治和法国总理亚历山大·米勒兰以及其他世界领导人、外交官和政府部长参加了此次会议。会议上，与会者集中关注的是所谓的“A级委任”，所涉地域包括前奥斯曼统治下的叙利亚、美索不达米亚和巴勒斯坦。前两个委任统治地区被会议暂时认定为具备了成为国家的全要素，巴勒斯坦没有被赋予同样的地位。法国不情愿地承认了这一安排，只是因为它预计其对相关国家的委任统治将很快在圣雷莫会议上得以确认。对于英国而言，美索不达米亚和巴勒斯坦将出现同样的问题。对费萨尔而言，圣雷莫会议4月份所确认的法国对叙利亚的委任统治，使他刚刚宣称的叙利亚国王地位处于岌岌可危的状态。

圣雷莫会议实施了巴黎和会的主要成果之一。在12月份正式成立的国联委任统治常设委员会的指导下，作为圣雷莫会议的结果，欧洲对此次会议讨论的前奥斯曼三地区的监管强化了，三地区之间的边界管理加强了。[33]在推进这些事项的过程中，英国和法国在中东地区的持续存在已不可避免，在巴勒斯坦建立犹太人国家的需求也更显突出。[34]所有这些进展都充满发生持续暴乱的危险。1920年春天，陆军部的陆军少将威廉·思韦茨爵士向艾伦比报告说：“这一地区将继续处于动荡和危险的状态。”他不加隐晦地将这一形势归咎于协约国对叙利亚和巴勒斯坦人民意愿的有意轻视，把法国统治强加于人在前，推动建立犹太人国家在后。[35]确实，法国主张对叙利亚实施全面控制激怒了费萨尔；他敦促艾伦比报告劳合·乔治：叙利亚的法军司令亨利·古鲁德将军会在叙利亚实施报复性的攻击行动。费萨尔指责法国人正在进行针对叙利亚的全面战争，6月份决定性的麦塞隆战役是其中最重要的一场战事。费萨尔告诉艾伦比："法国人在战斗中动用炮兵和飞机轰炸，不分青红皂白地摧毁村庄，把手无寸铁的村民炸得血肉横飞，没有丝毫怜悯。"[36]遭受此次彻底的失败以后，费萨尔的王位很快在7月被废黜，其本人随后被驱逐出大马士革。费萨尔的王位屈辱地终结了，其传记作者阿里·阿拉维写道，这标志着"两年半动荡且事变迭出岁月的结束；在这段日子里，费萨尔为在叙利亚建立一个独立的阿拉伯国家而奋斗不息"。

费萨尔曾恳求英国政府"要求法国人停止那些暴烈措施"，但劳合·乔治忽略了他的请求，在英国对美索不达米亚的委任统治问题上倾注了更多的关注。美索不达米亚由巴格达、巴士拉和摩苏尔等三个前奥斯曼行省构成；参照古代苏美尔人城市国家的名称——乌鲁克，这片国土自此以后被称为伊拉克。格特鲁德·贝尔在新任命的英国高专珀西·考克斯爵士的团队中担任政治官，头衔是"东方事务秘书"。考克斯与贝尔在分析伊拉克社会和向英国政府提议委任统治应采取的政府形式时，展开密切合作。确实，贝尔认为她在伊拉克所发挥的作用超越了为当前的委任统治进行考量，而是延伸到为其最终的独立出谋划策。她在中东地区有着深厚的旅行和考古经历，其政治经验也在不断深化，这些使她在涉及伊拉克未来的问题上拥有不容忽视的发言权。为此，她打算为英国政府编写一系列重要的研究报告。例如，在1920年1月，她就向当时担任印度事务大臣，同时负责美索不达米亚行政事务的埃德温·蒙塔古呈递了这样的一份报告。在一份字斟句酌但态度坚定的专题报告中，贝尔就英国政府所应采取的政策手段及英国在伊拉克实施委任统治所追求的目标阐述了个人观点。她开宗明义地说道："我认为，我们正在接近一个在本地建立文官政府的时刻，这将铲除此地的大部分怨恨不满，我曾为这一时刻的到来日夜祈祷。这就意味着，如果我们基于明智和宽宏的原则规划此地的政府机构，形势的发展就会如我所料；而如果我们不这样做，我们就会在此地促生一个持久化的暴乱状态，用不了多长时间，我们就会被拖入今天埃及和爱尔兰所面临的局面当中。"[37]

最终，贝尔为在伊拉克建立阿拉伯自治政府进行了有力争辩。她还是第一批积极呼吁任命费萨尔担任伊拉克国王的人物之一。费萨尔的任命最终得以实现，但是在圣雷莫会议激发了一系列民族主义动乱之后；而对此乱局的危害程度，贝尔早有预见。与此同时，英国在大战后期对伊拉克的军事占领，以及1920年4月以后英国对伊拉克实施的正式委任统治产生了沉重的财政负担，令英国政府难以承受。

受命在伊拉克履行英国委任统治职责的珀西·考克斯爵士，是英国中东外交的老手。"一战"期间，考克斯少将受印度政府委派前往海湾地区担任首席政治官，成为英国在海湾和美索不达米亚地区的卓越代表。[38]起初，考克斯的工作基地建在巴士拉，后来移到巴格达，把握经营着英国、美索不达米亚和奥斯曼帝国之间的帝国三角关系。这一关系中的重大时刻，是英占库特阿马拉之围。库特阿马拉之围始于1915年12月，当时英军在泰西封被奥斯曼军队击败，查尔斯·汤森将军发动的美索不达米亚战役陷入停滞。这场战役证明是英国的一场灾难，2.3万名英国和印度士兵在库特阿马拉阵亡，还有数以千计的士兵被奥斯曼军队赶到安纳托利亚的战俘营，最终难逃一死。直到1917年2月，英国和印度军队成功发起救援作战，库特阿马拉才最终被重新夺回，美索不达米亚落到英国战时管制之下。[39]

整个被围困期间，考克斯与位高权重的阿拉伯首领伊本·沙特保持着密切接触，最终说服他在战争中不要支持奥斯曼人。在这一微妙的外交手段运用中，英国政府向阿拉伯领导人每月提供5000英镑的补贴，以确保其对英国的忠诚。与此同时，英国也在讨好沙特的主要竞争对手沙里夫·侯赛因。在那个时期，考克斯成为英国在那一地区不可或缺的人物，他还因此在第一次世界大战接近尾声的时候被任命为英国驻伊朗的首任大使。他就任驻伊朗大使后立即展开的主要工作，就是《英国-波斯协定》的谈判。这一协定使英国得以独家进入伊朗集中在马斯基德·苏莱曼地区快速开发中的油田；这一地区在1908年首次发现了石油。

六年后的1914年，时任海军大臣的丘吉尔通过谈判以220万英镑的代价为英国政府购得了位于伦敦的“英波石油公司”51%的股份，这是英国当时海军政策中的关键一环。[40]在距“一战”爆发不足两个月的1914年6月，丘吉尔向英国议会下院发表谈话称：“我们现在所需要的是：一项确认的提议，一个持续的关注，一份及时的供给，一个确定的前景，这一前景蕴含的发展潜力由我们自己把握。所有这些，我们在波斯找到了。”[41]外交大臣寇松勋爵于1919年8月颁布了英国议会以压倒性优势通过的《英国-波斯协定》，该协定对强化英国在伊朗石油生产中的关键股权地位起到了立竿见影的作用。其他国家，特别是英国在该地区石油控制方面的主要竞争对手美国，指责这一协定实施垄断，而且伊朗不少人也对此不满。但对于考克斯和寇松来说，这一协定代表着一项重大的外交成就，有利于强化英国在这一地区的地缘政治优势。不仅如此，寇松热情洋溢地说道，这一协定还给予了伊朗"一个世纪以来最好的复兴机会"；寇松在向英国内阁提交的一份报告中咬文嚼字地说道，难道我们英国所要做的，仅仅就是坐视这个国家"堕入别样的衰退"[42]？作为对"英波石油公司"中控制股权的回报，英国保证尊重伊朗的独立，在伊朗启动税收改革，广泛建设铁路，并向伊朗防务提供武器弹药。

考克斯在《英国-波斯协定》签署过程中的关键作用，将其推至中东外交舞台的中央。在出席了巴黎和会并回印度短暂停留之后，考克斯于1920年秋被重新调任到巴格达。头一年，伊拉克爆发了波及广泛的起义，考克斯被派往此地的目的是平复当地形势。圣雷莫会议中关于英国对伊拉克进行国联委任统治的决定，激发了伊拉克起义，文职专员阿诺德·威尔逊因此失去了公职。伦敦可能觉得，伊拉克当局之船已经倾斜，把握其正确航向的任务应落到持重老道的考克斯手上。在10月欢迎他抵达巴格达的招待会上，考克斯用阿拉伯语宣布，稳定伊拉克形势是一项需要向前看的任务。他坚定地说，他已经来了，可以根据授权组建一个阿拉伯政府，在伊拉克独立之前展开运作，但时长还不能确定。作为考克斯的主要助手，格特鲁德·贝尔当时就在欢迎考克斯的现场。据她记录："他的讲话被听众表示赞同的声音打断。"贝尔后来给她的父亲休·贝尔爵士写信称："他的判断令人信心倍增，在这样的人手下工作令人松缓舒适，这种感觉真是难以言表。面对横陈眼前的异常艰巨的任务，他心无旁骛，为国家和人民的利益专心工作。”[43]

考克斯前往巴格达，受命平复的伊拉克起义源起于1920年5月的一系列街头抗争和大型集会。尽管人们有时慷慨激昂，但这些事态最初是和平的。当时，有一些群众代表正式向英国驻伊拉克专员威尔逊递交了伊拉克以渐进方式实现民族独立的计划书。但威尔逊以不切实际和仓促行事为由拒绝了这一计划。不满威尔逊的草率拒绝，大规模的非武装抗议由此爆发而逐渐蔓延，并转向武装起义。威尔逊和伊拉克驻军司令艾尔默·霍尔丹将军迅速做出反应，但措施过于严厉。最后，英国派出10万大军平定这场反叛；在时任陆军大臣丘吉尔的要求下，英军还从伊朗抽调了相当于一个骑兵师的兵力，并部署了两个中队的皇家空军战机增援伊拉克战事。伊拉克民族起义部队的人力与英国和印度部队的人数相当，但其武器装备劣势突出，其战场伤亡接近英方的十倍。到1920年10月起义被控制住的时候，英方阵亡1000人，受伤1800人；伊拉克方面的伤亡要惨重得多，有6000至1万人阵亡，还有同等数量的人员受伤。[44]

起义在1920年的大部分时间里四处蔓延，英国为其在伊拉克的委任统治付出了高昂的财富与血的代价，处境艰难的伊拉克人民的伤亡不断攀升，丘吉尔因此而生的挫败感日益增强。作为陆军和空军大臣，丘吉尔认为自己责无旁贷，对伊拉克的危机做出了反应，授权向伊拉克部署增派部队并派出了空中支援。当完成所有这些动作之后，丘吉尔希望能够尽快结束英国在伊拉克重型装备、代价高昂的军事存在。丘吉尔愤怒地告知霍尔丹：英国在伊拉克征收的薄税与“美索不达米亚情势导致的人力物力的巨大浪费”形成强烈反差。但霍尔丹强烈主张继续在伊拉克进行严格的军事管制，他认为这些管制之所以必要，是因为这个国家的阿拉伯人只有在用“强力手腕”压制他们时才会尊重英国的委任统治。[45]丘吉尔如何理解霍尔丹的这种种族主义论调不得而知，但丘吉尔是讲政治的；他在写给财政大臣奥斯汀·张伯伦的信中说：“我决心在战场上为你节省几百万英镑。”丘吉尔的目标是，将每年2000万英镑的支出减至每年700万英镑。为实现这一大幅度的削减，丘吉尔希望将空军而不是陆军作为维护伊拉克安全的更为持久、更为经济的优先部署选项。[46]

可以推测，在听说丘吉尔的意图之后，没有人比贝尔更为欣慰了。在伊拉克这段动荡不宁的岁月里，她住在其位于巴格达中心的房子里，对周围发生的猖獗的暴力事件心怀绝望。同样令她感到日益忧心的是，英国政府通过印度事务部难以理解这样一个事实：继续在伊拉克奉行半军事化的统治模式只会招致灾难。然而，1920年10月，随着起义的逐渐消退，考克斯接替了摇摆不定的威尔逊，这为政治改革和广泛的和平开辟了通途。在那年的1月，贝尔曾在此写信给印度事务大臣埃德温·蒙塔古，表达了她的担心，并就未来伊拉克治理的优化提出了自己的建议。贝尔被当地人称为“阿尔哈顿”，其写给有关官员的某些信函显得冗长且漫无边际。但这封写给蒙塔古的特别信件，尽管依然冗长，但文笔平白且具有说服力，就通过何种手段推进伊拉克有意义的政治进步发表了看法。她向蒙塔古陈述说明，英国一定不能“问伊拉克人民到底需要什么。到目前为止，大多数伊拉克人对此一无所知，而且对此问题感到困惑……因此，不问；这两个单词应用火红的字母书写出来。我们需要做的……就只是说：这是伟大政府为你们规定好的”。

实事求是地说，贝尔的这些话，既有约定俗成的成分，也带有高人一等的意味。从根本上说，贝尔对阿拉伯民族主义者的愿望持同情态度，但她同时也和其英国同事一样，抱有明显的专断主义情感。然而，贝尔在中东的长期经历及其对阿拉伯政治敏感人物建立国家意愿的准确感悟，意味着她的专断主义情感掺杂着对阿拉伯人的开明看法，认为他们在不久的将来有能力以现代方式成功地管理自己。请记住，贝尔曾于1920年1月在信中向蒙塔古建言："我与绝大多数同事（此时很可能是指威尔逊）观点不同，我们注定必须以怜悯为纲，近乎超凡脱俗，还要心怀把今日世界搅得天翻地覆的雄心抱负。"[47]

然而，1920年1月贝尔写给蒙塔古的信件只是一个序幕。之后，她又向印度事务部递送了一份长达156页的文件，该文件于同年12月发表。文件标题为"美索不达米亚民事管理问题评估报告"，这项研究和写作最初是交付给了威尔逊，后者则将这一题目转给了更为能干的贝尔。[48]在此报告中，贝尔详尽陈述了伊拉克的宪政和司法历史。贝尔还在报告中阐明了她认为的一些最重要的原则。这些原则将支撑英国在伊拉克的统治取得长期成功的政策方案，既着眼当下的委任统治权限，也放眼这个国家一旦取得真正的独立。

就在1920年后期贝尔的"评估报告"呈送至议会之时，劳合·乔治也正好试图调整其应对伊拉克形势未来发展的方式途径。"评估报告"的出版，在威斯敏斯特引发了一阵"喧哗聒噪"，如同贝尔后来委屈地评论的那样，这种反应的主要原因是，这份内容新颖的报告竟然出自一名女性之手。但不管作者的性别如何，这份报告广受好评。该报告对当下的伊拉克政治生态进行了专业化的评估，从而成为英国政府政策调整的关键依据。贝尔的“评估报告”清晰地标志着英国将告别对伊拉克的最后一轮统治，充分阐明了英国由委任统治经过半民族自决，再到允许伊拉克真正独立的政治必要性。实际上，贝尔的理想是伊拉克立即获得“明确的主权独立”，她在早些时候写给蒙塔古的信中就强调过，要“允许它（伊拉克）能尽快获得真正的主权，只要我教会阿拉伯人如何做到这一点就行”[49]。这样，随着1920年年终的临近，舞台已经搭就，英国政府将全面重新考量其伊拉克现行政策的性质，并借以重塑其整体战后中东地位。贝尔后来写道：“战争留给我们的是一个多么困难的世界啊。”[50]她没有意识到英国其实正是这个世界的缔造者。尽管丘吉尔当时对此还不知情，但理解和把握中东在世界上地位作用的任务落到了他的肩上。他作为陆军和空军大臣的日子已屈指可数，等待着他的，是调任殖民地事务部的任命，以及制定英国中东政策的责任。

第三章

丘吉尔在殖民地事务部：为开罗会议做准备

身为陆军大臣，丘吉尔在1920年最后几周的时间里苦不堪言，他要处理三个复杂的棘手问题；其中最急迫的仍是美索不达米亚的严重动荡局势。第一个棘手事务涉及英国政府及其一些战时盟友的一个企图，即阻挡革命的布尔什维克红军取得进展。当时红军正试图巩固其对前俄罗斯帝国难以驾驭的广袤疆域的脆弱统治。对于丘吉尔来说，这一抵制主要是外交和言辞上的，但由于英国在两年前部署了针对红军的军事力量，这种抵制的分量依然不轻。在11月18日对牛津大学一群学生发表的一次演说中，丘吉尔断然指出："我的观点是，俄国出现的所有苦难和伤害，都源于布尔什维克主义者的邪恶与愚昧……我一以贯之加以倡导的政策立场就是：推翻和消灭这一犯罪政权。"[1]

俄国（1922年成为苏联）内战，占据了丘吉尔"一战"后的相当一部分政治日程；在1920年后期，爱尔兰独立战争引发的类似动乱，使丘吉尔面对的困局雪上加霜。发生在爱尔兰的战争中，冲突双方都采取了很多暴力行为，它直到1921年后期才通过谈判宣告结束；在此谈判中，丘吉尔发挥了关键作用。在此之前，爱尔兰共和主义者为争取独立，针对决心剥夺其独立的英国政府发起了凶猛的攻击，这一问题占据了丘吉尔的很大一部分公务精力。[2]他对爱尔兰革命派的政治组织新芬党提出的含混且指责性的建议是："停止杀戮，开始争论"；他还向他们承诺说，如果出现这一局面，"我将毫不迟疑地尽我的全力争取好的解决方案"。1921年12月的《英爱条约》就是这一结果的体现。

另一个难题就是美索不达米亚或称伊拉克的局势。虽然奥斯曼帝国两年前就被协约国彻底击败，但英国自身仍未与其继承者土耳其达成正式的双边解决方案。在丘吉尔看来，这一关键的战争胜利成果需要与英国的战后外交妥善衔接，以确保英国在前奥斯曼属地美索不达米亚的地位得以安全维护。因此，丘吉尔急于与土耳其达成协议，这将有助于解除英国对伊拉克持续和昂贵的军事占领，以及英国在前奥斯曼控制的中东其他地区的消耗开支。丘吉尔向戴维·劳合·乔治抱怨说，如果英国想从日益沉重的战后殖民财政负担中解脱出来，这块"得不偿失的沙漠"需要获得比目前更高程度的地方独立，得到更好、更廉价的治理。就在那一年，英国纳税人为治理伊拉克、巴勒斯坦和阿拉伯半岛付出的代价高达4000万英镑，接近今天的10亿英镑。其中一半的费用花在伊拉克，用于镇压当地在一年中大部分时间里分裂国家的持续暴乱。确实，正如丘吉尔向劳合·乔治诉说的那样："在爱尔兰威胁正炽之际，美索不达米亚乱局在我脑海中呈现出异常险恶的形象。"

1920年圣诞节前的几周里，丘吉尔继续因为上述三个地缘政治困局而处于焦灼之中。他确实开始质疑自己在继续留任陆军大臣的情况下是否有能力解决其中的任何一个难题。与此同时，劳合·乔治并不同意丘吉尔在土耳其及其所涉及的伊拉克问题上所持有的立场，这使丘吉尔面临的形势更趋复杂。首相与内阁的多数成员一样，持有强烈的反土耳其立场；而丘吉尔在土耳其问题上形成的立场与其同事相比带有更突出的实用主义色彩。他最终认定，与英国的前敌手达成一项协议，将能够阻止在伊拉克出现土耳其策动的乱局，这种局面正是英国在1920年伊拉克动荡期间一个挥之不去的忧虑。

从更为积极的角度讲，丘吉尔也认为新生的土耳其国家有可能运用奥斯曼帝国的某些外交传承。正如他对英国内阁所讲，这种可能的局面"将重塑抵御俄国人野心的土耳其屏障，这对我们而言永远是至关重要的"[3]。然而，虽然他在达达尼尔海战失利后东山再起，但还没有完全走出此战阴影，还不能失去首相的关键支持。1915年联军对奥斯曼控制的达达尼尔海峡发起的攻击遭受失败，丘吉尔当时担任海军大臣，这场海战是他发起的。此次海战是更广阔的加里波利战役的一部分，其灾难性结局主要归咎于他。他因此辞去内阁职务，直到1917年在劳合·乔治的支持下，他才重返政坛。丘吉尔希望维持有利的政治局面，他在12月23日写给首相的信中叹惜道，他们"在外交政策上渐行渐远……"，他们或许需要探寻"新的利益"，以阻止他们作为联合政府头面人物之间出现裂痕。[4]同时，丘吉尔所不知道的是，劳合·乔治也得出了类似的结论；他开始思考是否可以给这位不能令其满意的阁员任命新的更合适职务，即殖民地事务大臣。

随着1920年临近结束，关于内阁重组的传言开始传播，丘吉尔决定悄悄离开伦敦前往菲利普·沙逊爵士在肯特郡乡下豪华的波特林姆尼公馆，在那里放松休整几天。菲利普爵士是银行业巨头沙逊和罗斯柴尔德家族的重要成员，是一名国会议员，也是一名一贯谨慎的同性恋者，他于1913年买下了这座引人注目的开普荷兰式房子。[5]波特林姆尼公馆靠近阿什福德，俯瞰拉姆尼沼泽及沼泽之外的英吉利海峡。尽管根据沙逊爵士新近的传记作家达米安·柯林斯的说法，波特林姆尼公馆最终演变成为一个“安逸享乐窝”，但在其20世纪20年代的全盛时期，这一公馆主要用作接待沙逊在政府和上层社会中的朋友们周末休闲的乡村宅邸。作为享有优待的客人，丘吉尔将在波特林姆尼公馆迎接新年，一同参加活动的还有其他几位大臣，其中包括劳合·乔治本人和侨居海外的加拿大人、爱尔兰事务大臣哈马尔·格林伍德。伴随着放松闲适的节庆气氛，丘吉尔和同样善于交际的劳合·乔治都乐在其中；丘吉尔在波特林姆尼公馆的逗留为他提供了一个向首相直言其未来内阁角色的完美机会。

就在1921年1月1日，丘吉尔要求获得新的内阁任命，劳合·乔治则为他提供了一个岗位：接替第一代米尔纳子爵艾尔弗雷德·米尔纳，担任殖民地事务大臣；米尔纳是英帝国的长期忠诚拥护者，其长年的公务生涯正趋结束。尽管丘吉尔已开始设想离开陆军部，就任殖民地事务部，但他并没有立即答应首相提出的这一诱人提议。[6]丘吉尔告诉劳合·乔治，他是否接受这一任命，取决于首相是否同意对殖民地事务部进行改组和扩大，在其内部新组建一个专职的中东局。从1905年至1908年，丘吉尔在埃尔金伯爵任殖民地事务大臣时期担任该部次官，这段经历加深了丘吉尔对殖民地事务的兴趣。他也了解到，伦敦对其海外殖民地的监管方式是相当随意的[7]，而他将履职对这些领地予以密切指导。正是因为了解到这些情况，才使得他在1月初同意首相提议前的几天里反复思考，几陷停顿。

在随后的几周里，丘吉尔通过多种方式为其新的任职做好了准备。然而，尽管丘吉尔决心在新的岗位上取得成功，但仍担心这一岗位将“废了他”[8]。但无论如何，丘吉尔首先期盼着离开伦敦，在妻子克莱门坦的陪伴下前往法国休假，他们夫妇二人都觉得是时候休整一段时间了。“一战”结束两年多以来，这是他们的第一次休假。然而，就在离开伦敦前的1月10日，丘吉尔却有件紧急公务要办；他希望能够会见T.E.劳伦斯，说服他到殖民地事务部担任其个人的阿拉伯事务特别顾问。

到1921年1月，劳伦斯或许已是世界上最著名的英国人。早在两年前的1919年，劳伦斯就已经大出其名。当时，其“阿拉伯的劳伦斯”的幻灯形象，在科文特花园皇家大剧院和更为宏大的皇家阿尔伯特音乐厅的屏幕上大放异彩。这部幻灯片题为“巴勒斯坦的艾伦比与阿拉伯的劳伦斯”，放映时长两个小时，其间穿插的电影片段和现场音乐伴奏深受欢迎。据测算，当年仅在伦敦一地就总计有约100万人观看了这部有关阿拉伯起义的多媒体宣传片。制片人是精力充沛的美国人洛厄尔·托马斯；他将阿拉伯起义描述成阿拉伯人在英国和劳伦斯的关键性支持下发动的英雄壮举。[9]作为影片中的敌人，奥斯曼人被描绘成妨碍阿拉伯民族解放的祸首恶棍。

托马斯在“一战”期间前往中东地区，试图找寻到一位“英雄人物”在英国和美国市场推销。在具有冒险精神的劳伦斯身上，托马斯找到了他想要的人物。劳伦斯完美地适合托马斯的要求，迅速成为这部幻灯表演中的明星。在表演开始后的一段时间里，影片的头牌归于艾伦比勋爵。但在一个正在成形中的明星世界里，声音洪亮的艾伦比不敌魅力十足的劳伦斯。劳伦斯身穿飘逸的白色阿拉伯首领长袍，似乎是从电影版《天方夜谭》中拔出来的人物。1920年春季的《斯特兰杂志》夸张热情地把劳伦斯戏称为“阿拉伯无冕之王”。但很快，劳伦斯对这种名声的短期轰动效应感到厌倦。实际上，当丘吉尔在1921年初邀请他会面时，劳伦斯正住在离议会广场不远的威斯敏斯特教堂附近，处于半隐居状态。在那里，劳伦斯住在著名建筑师赫伯特·贝克爵士提供的，位于巴顿街的一套居室里，着手写作《智慧七柱》一书。该书于1926年出版后，又提高了劳伦斯的声望。

几年前，战争刚一结束，劳伦斯就有首次见到丘吉尔的机会。当时，劳伦斯从大马士革回到家乡，在战时内阁东方委员会面前为阿拉伯事项申辩。像多数其他人一样，丘吉尔对这位年轻人滋生崇拜之情。当时，丘吉尔担任军需大臣。这一职位是劳合·乔治于1917年夏天给予他的，这项任命在达达尼尔海战所造成的伤害之后，重启了丘吉尔的政治生涯。不久，在1919年1月，劳合·乔治完成了一次内阁重组，借机将丘吉尔移位至陆军部。巴黎和会又为丘吉尔和劳伦斯彼此熟悉提供了机会。丘吉尔是内阁成员，劳伦斯是费萨尔的主要顾问（其传记作者称其为费萨尔“实际上的副手”），两人在巴黎有几次不期而遇的经历。[10]费萨尔是哈希姆阿拉伯的公认领袖，也是当时处于半独立状态叙利亚处境艰难的阿拉伯政府的头号人物，他与劳伦斯在和会上结成了令人敬畏但最后归于失败的外交二人搭档。这时，丘吉尔对矮小但赢得了费萨尔完全信任的劳伦斯非常敬重。此外，劳伦斯仍然不把巴黎庞大的英国代表团放在眼里；在英国代表团中，多数人打算拒绝让劳伦斯和费萨尔两人试图通过阿拉伯独立达成自己的目标。丘吉尔后来热情洋溢地赞誉劳伦斯称，他“栖身于高山之巅，那里的空气寒爽而稀薄；在晴日当空的日子里，此处视野开阔、居高临下，世界各个王国的景色及其荣光尽收眼底”[11]。

在同意接手殖民地事务部的工作之后，赶在前往法国度假之前，丘吉尔决意要会见劳伦斯，征询他是否愿意加入他的团队，担任他的阿拉伯事务特别顾问。他觉得，这一安排将会立即给其正在临近的大臣职位带来信誉。但他同样意识到，这一举动也会招来某些人的非议，比如外交大臣寇松勋爵。鉴于殖民地人民的暴躁不安，寇松对实现政治和解的看法并不积极。在婉拒了一次聚会之后，劳伦斯同意在1月8日与丘吉尔会面。那是一个星期六的上午，劳伦斯经过一段短暂路程，从其威斯敏斯特居室来到陆军部，在下个月之前这里仍是丘吉尔的大臣居所。[12]

陆军部大楼充满了英国的帝国记忆，它是用钢铁和石头铸就的英国帝国理念的化身。[13]丘吉尔是与生俱来的帝国主义者，对他而言，陆军部、海军部（十年前，他曾在那里担任海军大臣）以及现在的殖民地事务部，都是其自然而然的工作场所。

而劳伦斯是一名半路出家的军官、情报特工和游击队领导人，以前曾是一名牛津大学学者和沙漠考古学家；对他而言，陆军部及其官僚机制有一种隔膜感。与此相反，殖民地事务部向他呈现了这样一个可能性，即修正在巴黎未能争得阿拉伯独立的失败。此后不久，劳伦斯写信给一位年长的前沙漠旅行者和反帝分子威尔弗里德·斯科恩·布伦特，他在信中说道："温斯顿在中东事务上的观点新颖而且敏锐，我希望能将其引向正途，这是我被赠予的巨大机会。"[14]劳伦斯为阿拉伯事业鼓与呼的努力屡受挫折，他在这方面确实需要第二次机会。1919年夏天他从巴黎回到家中，其为阿拉伯争取独立的希望归于破灭，劳伦斯陷入深深的绝望之中。他妈妈说，劳伦斯在这段时间深感抑郁，"在从早餐到午餐的整个上午，他端坐那里，纹丝不动，表情定格"。1月初，他曾对一个朋友说要"放弃政治"，但仅仅几天后，劳伦斯又迎来了一个崭新的机会，可以一扫两年前的失望。因此，就在结束与丘吉尔的会面离开陆军部的那一刻，劳伦斯就基本上同意入伙了。有了"阿拉伯的劳伦斯"的加盟，丘吉尔新创的中东局有了一个令人振奋的开端。但是，并不是每个人都深信劳伦斯适合此项工作。例如，2月14日，就在丘吉尔准备前往就任的时刻，他的私人秘书埃迪·马什亮出了黄旗，认为劳伦斯可能不适合这个职位；他向丘吉尔写信说："您确认劳伦斯上校将要前来任职吗？……他不是那种能够平顺嵌入政府运作机制的人……而如果对他过于放手，我觉得会有麻烦。"[15]

但丘吉尔对自己的选择有信心，遂与克莱门坦启程前往法国度假。1月10日，他们坐火车前往尼斯，在那里他们与一群富有和有威望的朋友共同愉快地度过了两周时间。在前往里维埃拉的途中，他们首先在巴黎短暂停留，丘吉尔与当时已成为法国总统的亚历山大·米勒兰进行了一次谈话。对于这两个人来说，最突出的关切都是中东地区持续的动荡局势，而中东局势，特别是叙利亚的未来发展问题，对英法关系产生着重大影响。同时，对丘吉尔来说，其在巴黎另一件别有意味的大事，则是找机会展出自己最近完成的画作。在1915年达达尼尔海战后遭受政治放逐的至暗时刻，丘吉尔开始学习绘画；现在，六年的绘画业余爱好终于有了成果。这是他的首次正式艺术展，在小巧时尚的杜勒画廊以“查尔斯·莫林”的名义举行。丘吉尔最后得知他的六幅油画售出后，感到很高兴。[16]

1月12日，丘吉尔夫妇抵达尼斯，住进酒店。很快，他们就形成了稳定的休假日程：克莱门坦打网球，她比她那经常久坐不动的丈夫更加热爱体育活动；丘吉尔则多多绘画，里维埃拉的明媚阳光眷顾着他的画笔。接下来的两周流逝如飞，他们恣意享受着远离平日陆军部严酷生活的悠闲时刻。除此之外，还有一系列与朋友和同事们共度的社交活动，参加活动的包括欧内斯特·卡斯尔爵士和第一代比弗布鲁克男爵马克斯·艾特肯。这两人都是丘吉尔交往密切的个人社交圈的重要成员：卡斯尔对确保丘吉尔财务状况的稳定不可或缺，而比弗布鲁克男爵即使在政治上未必不可或缺，但此时肯定是丘吉尔生活中如影随形的助手。[17]

1月底，丘吉尔在南方阳光明媚的梦幻生活结束了，他回到了伦敦。克莱门坦继续留在法国，搬到尼斯附近的圣让卡普费拉。她延长了假期，暂免回家管教孩子，享受着打网球的快乐。他们的第五个也是最小的孩子是个女孩，名字叫玛丽戈尔德，于两年前出生。[18]此次休假可谓正逢其时，因为回到伦敦重返日常工作后，丘吉尔将结束其陆军大臣的任期，满怀期待地穿过白厅，前往殖民地事务部任职。

丘吉尔现在担任的殖民地事务大臣，在英国不属于大部岗位。但自从第一次世界大战结束以来，大英帝国的领土与人口规模都达到历史峰值，因而，殖民地事务大臣的地位拉近了与大部岗位的距离，日显重要。[19]在始于1854年的第二次现代化重组中，殖民地事务部的责任范围显著扩大；但英帝国自身的扩展是累进式的，并非其所有的加盟领地都处于殖民地事务部的控制之下。印度是最明显的例子。直到19世纪中叶，印度都处在东印度公司的管制之下，之后则由王室直接管理。还有其他一些反常之处，埃及就是其中一例。很多年之后，从1925年开始，对应着加拿大、澳大利亚等英联邦的自治领，一些单独的秘书处以基本相同的方式建立起来。但在丘吉尔时期，无论是其十六年前担任殖民地事务部次官期间，还是现在占据该部头号位置的时刻，政府部门职责上的反常现象仍然妨碍着政府部门的平顺运转。例如，外交部控制着埃及事务，丘吉尔认为这是有问题的。从一开始，他就决心迎难而上，解决这些反常现象；在事关中东未来治理方式的问题上尤其如此。作为丘吉尔在此领域改革意志的象征，在其担任殖民地事务大臣期间，他选择了拉尔夫·多利根·弗斯做他的私人秘书。弗斯被称为“现代殖民地事务管理之父”。他积极运作，在20世纪20年代后期将一系列改革措施落实到位，在规范工作职员资格和机关风气方面发挥了重要作用，影响了整整一代人。弗斯于1930年被任命为人员招募部门的领导，一直干到1948年退休，其个人在殖民地事务部的重要影响得以固化。[20]

丘吉尔于2月下旬正式接到殖民地事务部的官印，在此之前慢吞吞的准备期里，他毫不迟疑地着手策划组建中东局，借以重组殖民地事务部。首相同意了他的设想，这清楚地表明他希望丘吉尔能在其新的内阁岗位上取得突出成就，而这位新任殖民地事务大臣也迫不及待地在相关事务上打上其个人烙印。此时，丘吉尔身兼三职，担任陆军大臣、空军大臣和殖民地事务大臣。对于政府内外的其他人，特别是大众传媒来说，丘吉尔的重权高位使其成为威斯敏斯特过于突出的人物。《曼彻斯特卫报》批评称，劳合・乔治赋予了丘吉尔“横扫一切的权力”。虽然这些来自政治左翼的批评或许是意料之中的，但《泰晤士报》也甚而怀疑专横外露的丘吉尔能否继续以专制的风格治理三个政府部门和英国的海外殖民地。[21]

如果说新闻界的批评对丘吉尔的伤害不大，那么来自政府自身内部的抵制则可能惹来巨大的困难。特别是，这些内部批评的主要源头是外交部令人敬畏的名人寇松勋爵。到1921年，寇松之星已开始向政治地平线降落。早期，19世纪80年代，他还在牛津大学读本科时就已声誉卓著，被视为确定无疑、前途似锦的政坛后起之秀和可能的首相人选。但自从他于1905年不光彩地辞去印度总督职位后，其期盼已久的至尊之位离他而去。然而，他依然是一位强有力的政治人物。1919年秋天，寇松被劳合・乔治任命为外交大臣，其任职一直持续到1924年；离职的第二年寇松就去世了。对于丘吉尔来说，第一次世界大战以来，寇松就是其竞争对手。此外，寇松为人霸道、出身贵族且受教于伊顿公学和牛津大学，一直保持着某种特定的个人秉性；如某种批评所说的，对他来说，无论是对他心怀感激还是对他心怀怨恨，都是没有区别的反应。如果寇松在贝列尔学院的朋友们因其“高高在上”而禁不住开他的玩笑，那之后别的人也会禁不住这么做。[22]例如，克莱门坦干脆叫他“全能高手”[23]。确实，他曾晋身高位，而后又跌而复升；在1921年，虽然他的星光开始变淡，但作为外交大臣，寇松依然令人敬畏。他还有理由以中近东事务的专家自居。[24]

当时，“中东”还是一个新兴的专有名词，美国人最先使用，在英国还没有普及，其涵盖的地区或国家包括：埃及、美索不达米亚、波斯、巴勒斯坦、叙利亚和沙特阿拉伯等。丘吉尔的职权范围覆盖中东，意味着其作为大臣的权力将不可避免地与他人特别是外交大臣寇松的权力发生冲突。外交部把控着埃及和汉志事务的管制，如此便意味着这两地游离于丘吉尔创建中东局的宏大计划之外。劳合·乔治专门为此事建立了一个内阁委员会，由劳工部次官詹姆斯·马斯特顿·史密斯（此人在1921年成为殖民地事务部的常任次官）主持。该委员会接下来建议将拟议中的中东局的职责范围，限制在美索不达米亚、巴勒斯坦、阿拉伯半岛和亚丁。这一决定缩小了丘吉尔最初计划中的职责范围，但殖民地事务部管辖范围之广阔仍足以侵犯外交部和印度事务部（王室管理印度的办事机构）的权力地位。在此情况下，丘吉尔试图平复大臣之间竞争引发的致命的汹涌恶浪。1月8日，他写信给寇松，征询其本人是否愿意给他提出建议，外交部能否向其提供一些不可或缺的帮助。[25]然而，在这一问题上摆平寇松并不容易；他很快就抱怨，由于中东局的责任范围，他在丘吉尔手上吃了亏。后来，在写给妻子的信中，寇松对丘吉尔进行了更强烈的指责，说这位新任的殖民地事务大臣想“把所有的事都抓在他新建的部门里，他本人想做一个亚洲事务大臣”[26]。

与此同时，在临近的印度事务部，面对咄咄逼人的丘吉尔侵犯其职权范围的前景，该部大臣埃德温·蒙塔古也大为恼火。[27]尽管他与丘吉尔之间的关系要比丘吉尔与寇松的关系友好得多，但蒙塔古认定丘吉尔伸手太长并决意反击。蒙塔古在印度事务部的根基很深，在“一战”前的四年里一直担任该部次官。而后，劳合·乔治于1917年任命他为印度事务大臣。在此岗位上，他负责启动了“蒙塔古-切姆斯福德改革”，《印度政府法》在改革中于1919年得以通过。蒙塔古是第一位占据内阁职位的英籍犹太人，其反犹太复国主义思想与其堂兄赫伯特·塞缪尔所坚持的相反观念发生冲突；后者在第二年被任命为英国驻巴勒斯坦的首任高专。

就任殖民地事务大臣前夕，丘吉尔在新设的首相休息场所契克斯庄园与劳合·乔治共度了一个周末。该庄园位于白金汉郡，坐落在伦敦中部西北约40英里的地方，是一座16世纪的庄园宅邸。[28]"你应该来这里看看，"丘吉尔给仍留在法国度假的克莱门坦写信，兴奋地说，"或许今后某一天你真的会来。"丘吉尔在那个周末情绪高涨，不仅仅是因为尽享契克斯庄园的舒适，还因为他近乎枯竭的财务窘境因一笔意外之财而得以缓解。1月27日，他在写给妻子的信中哀怨但不能令人信服地说道："我们必须依靠我们的收入生活。"当时他还不知道，他的单身表兄赫伯特·文-坦皮斯特爵士头一天在威尔士的一起铁路事故中丧生。[29]文-坦皮斯特财富可观，其遗嘱中的遗产价值达到5.6万英镑（相当于今天的250万英镑）；作为其唯一在世的男性继承人，丘吉尔获得了这笔遗产。

就在这些部门像往常一样展开相互间的暗中较量，首相也按常规展开多方商讨的时候，丘吉尔已经准备好接掌殖民地事务部。离开陆军部和空军部，意味着至少在目前，丘吉尔可以摆脱那些令人紧绷的俄国和爱尔兰军事形势；但其个人在工作上的投入比以往任何时候都要多。对于丘吉尔来说，1921年2月13日是一个值得纪念的日子。这一天，他接到了殖民地事务大臣的官印；第二天，他开始了在殖民地事务部的工作任期，再次沉浸到十六年前就已了解的熟悉环境中。

丘吉尔试图就英国在中东地区复杂的地缘政治地位问题寻求

一项永久性的解决方案，并为此筹划了一项日趋成熟的计划；在2月初的一个周末，丘吉尔在契克斯庄园与劳合·乔治围绕这一计划进行了讨论。按照丘吉尔的理解，至少在就任初期，他在殖民地事务部的主要任务，就是设计并随后推进落实一个全面的政策框架，将英国的中东地区政策的三大组成部分相互衔接起来；三个政策构件分别是“麦克马洪—侯赛因通信”、《赛克斯-皮科协定》和《贝尔福宣言》。他认为，这三份文件可以相辅相成地协调运作。然而，他的大部分内阁同事和社会大众并不这样认为。丘吉尔希望能够解决这些政策之间的相互冲突和相互脱节，代之以统一高效的地区政策，用以处理代价高昂、动荡不宁的中东地缘政治形势问题。因此，无论是在契克斯庄园，还是在就任殖民地事务大臣最初的几周时间里，丘吉尔不断与有关官员开展谈话，不停地编写政策报告，集中就英国的中东政策的统一问题开展工作。

在三份政策文件中，丘吉尔首先审议的是1915年英国驻埃及高专亨利·麦克马洪爵士与沙里夫·侯赛因之间的通信。英国当时承诺，如果阿拉伯人能够站在英国一边进行战斗，阿拉伯人将拥有某种形式的民族独立，这一承诺被“一战”结束后的形势发展所推翻。在丘吉尔看来，这一状况需要得到纾解，应重新做出努力，推动实现阿拉伯人的初始目标。他同时相信，如能在近期把他关于中东局职责范围的设想应用于实际形势，上述设想是可以实现的。用历史学家沃伦·多克特的话说，在丘吉尔看来，英国对阿拉伯独立的支持是“因其战时支持而须付给哈希姆家族的一笔光荣债务”[30]。

位列丘吉尔任务清单第二位的是重新审议《赛克斯-皮科协定》的含义。如丘吉尔曾说过的那样，赛克斯或许是“适合处理东方事务的特定人选”，但对其他人（例如劳伦斯）来说，此人不值得信任且一知半解。劳伦斯对此人怀有特别的敌意，主要是因为，劳伦斯为之倾心奋斗的阿拉伯独立，在赛克斯看来，只不过是不切实际的梦想。赛克斯曾如此评价阿拉伯人争取自由的愿望："完全的独立意味着贫困和混乱，当他（劳伦斯）对其为之奋斗的人们心怀期望时，请他考虑到这一点。"[31]

作为殖民地事务大臣，丘吉尔打算就《赛克斯-皮科协定》做出让步，前提是其条款与解读要置于他的控制之下。而要实现这一点，就要在法国难以割舍的叙利亚和黎巴嫩委任统治问题上接受坚定但和解性的观点。关于这一点，丘吉尔已经在1月初他前往尼斯的途中，在巴黎与米勒兰总统进行了深入讨论。然而，对于中东地区的英法友好关系来说，英国自身（还有劳伦斯个人）对阿拉伯人，特别是费萨尔本人的影响是一个同样重要且必要的因素。自从前一年夏天费萨尔被法国驱离其叙利亚王位之后，米勒兰向丘吉尔说，费萨尔及其支持者一直密谋反抗法国占领军，试图未来重返叙利亚王位。在他们最近的巴黎会谈中，米勒兰向丘吉尔强调，这种行动必须停止，寇松和外交部都认同这一观点。这位外交大臣曾经直截了当地声称："我宁愿同阿拉伯人而非法国人吵架。"[32]在这一问题上，丘吉尔已无需多费口舌，因为他已着手为费萨尔设计替代方案；在此方案中，费萨尔已无缘叙利亚的君主地位。在推进这一设想过程中，法国在叙利亚将获得行动自由，以换取英国在美索不达米亚、巴勒斯坦和外约旦类似形式的自主权。

丘吉尔成形中的新中东政策的第三个支柱是《贝尔福宣言》。英国在该宣言中公开承诺在巴勒斯坦建立一个犹太人的民族家园，丘吉尔个人对犹太复国主义的温和态度因此受到鼓舞。尽管他有时对犹太复国主义者的激进行为提出严厉批评，但丘吉尔支持在圣地建立一个新的犹太人国家。两年前，丘吉尔于1919年1月25日在《星期日先驱报》上发表声明，批评了马克思理论和俄国布尔什维克主义的所谓犹太特色。但犹太复国主义自身，丘吉尔写道，是一个“鼓舞人心的运动”，也为那些对俄国布尔什维克主义不怀同情，对其各自国家忠诚可嘉的“犹太民族”提供了一条合适的出路。他称赞说：“犹太人是世界上出现人类以来最为非凡的种族。”他还预言，“无论从那个角度看，一个犹太人国家的出现都是有益的”，体现了“大英帝国的真正利益”。

多年之后的1956年，在其结束第二个首相任期以后，丘吉尔向美国总统德怀特·D.艾森豪威尔说：“我当然是一个犹太复国主义者，从《贝尔福宣言》发表以后就是如此。”[33]但对丘吉尔而言，无论是其以往还是当前对犹太复国主义的支持，并未丝毫减轻他对阿拉伯民族愿望的同情。在一封写给劳合·乔治但没有寄出的信件中，丘吉尔谈论过大英帝国的有关事项，他说，毕竟“我们是世界上最大的伊斯兰国家”。在丘吉尔写这封信的那个时期，英属印度的庞大穆斯林人口占据了丘吉尔的脑海；丘吉尔在相关问题上的基本观点没有变化。丘吉尔或许有些不切实际地坚信：与以往南非布尔人与英国人之间曾经出现过的敌意相比，或与加拿大的法国人与英国人之间的矛盾相比，阿拉伯人与犹太人之间的紧张关系和相互不满，乃至互相仇恨，并不一定更为复杂棘手、不可化解。从最终的结局看，印度教徒与穆斯林之间的纷争困住了所有人，无论是英国人还是印度人，都深受其害。然而，丘吉尔相信，如果英帝国其他地方的族群纷争能够历时渐消，那么这样的局面在巴勒斯坦也会出现。

在上段引用的话语中，丘吉尔对犹太复国主义表达了过分热情的支持，但这并不意味着他抵制巴勒斯坦的阿拉伯居民。同时，他也没有低估米勒兰总统这样的观点：自1917年以来，犹太复国主义运动“搅乱了”整个阿拉伯世界。[34]但丘吉尔认为，阿拉伯—犹太关系是能够被推向和谐的。如果通过正确的人以正确的方式，通过谈判达成一项解决方案，阿拉伯人与犹太人就可以达成政治上的平衡。首先，他相信，犹太人与阿拉伯人在种族上拥有共同的闪族渊源，具有和谐相处的天然族群纽带。用劳合·乔治浸信会教堂的教诲式语言来说，“以撒的子孙”和“以实玛利的子孙”在现代世界中应该能够和平共处。在新改组的殖民地事务部各委员会中，争论双方都有各自立场的捍卫者，代表人物分别是坚定的亲阿拉伯派劳伦斯和坚定的犹太复国主义者理查德·迈纳茨哈根上校；理查德后来成为丘吉尔在中东的军事顾问。虽然这些任务中存在着明显的互不信任和相互矛盾，但丘吉尔认定，他们迟早能就那些奥斯曼帝国败亡后一直搅动中东局势的难题达成一项理性和全面的解决方案。

2月中旬，在殖民地事务部安顿好并开始工作以后，丘吉尔迅速着手加强他的中东局新班子，并将他希望完成到位的任务赋予他们。另外，尤其重要的是，丘吉尔还决定亲自视察他作为新任殖民地事务大臣将要负责管理的区域。早在担任陆军大臣的时候，他就认为，他或许应该参访美索不达米亚，在那里，局势高度动荡，军事开支巨大。然而，随着其新的内阁任命的临近，他决定将出访目的地改为埃及，同时在其首都开罗举行一次会议，讨论中东地区的治理问题。由于埃及自身的未来发展并非会议讨论的内容，开罗会议可谓正当其地、正逢其时；丘吉尔想借机对外彰显其关于英国的中东新政的理念是如何得以实现的。然而，当丘吉尔于2月底向驻在开罗的艾伦比勋爵写信时，他已意识到其在埃及的个人声誉是存有争议的。1919年以来，丘吉尔对这个国家新兴的民族主义持批评态度，对他来说，前往埃及似乎并不明智。他在写给艾伦比的信中说："我感到焦虑的是，我的出现不至于使您难堪并给当地秩序带来麻烦。"丘吉尔接着建议道，此次会议在耶路撒冷举行可能更好一些；他建议艾伦比与赫伯特·塞缪尔爵士讨论这一问题，"如果您觉得有必要，请及时让我了解相关情况，我全然听从您的安排"。

自从1921年初劳合·乔治安排他在殖民地事务部任职以来，丘吉尔的工作就开始高速运转。即使对丘吉尔而言，其向新单位的转进速度也是极快的。说服劳伦斯加入他的团队是其一项关键成就。对丘吉尔来说，如果他的中东地区改革计划想要得以推进，劳伦斯与费萨尔的亲密关系将作为必要的链接点而发挥作用。在丘吉尔看来，费萨尔在叙利亚绝对没有未来。法国在那里的委任统治意味着，叙利亚的王位对费萨尔而言已是空中楼阁。关于这一点，正是他与米勒兰在巴黎讨论的内容所在，他也就此向劳合·乔治进行了通报。丘吉尔认为，伊拉克仍然是实现费萨尔的合法国王愿望与满足阿拉伯人建立自己民族国家期盼的地方。此外，如果费萨尔被扶上伊拉克王位，伊拉克能够依据前一年圣雷莫会议上达成的协议而被赋予某种程度的独立，英国就可以开始显著地减少在这个国家的军事义务，削减其大规模的年度开支。如果说丘吉尔希望看到哈希姆阿拉伯人在战后能够实现某种形式的独立，那么他也同样希望在伊拉克为英国节省2000万英镑的财政负担。他曾在1月份警告劳合·乔治，如果这一节省行动无法取得预期目标，那么仅仅是财政压力本身就将成为胜利的一方，英国将"迫于驻军开支而撤出这块在战争中赢得的土地”[35]。

这项拟议中计划的关键，是将费萨尔置于伊拉克的王位上，能够说服他接受丘吉尔这一思想逻辑的最佳也或许是唯一人选，就是劳伦斯。尽管劳伦斯对巴黎和会后的挫折难以释怀，但他从未放弃为阿拉伯人奔走呼号。例如，在1920年秋天，他曾为伦敦的多家报纸撰写文章，继续为推进阿拉伯独立而努力。在写给《泰晤士报》和《观察家报》的文章中，他高度赞扬费萨尔“既坦诚又圆通”，是如同“先知之火”的阿拉伯领导人。劳伦斯将每况愈下、开支浩繁的伊拉克形势，归咎于阿诺德·威尔逊无能的民政领导，认为霍尔丹将军粗暴的军事指挥又使形势雪上加霜。[36]劳伦斯认为，他们在此方面的失败意味着，对伊拉克地方治理进行根本性改革的时机已经到来。他曾对其亲密同事休伯特·扬少校说过，长期的“印度化”政策需要废除。[37]因此，要把伊拉克从印度事务部的掌控中剥离出来，将其置于英国委任统治的轨道上，并最终在费萨尔国王的领导下走向独立。

丘吉尔与劳伦斯启动了将费萨尔扶上伊拉克王位的进程，而其他一些人已经开始沿着同样的方向进行努力了。寇松勋爵就是其中最为突出的人物。这位外交大臣同样认为，对伊拉克的治理如想获得成功，就需要对治理方式进行根本性的调整，这意味着由费萨尔担任伊拉克的国王。[38]自从1920年7月匆忙离开叙利亚之后，费萨尔一直居住在汉志；由于预见到成为伊拉克国王的可能性在不断增大，费萨尔已于1920年11月离开汉志前往伦敦。费萨尔于次月抵达伦敦后，曾在克拉里奇酒店短暂居留，后又转到伯克利广场附近一座更为私密的联排别墅中居住。在这一居所，他款待劳伦斯等朋友，接受采访、广造声势，将其立场公之于众，即他愿意配合不断推进的英方计划，担任伊拉克的国王。

作为沙里夫方案的组成部分，有关将费萨尔扶上伊拉克王位并由其兄阿卜杜拉担任外约旦国王的计划安排，开始在英国政府内部一定范围内流传。如此，有关方面认为，通过这些计划安排，将快刀斩乱麻地解决困扰战后中东的种种问题，并推动建立强有力的民族领导体制，对当地政府的改革也将由此而生。不出意料的是，凭借其独具特点的口才，丘吉尔给人的印象是，似乎是由他自己提出了有关设想；他与劳伦斯立即开始筹划如何将此设想付诸实践。[39]1月份"向劳伦斯明确了相关授权和口径"后，丘吉尔现在指示劳伦斯立即前往征询费萨尔是否接受英国的安排，担任伊拉克国王。[40]寇松派遣密使向费萨尔提出了同样的问题。最初，因为其父沙里夫·侯赛因认为担任伊拉克国王的应该是阿卜杜拉而不是他，费萨尔拒绝回答这一问题；但费萨尔补充道，他对这一安排取得成功的可能性表示怀疑。后来，费萨尔应邀搬到温特顿勋爵在西萨塞克斯郡的希林李庄园；温特顿是一位保守党议员，不久后担任了印度事务部的次官。从阿拉伯起义开始，温特顿就是费萨尔的朋友，在那个时期他在阿拉伯北方军参加战斗。1921年1月的某个周末，温特顿充当寇松的代表，持续推动费萨尔接受伊拉克的王位。劳伦斯担负同样的任务，曾在某个周末受邀来希林李庄园小住。在那个星期天，劳伦斯与其他人的共同努力似乎取得成效，费萨尔"同意成为伊拉克的国王"[41]。由此，丘吉尔以沙里夫方案为中心，构建新型的英国中东政策决策机制已只是时间问题。

一群顾问助手围绕着进展迅速的沙里夫方案开展工作。他们依托丘吉尔—劳伦斯轴心的支配地位，增加了中东局工作职责的广度、深度与重要程度，并进而扩充了该局的人员编制。第一个扩增的官员是约翰·伊夫林·沙克伯勒，他被丘吉尔任命为中东局局长。沙克伯勒早年毕业于伊顿公学，在被丘吉尔抽调到中东局以前已在印度事务部工作多年；他同情阿拉伯民族主义，在中东局工作了十年，践行着“勤奋工作、经验丰富、认真负责”的“公务人员的传统理念”。[42]

丘吉尔在中东局的另一个主要任命对象，是休伯特·扬。与沙克伯勒一样，扬也是阿拉伯事业的坚定支持者，他后来写了一本题为《独立的阿拉伯》的回忆录。扬是一名职业炮兵，“一战”时期他在美索不达米亚转为英国的政治官员；那个时期，他与劳伦斯成为朋友。1918年9月叙利亚战役临近结束时，他赢得了“战时优异服务勋章”。那时，他孜孜不倦地开展外交活动，被戏称为“贝都因人之梭”[43]。战后，扬就职于外交部东方委员会，并在此岗位上被丘吉尔调到殖民地事务部，担任大臣助理。

在为中东局选配人员的过程中，丘吉尔着意打造一支专业、进取和均衡的决策队伍。明显的是，其选配人员的基本立场倾向于亲阿拉伯一边。但是，如我们所知，迈纳茨哈根（巴勒斯坦战役时是艾伦比情报队伍中的关键人物）是坚定的犹太复国主义者，他的存在给丘吉尔制衡其他主要助手的亲阿拉伯立场提供了充分的依据。就丘吉尔个人的犹太复国主义立场而言，犹太—阿拉伯问题从来不是一个非此即彼的问题。另外，他坚持认为，殖民地事务部中东局正是策划伊拉克和中东其他地区治理方式的最佳场所。因此，他建议移除印度事务部对中东地区的监管职责，弱化外交部在中东事务上的作用。

尽管齐装满员的中东局将就沙里夫方案提出更多的建议，但对丘吉尔而言，劳伦斯仍是关键性人物；他是丘吉尔解决中东迷局最倚重的角色。[44]这一信任得其所值。对费萨尔来说，劳伦斯是一个可以完全信任的人。他曾这样以崇敬的口吻描述劳伦斯："他承接了挑战，从不倦怠、永不言弃，他信守承诺，赢得了阿拉伯人的信任；他与他们生活在一起，从不以高人一等的态度对待他们，并因此赢得了他们的爱戴。"正因如此，丘吉尔总是愿意倾听劳伦斯的意见，在推动费萨尔愿意接受伊拉克王位问题上更是如此。丘吉尔后来曾对一位助手谈起，其关于中东事务的最初想法就这样自然地被引到劳伦斯所推动的方向。[45]

除了中东局的几个核心人物之外，丘吉尔还求教于其他方面的专家。其中最著名的是印度事务部次官帮办阿瑟·赫泽尔爵士。丘吉尔试图将赫泽尔调到殖民地事务部工作，但为他所拒绝。然而，丘吉尔仍向他提出一系列探寻问题，试图以此扩展他对阿拉伯人和阿拉伯地域所有相关知识的了解。丘吉尔提出的这些要求和问题包括：明确阿拉伯人名拼写和发音的统一规范，提供阿拉伯和美索不达米亚的大幅地图，"组建一支由印度志愿者组成的穆斯林卫队以保卫圣地是否正确并且可行"，等等。具有更重要意义的问题还有：哈希姆王室成员的内部关系，以及哈希姆王室与位居阿拉伯半岛中部和东部的阿拉伯王室之间的外交关系；后者由沙里夫·侯赛因的主要地区竞争对手伊本·沙特所统领。丘吉尔问赫泽尔："如果把侯赛因的一个儿子扶上美索不达米亚的王位，伊本·沙特是否会感到受到冒犯，或者根本不在意？"他还进一步问道："什叶派、逊尼派和瓦哈比教派的穆斯林之间在宗教教义和宗教仪式上有何主要区别？"[46]

丘吉尔在这些问题上的好奇心和洞察力几乎是没有止境的，但在侯赛因—费萨尔关系这一关键性问题上，他仍将其最主要的信任押在劳伦斯的判断上。早在1月中旬，劳伦斯就向其新老板报告称，费萨尔已经确定得到他父亲的支持，愿意配合沙里夫方案的实施。劳伦斯写道："他采取新的协商立场的积极意义在于，无论是得以落实还是遭到违背，以往所有的保证和承诺问题现在都可以搁置一旁。今天，您将开始新的讨论，就各方的真实立场和为其做出建设性努力的最好方式展开协商。这比吹毛求疵的纠缠要有意义得多。如果他愿意，费萨尔在迅速解决这些国家相关问题方面将发挥重要作用；而如果我们推动相关国家采取一致行动，他们将在未来两三年之内取得令人惊叹的重大成就。"[47]

作为开罗会议的前奏，劳伦斯以其实际行动清晰地表达了会议的目标。丘吉尔正处于推动阿拉伯国家构建的进程中，劳伦斯关于地区形势需要新开端的判断颇具价值。他认为，此次终止以往的方案，不是因为有了一个全新的工作计划，而是因为形势发生了新的变化，并到了一个各方形成一致的节点上。于是，丘吉尔在2月份加快节奏，推动形成最终计划并为开罗会议设定日程，以期会议能够抓住时机，按着他的设想重塑中东格局。在此过程中，丘吉尔认为可以采取措施，清晰展示大英帝国的良善属性，为新兴的阿拉伯国家伊拉克或其他地区国家取得劳伦斯所预见的"重大成就"创造条件。

这样，在1921年2月初，甚至在丘吉尔正式接受其新职官印之前，中东局已开始勤奋工作。他设计用谋，巧妙对付反对建立中东局的声音和对他所谓帝国情怀的指责，百折不挠地向前推进他的计划，沙里夫方案成为计划中的开罗会议的中心议题。劳伦斯深深沉醉于关于中东治理的这一新模式。他进入殖民地事务部的正式任命于2月18日下达，年薪1600英镑，这是个大数目，比他要求的还多出600英镑。[48]丘吉尔对以此盛情奖赏劳伦斯感到高兴。劳伦斯突然觉得自己成了富翁，愿意拿出一笔钱资助埃里克·肯宁顿前往中东旅行。肯宁顿是一位雕塑家，也是官方战时美术家，劳伦斯曾请他为阿拉伯起义中的主要人物画粉笔肖像，作为其《智慧七柱》一书的插图。起初，在签字同意进入殖民地事务部之前，劳伦斯曾计划个人出资陪同肯宁顿前往中东。现在，他已不能如约而行，但之后两人将再次见面。

从2月中旬开始，劳伦斯就根据丘吉尔的设想，全力投入为开罗会议设定日程的工作中。他与沙克伯勒和休伯特·扬聚集在殖民地事务部的一角，梳理手头的各种问题。对于会议前的这段激动人心的工作时光，劳伦斯津津乐道："我们曾谈论过把这些事情留给会场上的人吧，但我们没有遗留任何问题。"确实，如同大多数外交峰会一样，涉及开罗会议的主要人员为此次会议精心准备，以求尽最大可能实现他们的会议目标。着眼开罗会议，劳伦斯和扬如同丘吉尔的双头决策咨询人开展工作，应对他在埃及首都可能遇到的问题，就如何予以回答进行讨论，并指出潜在的陷阱和易于产生摩擦的点位。劳伦斯对丘吉尔建议道："您必须冒这个风险，在伊拉克树立一位本土的国王，将其防务移交给皇家空军而不是英国陆军。"[49]在后一个问题上，丘吉尔已经被说服，相信这一安排的有效性和经济性。劳伦斯个人在阿拉伯起义过程中有关使用空中力量的经历和空军参谋长空军中将休·特伦查德爵士的专业观点，都对丘吉尔起到了说服作用。劳伦斯觉得，鉴于殖民地事务部的主要决策者在伊拉克未来发展模式上达成一致，使得实现英国在中东的所有政策目标成为可能。

在伦敦2月份的黯淡阳光下，劳伦斯、扬和沙克伯勒（所谓的局内委员会）在迅速扩展的目录上勾画要点。沙克伯勒于2月25日向丘吉尔信任的埃迪·马什中尉通报说，他们在“制定会议的日程方面取得重大进展”，开罗会议的总体方案日趋成形。扬还同时坚持认为，应确保沙里夫家族明白“委任统治原则”的必要性。几周前，他在写给英国驻耶路撒冷民事长官温德姆·迪兹的信中强调指出：“我想让沙里夫家族的人统治美索不达米亚和外约旦……我们无须再考虑法国的反应。他们在叙利亚做了对不起我们的事情，我们现在必须走自己的路。”[50]

同时，作为丘吉尔指定的阿拉伯事务顾问，劳伦斯在会议前期紧张繁忙的筹划过程中，继续发挥主导作用。除了与中东局的同事们共同工作之外，劳伦斯还定期会见费萨尔，使其及时跟进开罗会议的筹备情况。如果一切按照会议计划向前推进，这就意味着费萨尔将成为伊拉克的国王。劳伦斯及其同事们正在制定完善的会议日程包含着一系列要点；而所有这些，劳伦斯认为，都是对费萨尔及阿拉伯人的一种补偿，他们的独立愿望两年前在巴黎遭到沉重打击。在政治斗争中，很少有人能获得第二次机会；但在1921年2月，这恰恰是劳伦斯预期将要在开罗出现的局面。

同时，对劳伦斯来说，在伦敦西区陪伴费萨尔也不仅仅是一项严肃的外交工作，他们二人也都从中获得很多乐趣。他们与E.M.福斯特、西格弗里德·沙逊等知名作家共进午餐，两人都符合费萨尔的文学口味；他们还在乡村一起欢度周末，其中一次是在德文希尔公爵位于德比郡富丽堂皇的达西庄园度过的。[51]费萨尔和劳伦斯一样，对自己在伊拉克的前途充满信心。正如其传记作家所说的，费萨尔知道，1920年伊拉克起义的成果之一，就是助推了其作为伊拉克国王的候选人资格。作为他在伦敦的代表，加布里埃尔·哈达德上校曾说过，“费萨尔对美索不达米亚王位翘首以待，这将弥补他在大马士革失去王位的损失”。实际上，费萨尔曾个人出资4万英镑资助伊拉克起义。这件事不为英国人所知，但它在费萨尔争取伊拉克王位的努力中增加了其个人资质的分量，即使是热切期盼这一结果的丘吉尔和劳伦斯也没有料到这种局面。费萨尔的近侍拉斯塔姆·海德尔在日记中这样描述他的上司：“他偏爱伊拉克，他曾说自己在叙利亚做过努力，今后再也不想与他们共事了。”[52]

与此同时，随着会期的日益临近，丘吉尔打算与英国驻巴格达高专珀西·考克斯爵士达成最后安排。实际上，从其就职殖民地事务部那一刻起，丘吉尔就谋求与考克斯等在一线供职的官员进行面对面的会谈。丘吉尔坚定地对他说：“有关问题上的疑问是不能通过电报得以解决的。”他还向考克斯清晰通告了此次会议的预期范围和议程。考克斯是英国在中东地区的“顶尖人物”，丘吉尔对他非常倚重，把他视为在开罗会议上的主要顾问之一。丘吉尔匆匆浏览了呈送给他的会议日程，其中包括：为伊拉克确定新的统治者；就英国在伊拉克未来的驻军前景和规模做出决定；核定削减英国当前在伊拉克超大驻军规模所需要的时长；就削减后的英国在伊拉克实施委任统治责任所必需的支出编制预算；最后，为整个地区内“英国控制和管理的地域”标定地图。丘吉尔对考克斯说，这些要点将是会议审议的基础。

丘吉尔一方面向考克斯解释他所希望的会议方向，另一方面立即着手筹措实现其会议目标的手段途径。削减英国在伊拉克的驻军规模和支出位列会议日程之首。在丘吉尔看来，这一举措将取得可观的经济效益，为财政部节省数百万英镑的开支，并将使伊拉克获得更高程度的独立。这一设想面临的一个突出障碍是，未来仍将保留一定规模的英国政府公务人员，他们希望基于当前伊拉克动荡的政治形势，继续在伊拉克保持与之相称的严厉军事管制。其中的头面人物，是英国在伊拉克驻军的总司令陆军将领艾尔默·霍尔丹爵士。此人是理查德·霍尔丹的表弟。理查德·霍尔丹曾在亨利·坎贝尔-班纳曼自由党内阁中担任陆军大臣，当时，丘吉尔还是殖民地事务部的次官。艾尔默·霍尔丹将军本人与丘吉尔也早有交集；1898年，他们曾共同在印度马拉坎德野战部队中服役。现在，二十多年过去了，丘吉尔和霍尔丹再次相遇了。

随着会议筹备工作接近尾声，丘吉尔计划于3月1日启程前往开罗。2月16日，劳伦斯与费萨尔见了最后一面，他将在两周后启程赶赴埃及。两个人均坚信，在开罗已经万事俱备，他们将取得巨大成功。然而，在离开伦敦之前，劳伦斯开诚布公地向费萨尔澄清，由于他现在已成为丘吉尔的阿拉伯事务顾问，他与费萨尔关系的性质必须随之改变。费萨尔表示理解。此次会面后，劳伦斯很快向丘吉尔提供了一份笔记，汇报了与费萨尔的会谈："我向他解释了，我们的关系必须进行改变，特别是他不能向我询问某些问题；但我的新任命不会改变我的观点。"劳伦斯还补充道，费萨尔干脆地做出回应："他愿意为此失去所有的朋友。"劳伦斯继续汇报称，他已经告诉费萨尔，即将召开的开罗会议主要是在殖民地事务大臣和他的助理人员之间进行，西亚阿拉伯地区的政治、宪法和财政问题将在会议上得到局部或整体的讨论。劳伦斯向丘吉尔强调说，他明白地告知费萨尔，此次会议"关乎其族群，特别是其家族的切身利益；我认为目前的事态表明，他很理智，希望有一个各方都满意的解决方案。我还特别提到了美索不达米亚和外约旦问题"[53]。

劳伦斯关于外约旦问题的观点包含两个要素，丘吉尔对此刚刚开始进行认真思考。首先是要否决犹太复国主义者将外约旦并入英国现存巴勒斯坦委任统治区的企图，在此前提下解决外约旦的未来发展问题。丘吉尔一个深思熟虑的观点就是，必须建立一个独立的外约旦国家，这个国家还必须由阿拉伯人施政管理。这样安排只是反映了一个基本事实：其当下人口几乎全部是阿拉伯人，而且这一状况已经保持了一千年。为确保外约旦的阿拉伯属性，丘吉尔认为英国应兑现其在麦克马洪—侯赛因通信中的承诺，并信守《赛克斯-皮科协定》的有关约定。不出意料的是，魏茨曼不愿接受丘吉尔在这一问题上的坚定态度。这位犹太复国主义领袖相信并向其伙伴们强调，丘吉尔“对阿拉伯人的总体评价不高”，在此情况下，建立阿拉伯人的外约旦是不可能的。[54]丘吉尔拒绝在其外约旦计划上做出退让，有关争议到此为止。在评论丘吉尔对阿拉伯人的看法时，魏茨曼出现了很大的偏差。确实，在劳伦斯的影响下，丘吉尔对所谓的“城镇阿拉伯人”，也就是巴勒斯坦阿拉伯人，形成了负面看法，认为他们与贝都因“沙漠阿拉伯人”的形象不符；“阿拉伯的劳伦斯”传奇的主要制片人洛厄尔·托马斯用镜头积极塑造，为“沙漠阿拉伯人”打造了魅力四射的公共形象。[55]但这一普遍的偏见并没有动摇丘吉尔坚持议定的外约旦国家须保持鲜明阿拉伯属性的立场。最终，丘吉尔于3月在耶路撒冷发表演说，根据自己的理解，明确阐述了英国发布《贝尔福宣言》以及在巴勒斯坦未来问题上设定相应立场的全面考虑。“我们的承诺是两方面的，”他说道，“既针对犹太人，也针对阿拉伯人。”

作为对把费萨尔扶上伊拉克王位的补充，丘吉尔试图确保其兄长阿卜杜拉就任外约旦国王，并以此保证这个新生国家的阿拉伯属性。值得关注的是，前一年的11月间，阿卜杜拉决定迁居到外约旦南部的马安，以便于在必要时采取反抗叙利亚法国人的行动；在此情况下，呈现给丘吉尔的“双王方案”既是沙里夫方案的一部分，也是能够获得成功的唯一选择。劳伦斯在1916年10月与阿卜杜拉在吉达第一次会面，从那个时刻起，他与阿卜杜拉的关系中就缺乏相互信任，他对其领导能力始终持怀疑态度。因此，劳伦斯向丘吉尔建议，开罗会议一结束，他就应与阿卜杜拉在耶路撒冷会面。2月下旬，在其即将启程前往埃及的时刻，劳伦斯想起来，在加入中东局之前，丘吉尔曾许诺他“在任何问题上都可以直接见他，还可以放手去做、自行定夺”。劳伦斯写道，对他来说，“这一许诺胜过所有恩惠，因为我想要可能情况下最好的中东问题结局”[56]。很快，对于劳伦斯和丘吉尔来说，把费萨尔和阿卜杜拉扶上王位将取得如此这般的“最好结局”。

开罗：中世纪与现代——12 世纪城堡背景下接送与会代表的汽车

第四章

“中东要人齐聚于此”：开罗十日第一幕

3月1日晚间，丘吉尔如期从伦敦出发前往开罗。他将途经马赛并在此稍作停留，与克莱门坦会合；克莱门坦当时已经结束了在法国南部的休假。丘吉尔敬爱的妈妈珍妮常年出入伦敦的上流社会，并在几年前开始了第三段婚姻，当时她住在伯克利广场的一座联排别墅里，与费萨尔的住宅离得很近。她给她的大儿子丘吉尔写了一张短笺:“一路平安，尽早回家。向克莱门坦问好，她的网球技艺非凡依旧，我将把孩子们照顾好并及时向你们通报孩子们的消息。孩子们都是乖宝贝，为你们增光不少。”[1]往后看，这是妈妈写给丘吉尔的倒数第二封信。几个月后，在6月间，时年67岁的珍妮·波施(最后一次结婚后的姓名)死于因踝关节受伤导致的坏疽病及由此引发的并发症。失去一直守护着自己的妈妈，丘吉尔心如刀绞；但想到妈妈的母爱、魅力以及他后来写道的妈妈“永不褪色的青春精神”[2]，他又深感抚慰、力量倍增。

丘吉尔夫妇3月2日在马赛会合后，立即出发前往埃及。这是克莱门坦第一次陪同丘吉尔出国公务。或许是出于对此次地中海与北非之旅的美好憧憬，她在一周前写信给丘吉尔说，她期待着那段“恬然沉静、平顺无忧的美好时光”。已经连续五周没有和克莱门坦在一起的丘吉尔回信说：“我热切地期盼着再次看到你亲切的脸庞。”[3]在后续的六天里，他们乘坐恰得其名的“斯芬克斯”号法国汽轮穿越地中海，尽享闲适时光。[4]丘吉尔还利用这段路程，对开罗会议的最终日程进行审阅。会议日程是由中东局的劳伦斯、沙克伯勒和扬等人在前几周研拟出来的。[5]3月8日，轮船抵达亚历山大，丘吉尔要求前往附近的阿布吉尔湾。对于曾经的海军大臣丘吉尔来说，此地具有特殊的历史纪念意义；1798年，海军上将霍雷肖·纳尔逊及其15位舰长（即所谓的“兄弟连”）对拿破仑舰队取得了决定性的胜利。这一胜利改写了法国革命政权的发展轨迹，并助力英国巩固了在随后几个世纪中不断增强的海上霸权。

在亚历山大，丘吉尔在华丽的萨沃伊宫酒店住了两个晚上。据当地一家报纸称，这家酒店堪与开罗和上埃及最好的酒店相媲美；考虑到当时埃及的旅游中心位于南部，这一提法堪称高度评价。丘吉尔及其陪同人员，包括一名女仆和三名男仆，于3月10日启程前往埃及首都。[6]丘吉尔一行还包括他最近从政治保安处指定的随身保镖沃尔特·汤普森探长。汤普森身材高大，以前曾是大都会警局的警员；他与丘吉尔一起登上了埃及苏丹福阿德一世派给丘吉尔使用的豪华列车，向南行进100英里前往开罗。[7]以前，丘吉尔曾公开表示反对埃及民族主义者提出的反对英国占领的要求，预计他抵达开罗时会有大批开罗民众聚集抗议；因此，汤普森的魁伟身影令人欣慰。实际上，已经有人在亚历山大举牌示威，抗议丘吉尔的到来，他们高呼"打倒丘吉尔"并用石块投掷他乘坐的专列。[8]

丘吉尔心里很清楚，在其到来之前，他在埃及已经是声名远播了。其他一些人也认识到这一点。实际上，就在丘吉尔离开伦敦前不久，寇松曾写信跟他说，在开罗举行会议可能是一个错误。这位外交大臣说，丘吉尔众所周知的反对埃及独立的立场，将使其面对公开的示威游行，这将进一步加剧埃及本已存在的强烈反英情绪。另外，在寇松看来，丘吉尔前往埃及，是再一次踩踏外交部的责任范围，是以牺牲其他部门利益为代价来推进其帝国构建的努力。丘吉尔对寇松的建议愤然以对，称其只不过是来自外交大臣的又一次攻击；然而，远在埃及的艾伦比也持有与寇松相同的观点，他一直担忧会发生针对丘吉尔的大规模抗议。自其于1919年3月担任驻埃及高专以来，艾伦比自己在多数时间里都在应对类似的局面。[9]结果，在快要抵达开罗的时候，丘吉尔就决定在铁路线北面的一个开罗郊区车站下车。这样，丘吉尔避开了在终点站中央火车站等候他的愤怒人群。随后，丘吉尔、克莱门坦以及其他随行人员，悄悄前往会议举办地——豪华的河边酒店——塞米拉米斯酒店。

塞米拉米斯酒店以传奇的亚述女王的名字命名，坐落于现代化开罗的中心地段，沿尼罗河而立，虽不是开罗最著名的酒店，但确实是当地最奢华的酒店。开罗最著名的酒店当属塞米拉米斯酒店附近的"牧羊人酒店"。这座酒店建于19世纪中叶，长期是英国侨民在开罗的非正式聚会中心。塞米拉米斯酒店于1907年开张，是著名的酒店建设商——来自瑞士的侨民弗朗兹·约瑟夫·布赫——所建设的系列酒店中的最后一座。

从定居开罗的那一刻起，布赫就开始建造豪华酒店，这一历程在塞米拉米斯酒店达到顶峰。该酒店的建造始于1906年，浩繁的工程用时超过了一年。这座酒店坐落在尼罗河畔，与赫迪夫·伊斯梅尔大桥（今天的尼罗河宫大桥）比邻而立。在当时，尼罗河是唯一连通开罗与吉萨附近金字塔的河流。在修建塞米拉米斯酒店的过程中，布赫雇用了大约1300名工人。在1907年2月的宏大开张仪式上，这座四层巴洛克式建筑的正面闪烁着雪白的耀眼光芒，立刻成为开罗最豪华地带的图标式建筑。塞米拉米斯酒店最初的112个房间和套房，都按着法兰西帝国风格进行了精心装修，但其黄铜床架却是从英国直接进口的。红色地毯铺就的楼梯，精美的吊灯和真人大小的乌木雕像，撑起了酒店内饰的主要风格。同时，出于一种完美的花园设计思路，酒店的楼顶是平的，据说是为了怀念古巴比伦的空中花园。塞米拉米斯酒店坐落于开罗最精致的“花园城”地带，是开罗第一座建在尼罗河边的酒店。紧邻该酒店的，还有英国高专官邸，英军尼罗河宫兵营，伊斯梅尔广场（今天的解放广场）和美利坚开罗大学。

1910年，塞米拉米斯酒店在营业几年之后被出售给另一位酒店建造商赫斯·比勒，比勒同样来自瑞士，在埃及其他地区还拥有一些资产。塞米拉米斯酒店成为比勒“皇冠上的明珠”，是埃及每年11月至次年4月的“冬季”里最著名的酒店之一。在这为期六个月的日子里，欧洲和美洲的富人蜂拥来到埃及度假，观赏数不清的历史景点，沐浴着耀眼的沙漠阳光，在精心装饰的酒店里尽情享乐。[10]英国著名作家、诗人鲁德亚德·吉卜林曾于1913年来塞米拉米斯酒店度过“冬季”，他在休假之后评论说：“只有这些瑞士人不辞辛苦，把经营酒店当作一门艺术。在床铺、卫浴和餐饮等重要事项上，他们引领着埃及的标准。”[11]最终，比勒扩增了塞米拉米斯酒店的房间，强化了其无以伦比的奢华酒店的名声。在确定开罗会议举办地点的问题上，丘吉尔的选择完全体现了那种热衷物质享受的品性作派。然而，鉴于开罗趋于紧张的政治氛围，个人安全仍是一个重要关切，但这一问题也得以解决。“我们在塞米拉米斯酒店下榻，”丘吉尔通知殖民地事务部秘书处，“艾伦比认为从公共秩序来看，这家酒店是唯一适合的会议场所。”[12]

1921年，开罗人口约为100万，是非洲最大的城市。而就在两年前的1919年，英国对埃及持续四十年的占领迎来了形势发展的拐点；一场由民族主义者鼓动的起义深深震惊了埃及的占领者。多年来，英国一直声称其在埃及的存在是暂时的；现在，为了应对新的形势，英国政府开始就此问题与埃及民族主义领导人进行谈判。最初，英国对埃及的占领因19世纪70年代赫迪夫政权深重的财政危机而受到冲击；当时，身处窘境的自由党首相威廉·格莱斯顿在1882年试图通过强行夺取对埃及的控制权解决这一危机。[13]此后的大部分时间里，名义上由奥斯曼埃及持有的行政管理权由英国掌控，当时英国在埃及的掌权人是伊夫林·巴林，后来是克罗默伯爵。[14]就在埃及民族主义开始不可阻挡地崛起的时候，克罗默作为驻埃及的高级代表和总领事，成为英国在埃及的全权总督。

第一次世界大战的爆发以及奥斯曼帝国的敌国性质，推动英国正式将埃及置于保护国地位，并在接下来的四年冻结了埃及的宪法。但是，大战的结束带来了新一轮的浪潮，要求将埃及的未来掌握在本地人手里，特别是由民族主义者组成的华夫脱党人来掌控。华夫脱党的领导人是意志坚定、富有魅力的萨德·扎格卢勒。扎格卢勒于1919年春天被英国流放到马耳他，他的离去导致了四处蔓延的民族主义分子骚乱，有数以百计的埃及人和少部分欧洲人因此丧生，大量财产被毁。在演变为埃及革命的动荡中，劳合·乔治政府于3月间委派艾伦比前往埃及担任高专，试图平息动荡局势，并为符合宪法、尽量和平的最终解决开辟道路。同年12月，为配合艾伦比的工作，时任殖民地事务大臣的米尔纳勋爵来到埃及，组织了一个委员会，就当前的埃及政治形势进行调查并就分阶段改革提出建议。米尔纳的报告于1921年2月，在开罗会议召开和丘吉尔正式转任殖民地事务部前夕送达英国议会。米尔纳的主要建议是，终止埃及的受保护国地位，并开启有助于埃及独立的必要宪政改革。他的建议得到了艾伦比的充分认可。[15]然而，丘吉尔坚决反对这一观点，这使他处于与驻埃及高专观点相左的境地，也使他远离埃及的所有民族主义者。

与丘吉尔3月10日到达埃及首都时的情况不同，劳伦斯在同一天波澜不惊地进入了开罗。他也是于3月2日离开伦敦，同行的还有休伯特·扬等中东局的同事。他们也采取了和丘吉尔同样的路线，途径马赛、亚历山大，八天后抵达开罗。很自然地，劳伦斯对开罗会议抱有热切期待，不过他也略感失望：他原计划与其艺术家朋友埃里克·肯宁顿一起参观这一地区的多处战时故土，但现在因为会议安排不得不放弃这一计划。在写给作家和诗人罗伯特·格雷夫斯的一封信中，劳伦斯说他对与肯宁顿一起旅行抱有“久旱逢甘霖般的热切期待”。劳伦斯继续诙谐地跟格雷夫斯说，现在能够替代这一已然“告吹”的旅行的，就是扑下身子工作，在开罗把沙里夫方案转化为具体行动，同时关照肯宁顿把《智慧七柱》一书中的插图完成好。在此方面，劳伦斯还提到，“作为政府官员，我可以比以往给他提供更多的帮助”[16]。

丘吉尔与劳伦斯抵达开罗后的第二天，格特鲁德·贝尔与珀西·考克斯爵士等九名在伊拉克的同事也到达了开罗的中央车站。他们一行于2月22日离开巴格达，乘坐火车和轮船旅行了1000英里来到了埃及首都。尽管最初不情愿出席此次会议，但一到开罗，贝尔就开始为能出席会议而感到高兴。克罗默勋爵曾不无崇羡地谈及贝尔：她“比所有其他在世的英国男女都更了解阿拉伯人和阿拉伯世界”；因此，贝尔最终摆正心态出席会议，到底是件好事。更加令人欣慰的是，前往车站迎接贝尔和伊拉克代表团的，是“优雅别致”的劳伦斯。出席巴黎和会时，劳伦斯曾坚持穿着阿拉伯服装出席会议，当时的贝尔就是这样称呼他。贝尔后来在开罗写给家人的一封信中热情地写道：“我很高兴见到他。”劳伦斯与贝尔是老朋友，常叫她“格蒂”；离开火车站后，劳伦斯和贝尔径直前往塞米拉米斯酒店，在第二天上午会议正式开幕前，两人在贝尔的房间“谈了一个小时”[17]。

到1921年3月，贝尔和劳伦斯已有近两年没有见面了。在这段时间里，劳伦斯在国际上，特别是在英国和美国声名鹊起。后来，劳伦斯称其目前正在“重返公共关注的中心”，恰如其分地反映出他对个人声誉欲罢不能的矛盾心态。[18]他们之间的友谊，连同他们的温和竞争，一直在持续。贝尔继续责备劳伦斯早些时候在伦敦新闻界针对英国政府对伊拉克民事政策发起的猛烈抨击。英国在近期伊拉克起义问题上的政策更是引起了劳伦斯的批评。他于1920年3月在《星期日泰晤士报》上刊文称，形势“比我们被告知的要恶劣得多”，“我们的政府要比大众知道的更血腥、更无能”。[19]与此同时，就在贝尔责备劳伦斯在报刊上发表尖锐评论的时候，深陷政治旋涡的艾伦比勋爵，正在距塞米拉米斯酒店只有几分钟路程的高专官邸内为开罗会议的开幕做准备。如同他在2月下旬写给年迈母亲的信中所说，艾伦比一直期待着“下个月的几位来宾”；在2月24日的信中，他对母亲说：“温斯顿·丘吉尔将要来此，与来自美索不达米亚和巴勒斯坦的官员们协商相关事务，他们将下榻在开罗的一家酒店。”他们已经到了，艾伦比后来在写给妻子凯瑟琳的信中继续道，会议的召开已是万事俱备了。[20]

以当时大多数外交会议的标准而言，开罗会议的规模相对较小，与会代表总计只有39人。然而，“中东要人齐聚于此”，劳伦斯在写给妈妈的信中如此夸张地描述此次会议。[21]他们代表了英国和殖民地的六个不同外交使团与政府部局。[22]有人将与会者戏称为“四十大盗”，立即引起丘吉尔的暗笑。[23]作为会议主角，凭借其殖民地事务大臣的身份，也出于其自信的阿尔法人格的驱动，丘吉尔要为会议程式定调，为会议的时间安排拍板。丘吉尔有睡懒觉的习惯，他于3月12日，星期六，上午10点30分，在酒店宽敞且经过精心装饰的主层大厅内主持召开了会议的开幕式。一份含有会议时间地点的通知单，在会议开幕的前一天晚上由会议秘书R.D.巴德科克分发到每位代表的房间。巴德科克是殖民地事务部的一名办事员，此次专门被从伦敦抽调而来。第一天的会议召开时间稍晚，随后几天里会议从上午9点开始，一直持续到下午的后半晌。在一周多一点的时间里，总共要召集50次委员会会议，这使得开罗会议的会务组织变得异常艰辛。[24]会务方把一系列主要会谈安排在大厅举行，同时租用了餐厅法国餐馆和会客厅，作为会议代表与部分冬季客人用餐和饮酒休闲、开展社交的场所。塞米拉米斯酒店在会议期间的安保措施十分严密。虽然无论丘吉尔走到哪里，探长汤普森都侍卫在侧，但殖民地事务大臣对其个人安全问题仍然不屑一顾，即便在近几年来政治谋杀已成家常便饭的埃及，其态度也是如此。[25]

3月11日，星期五晚上，在结束了与劳伦斯一个小时的谈话之后，贝尔来到丘吉尔夫妇的套房，想与他们两人会面，并与殖民地事务大臣寒暄交流。但丘吉尔不在，他恰好出门与珀西·考克斯会谈。但贝尔被克莱门坦的魅力所吸引。贝尔后来在写给继母弗洛伦斯·贝尔的信中说道，她与丘吉尔夫人“促膝长谈”[26]。然而，贝尔在会议前夕最想与之协商的，还是克莱门坦的丈夫。几年前，贝尔在西西里旅行时，曾见过丘吉尔一面，但印象淡薄；而那天晚上与其夫人的会面，则是贝尔与克莱门坦的第一次相遇。[27]

贝尔是带着对丘吉尔及其在伦敦的政治靠山劳合·乔治的深深误解来到开罗的。他们处置爱尔兰持续暴乱和动荡局面的方式招致贝尔的强烈批评，也使贝尔对他们的个人评价非常负面。贝尔曾在1月份给父亲休·贝尔的信中写道：“就治国才能而言，我真的以为，您从头至尾地阅遍历史，都找不到比劳合·乔治和温斯顿·丘吉尔更差劲的人了。可我们为什么要把他们推到目前的位置上？这是我们的错。”应贝尔的邀请，她的父亲决定从伦敦前来开罗度假，他们父女很快就可以面对面地讨论这一要点以及其他诸多问题。她在数天后写给父亲的另一封信中，称劳合·乔治和丘吉尔为“恶棍”，认为他们二人总是操弄她所谓的“诡计花招”。然而，就在从她说出这些对丘吉尔的贬低之词到其抵达开罗之间的几周时间里，贝尔的看法出现了实质性的缓和。贝尔逐渐更全面地认识到这位殖民地事务大臣所建议的沙里夫方案中包含的创造性与价值所在。另外，劳伦斯可与丘吉尔定期会面，而且愿意以此打消贝尔关于沙里夫方案意图的疑虑，这对加深贝尔在这一问题上对丘吉尔计划的理解具有很大的帮助作用。就这样，贝尔对丘吉尔的误解很快得以减轻。实际上，抵达开罗之后，贝尔很快就开始用“令人崇敬的”和“大手笔”等词汇来形容丘吉尔，这与前不久她用来称呼丘吉尔的“恶棍”一词相差十万八千里。[28]到会议开始的第一个上午，最初的宣介已经完成，工作可以开始了。

抵达开罗以后，除了很快与珀西·考克斯见面之外，丘吉尔还特意安排了与艾伦比在其高专官邸直接会面。在首次会面之后，两人走进宽敞的后花园；花园的草坪蜿蜒而下，直抵尼罗河边。官邸呈圆柱形，配有一座能够容纳几百名客人的庞大花园。前一年，艾伦比曾在此举办有2500人参加的盛大聚会，庆祝苏丹的生日。丘吉尔在3月10日抵达开罗的当天晚上，就与艾伦比进行了这场会面，丘吉尔在整个会谈过程中，都被艾伦比花园中的热带绿植和尽收眼底的尼罗河美丽风景所吸引。丘吉尔还被常年栖息在花园的一只非洲秃鹳所吸引。这只大鸟就好像是高专的一只宠物，习惯于每天跟着艾伦比在花园中散步，紧紧跟随护卫，不许任何动物和人侵扰它的主人。[29]

主持会议对于丘吉尔来说是件容易事。他不仅主持全体大会和联合委员会会议，而且还主持“一些分散的小型政治小组会议”[30]，贝尔后来观察到这一情况并予以赞许肯定。在3月12日的首次大会上，丘吉尔向与会代表明确了未来几天的会议日程安排。34名与会者代表着来自英国、美索不达米亚、波斯湾、亚丁和索马里兰的代表团（由赫伯特·塞缪尔率领的巴勒斯坦5人代表团直到本周中段才抵达开罗）。在这些与会者中，有些是指定的咨询人士，其中有几位是劳伦斯自阿拉伯起义以来就认识的老战友，包括担任伊拉克国防部长贾法尔·阿斯卡里顾问的皮尔斯·乔伊斯和担任埃及财政部长的基纳汉·康沃利斯上校。丘吉尔坚持，与会代表要对会议主旨和讨论内容严格保密。发给与会代表的备忘录指出："殖民地事务大臣强调，对会议保持绝对保密是完全必要的。他希望有关会议的只言片语都不能泄露出去。"[31]

公众对开罗会议所涉工作的预测和认知，对丘吉尔非常重要，在丘吉尔自己的苏格兰邓迪选区，情况尤其如此。2月下旬，丘吉尔曾写信给邓迪选区的自由党协会主席乔治·里奇爵士，试图向他解释，建立中东局和召开开罗会议，都符合英国在这一地区的重大和长远利益。在写给里奇的一封罕见长信中，丘吉尔强调指出，新闻界媒体断言"我接手殖民地事务部的目标，是以牺牲英国纳税人的利益为代价建立一个昂贵和虚荣的中东帝国；他们错了。我的目标正好相反"[32]。

鉴于丘吉尔久已担负自我宣传的名声，英国新闻界始终用怀疑的目光看待中东局的组建和开罗会议的召开。例如，《泰晤士报》就称，开罗会议不过是丘吉尔的"杜尔巴"；这一尖刻的批评是指，1903年时任印度总督寇松勋爵在德里精心策划组织了一场宏大庆祝活动，以纪念前一年国王爱德华七世的加冕仪式。与此相似，《每日先驱报》嘲笑丘吉尔是"业余的亚历山大"，以一种现代版征服者的形象在埃及悠然闲逛。[33]寇松以同样的口吻挖苦道，丘吉尔将面临"难以抗拒的在巴比伦自称为王的诱惑"[34]。尽管诸如前印度总督寇松那样的谋略老手大肆指责有人把此次会议当作一个政治舞台，但形形色色的相关指责中，有一点是真实的，即所有的外交高层会议都带有一定程度的政治表演性质。但丘吉尔、劳伦斯以及中东局的其他人员都在全力以赴，以确保此次会议不同于一般的大型外交会议，既要会期简短，又要取得具体的可操作的成果。

周六上午会议开幕时，劳伦斯身着一身休闲西装进入大厅，而没有像有时候那样，身穿阿拉伯服装，头上裹着特色鲜明的棉布阿拉伯头巾。贝尔是唯一应邀出席会议的女性代表。那天，她和劳伦斯、艾伦比（作为会议高级观察员）、考克斯、扬、特伦查德和霍尔丹一起出席了会议。出席会议的其他人员还有英属索马里兰总督杰弗里·阿彻爵士和英国在中东地区的空军司令官杰弗里·萨蒙德爵士。阿彻来开罗开会时还随身带了两头活泼的小狮子，准备把它们带到伦敦的动物园。

代表团中还有两个人值得一提，他们是前一年就任的伊拉克部级领导群体的代表，此次与贝尔和考克斯一起从巴格达来到开罗。第一位是伊拉克的国防部长贾法尔·阿斯卡里，他是劳伦斯和费萨尔在阿拉伯起义中的老战友。[35]第二位是财政部长沙逊·埃斯凯尔爵士，他是来自巴格达的犹太贵族，贝尔对他非常崇拜和信任。贝尔曾有些夸张地说："我真正爱上的男人，是沙逊，他是至今在伊拉克国民大会中最能干的人。他略有拘谨，总是从宪法律师的角度考虑问题；由于伊拉克的落后条件，他的津贴并不充足，但他是真正诚实而无私心的。他不仅有真才实学，而且经验丰富；当他征求或听从我的建议时，其谦卑的态度令我深受感动，甚而感到羞愧。"[36]另外，埃斯凯尔代表着定居在巴格达的8万名犹太人，几乎占据了巴格达城市人口的一半。

贝尔曾写道，邀请贾法尔和埃斯凯尔参加开罗会议，是珀西·考克斯爵士的"神来一笔"，令两人"深怀感激"。贝尔还认为，安排两人与会，"将使会议带有阿拉伯政府的现实感。毕竟，会议所要决定的正是他们的命运，他们应该在会场中拥有一席之地”。但贝尔对阿诺德·威尔逊作为咨询专家出席会议却不以为然。威尔逊当时是“英波石油公司”的新任管理总监。他个子高挺，身体壮实，胡须黝黑，口无遮拦，很难让人忽略。但鉴于他们在伊拉克起义问题上的敌意，贝尔正想尽量躲着他。她在写给继母的信中说：“我们很客气地见了一面，但没有说话，也不是很想跟他说什么。”[37]

会议开幕当天，丘吉尔关照的首要问题之一，就是建立两个委员会，一个是政治委员会，另一个是军事和财政委员会。他将亲自主持第一个委员会，安排陆军将领沃尔特·康格里夫爵士主持第二个委员会。康格里夫于1919年接替艾伦比，被任命为驻埃及和巴勒斯坦的军队司令官。康格里夫从伦敦返回埃及时，与丘吉尔乘坐的是同一条船，这使他们两人有充足的时间讨论会议日程，并就会议上各类委员会的构建提出设想。会议的时间安排非常紧凑，其运行调整由殖民地事务大臣亲自把控。为便于与会代表开展工作，丘吉尔对会议日程进行了逐条审核。丘吉尔强调，在十天的会期结束时，希望代表们能够就地区问题形成全面的解决方案，而这一方案将反映殖民地事务部中东局的集体观点和能力。[38]

尽管减少英国对伊拉克的支出对丘吉尔具有突出的重要意义，但他同时也决心能够取得一项外交突破，在推动国家构建的同时，继续巩固英国在这一地区仍然存续的首要地位。在丘吉尔优先考虑英国战略地位的努力中，还隐含着这样一个认识，即在寻找转动帝国轮盘的适当标定中，一定程度的地区民族主义是必要甚至是受欢迎的润滑剂。有些历史学家过于强调开罗会议上的财政问题，争辩说丘吉尔在开罗的表现仅仅就像一个内阁的账房先生，把减少财政部的支出置于诸项事务之上。[39]然而，这些看法没有全面认识到，丘吉尔的真正意图是要在中东地区发现并精心打造一种持久、公正的解决方案，先是在伊拉克，而后在巴勒斯坦以及犹太人和阿拉伯人之间实现这一方案。

丘吉尔不仅仅是政治工具主义者，他的行为理念中还有渐进主义、家长作风和宪政理想的成分。丘吉尔相信，在这些思想原则的指导下，后奥斯曼时代的中东地区既能取得政治上的进步，也能获得经济上的发展。为了实现这两个目标，丘吉尔希望看到英帝国能够做出退让。但出现这一局面的基本前提是，无论是在乡村还是在大都市，那些反映各方利益的宪政进步措施都已落实到位。如果丘吉尔仅仅是想削减开支并从这一地区一走了之，他就绝不会把劳伦斯作为其最密切的顾问带到开罗来。毕竟，自1917年以来，劳伦斯已成为阿拉伯在西方世界最重要、最有影响的盟友。至少在伊拉克，贝尔和考克斯也致力于与丘吉尔同样的目标，推动形成一个公平正义的，有稳定宪政制度的和符合财政要求的地区安排。如考克斯所尖锐指出的："如果我们想维持委任统治，我们就必须为此支付所需要的金钱。"劳伦斯与丘吉尔在伊拉克问题上观点一致，特别是两人一致认为应把费萨尔树为伊拉克的新国王。两人意见一致意味着，凡是贝尔所知道的最了解伊拉克情况的专家都有机会发表意见并被采纳。贝尔曾向她的好朋友，巴格达军事长官弗兰克·鲍尔弗中校介绍开罗的情况："最有利的情况是，我和珀西爵士带着既定计划有备而来，当我们表达我们的意见时，竟发现与殖民地事务大臣的已有计划不谋而合。"

当丘吉尔在第一天上午知会与会代表关于委员会的设置及其各自的职责，代表们也亮明了自己的观点以后，丘吉尔随即将注意力转向沙里夫方案的基本问题：让费萨尔王子登上伊拉克的王位。虽然无论是中东局还是考克斯从未设想过由费萨尔以外的任何一个人担任伊拉克的国王，但伊拉克内部围绕这一庄严职位的竞争也确实存在。[40]实际上，如果不想在今后造成费萨尔只是被英国扶上王位的印象，有些候选人即使无须认真考虑，也须予以注意。几乎每一个出席会议的代表都认为，伊拉克未来成为一个君主制国家的事情已经有所想定。在此问题上，唯一的明显不同意见来自圣约翰·菲尔比；此人是精明强干的英国政府官员，在成为国内安全部的部长之前，曾在巴格达担任考克斯的顾问。最初，菲尔比曾秘密表示，如果伊拉克需要一个国王，那么哈希姆王朝的主要地区竞争对手伊本·沙特则是更适合担任这一职位的人选。实际上，菲尔比已经向一部分伊拉克公众鼓吹这一观点。他之所以秉持这一立场，主要是因为他认为，阿拉伯人被战时和战后的大国外交阴谋所背叛。他既是坚定的反犹太复国主义者，又是沙特王室的积极助力者；他认为沙特王室是阿拉伯人取得真正独立和统一的唯一希望。最终，菲尔比的激进观点促使他脱离英国政府职责，于20世纪20年代后期，在皈依伊斯兰教前不久成为伊本·沙特的个人特别顾问。[41]

在主持依规建立的政治委员会第一次会议时，丘吉尔将一份不包括费萨尔的六人名单提交给委员会成员讨论，这六人被认为适合成为伊拉克国王的候选人。会议第一天的政治委员成员有劳伦斯、考克斯、扬和贝尔，巴德科克担任会议秘书。丘吉尔提交给他们讨论的人选包括伊本·沙特，什叶派伊斯玛仪派领导人阿迦汗，著名波斯教长、“英波石油公司”伙伴哈扎勒·本·贾比尔，土耳其王子瑟萨德·穆罕默德·布尔汉丁，伊拉克内政部长塔利布·纳基布，以及年迈的巴格达伊斯兰教领袖阿布达尔·拉赫曼·盖拉尼酋长。[42]

六个人当中，能够对费萨尔预期登临伊拉克王位构成重大威胁的是塔利布和盖拉尼酋长。塔利布在伊拉克南部城市巴士拉的政治基础非常雄厚；作为一名对什叶派少数地位异常敏感的伊拉克人，塔利布反对费萨尔承接伊拉克王位，既基于他的哈希姆部族出身，又基于其逊尼派教派背景。与此同时，盖拉尼酋长在巴格达拥有一大批政治上的追随者。考克斯和贝尔对二人保持高度警惕，但对塔利布担忧尤甚，坚持将其排除在来开罗的代表团之外。贝尔后来在家信中写道，塔利布对其不能加入代表团"深感恼怒"；可以想象塔利布的气急败坏。在巴格达的政治圈里，塔利布是一个必须认真对付的人，就在贝尔启程前往开罗前不久，他曾试图争取贝尔支持他得到日思梦想的伊拉克王位。贝尔后来叙述道，这位不讲卫生的以前曾被流放过的政府部长"借助威士忌的酒劲"，"贴着我的耳朵用伤感的音调低声嘀咕着，说他一直把我视为他的妹子，一直听从我的建议，现在又把我看成唯一的支持者和依靠支柱"。在那个巴格达的晕眩之夜，贝尔尽其全力"嘟囔着苍白虚饰的友好语言"，但她仍然坚信：尽管塔利布在当地有一定的名望，但他也是一个有争议的人物，而且并不具备国家领导人的素质，将其扶上王位将是一场灾难。根据后来的记录，贝尔在开罗会议上也直率地表达了同样的判断：塔利布登基为王的希望"注定以失望告终"。她还尖刻地指出，"这种失望情绪只限于他自己"。[43]

政治委员会的首次讨论延续到3月12日的下午。尽管最后的结果从来没有疑义，每位候选人都被给予了应有的权利；但无可否认，丘吉尔及其中东局的工作班子坚持把费萨尔作为唯一可行的王位候选人。在他们看来，只有费萨尔才具有必要的领导能力、庄重的仪态以及维持王国运转的个人威望。考克斯和贝尔在开罗不仅仅是应和丘吉尔的决定，还做了更多的工作。贝尔前期在其下榻酒店的房间里与劳伦斯进行了私下会谈，贝尔在谈话时要求并得到了关于沙里夫方案的全面情况介绍。直到那个时候，贝尔才认定中东局确实为伊拉克以可行、进步的方式实现独立做好了准备。

同时，考克斯在政治委员会上第一个就谁应登临伊拉克王位的问题发表意见，就费萨尔作为伊拉克国王正当候选人的理由进行了直率而全面的说明。显然，考克斯、贝尔以及随行的两位伊拉克部长，是政治委员会中最了解伊拉克情况的成员。对他们来说，费萨尔代表着在伊拉克的国家构建过程中形成一个有效君主领导体制的最佳希望。贝尔和考克斯同意，沙里夫方案能够推动伊拉克形成一个有利于国家长远发展的政府形态；作为伊拉克问题专家，他们的支持态度十分重要、十分必要。

政治委员会的开幕会议一致延续到星期六的下午，考克斯最初对费萨尔的支持又得到了贝尔和劳伦斯的附议。特别是对于劳伦斯来说，费萨尔不仅是胜于名册上其他候选人的潜在国王，也是比他哥哥阿卜杜拉更合适的候选人。尽管从未真正靠近获得伊拉克王位的机会，而且也不在开罗会议考虑之内的候选人名单上，但阿卜杜拉参与争夺伊拉克王位的可能性仍然是现实存在的。之所以如此，是因为其父亲侯赛因有可能反对沙里夫方案。简而言之，侯赛因更倾向于阿卜杜拉担任伊拉克国王，同时争取把费萨尔重新树为叙利亚的国王。然而，劳伦斯将向委员会明确：阿卜杜拉不是担任伊拉克国王的正确人选。劳伦斯称，与阿卜杜拉不同，费萨尔是一个积极作为、善于鼓动人心的人，他能将形如散沙的国家拢到一起。[44]劳伦斯还称，费萨尔在战时对英忠诚，品格高尚、教养深厚。

尽管在开罗会议的政治委员会上大家对费萨尔赞誉有加，但尚在伦敦的费萨尔本人在当时的通信中却丝毫没有流露出伊拉克王位于他是唾手可得的意思。尽管他愿意参与英国推动阿拉伯统一和国家构建的计划，但费萨尔并不认为其升任伊拉克国王是自然而然的事情。费萨尔相信，法国或许可以一时把叙利亚攥在手里，但叙利亚不会一直由法国控制。在此期间，伊拉克、汉志和外约旦可能正好成为英国所支持的阿拉伯和谐崭新局面的发动机，而这有可能成为一股不可抗拒的力量，在中东地区催生民族国家式的现代性。最终，侯赛因国王和费萨尔最小的弟弟扎伊德王子接受了这一政策逻辑。在费萨尔于开罗会议前一天写给他的一封便函上，侯赛因批注道："巴格达新政府成立以后，到达并超越大马士革将会变得容易得多。"[45]

3月12日傍晚政治委员会第一次会议结束时，中东局使费萨尔成为伊拉克国王的计划目标已获得通过。根据会议记录，丘吉尔向政治委员会的成员们强调说，沙里夫方案将使英王陛下政府得以向某一个特定的阿拉伯地区施加压力，以推动在另一个阿拉伯国家实现他们自己的愿望。考克斯相信，费萨尔通过国联介绍给伊拉克人民后，将获得强大支持。但贝尔清楚地认识到，成功地促生这样的团结一致，各种派别的观点都需要有自己的代表，而这将是一项异常艰难的任务。[46]

第一天的日程完成以后，也许是应有关要求，政治委员会发出了一份通知：伊拉克君主体制的未来安排是开罗会议的核心问题。丘吉尔决心达成一项由未来费萨尔国王把控且能够持续下去的伊拉克政治解决方案；对他而言，他的这一目标在第一天的讨论中已得到确定无疑的肯定。[47]现在，定调子的开幕式已宣告结束；在傍晚的悠闲时光中，丘吉尔和其他的会议代表们准备着出席由艾伦比夫妇在高专官邸举办的招待酒会。

到1921年3月，艾伦比夫妇来开罗就任已有两年，已经完全适应了这里的生活。他们年仅19岁的唯一儿子迈克尔在1917年死于西线战场，夫妇两人全身心投入到外交事务中。但是，作为一名职业军人，艾伦比对开展外交有些手生。确实，正如贝尔曾经开玩笑般地说道："我真的喜欢这个人，但我也觉得我们在埃及需要一位比他更合适的外交官。"[48]但总的来看，直到此时，艾伦比对埃及演化中的宪政危机的处置是经过深思熟虑的，也是把握得当的，尽管偶有刚硬。实际上，丘吉尔认为，艾伦比对埃及民族主义者的态度还不够强硬。第二年，他的不同意见变得突出了，那时发布的《艾伦比声明》清楚地表明了这位高专的立场，即同意埃及以渐进的方式脱离英国，获得真正的独立。[49]然而在眼下，晚冬的埃及阳光温煦，盛满葡萄酒、杜松子酒和奎宁水的杯子频频相碰，悦耳的叮咚声在尼罗河畔回荡，所有的忧虑一扫而光。

所有34名与会代表几乎全都参加了艾伦比夫妇那天晚上举办的招待会。劳伦斯以前曾作为外交官出席过巴黎和会，对类似的英国政府高端活动比较熟悉，但塞米拉米斯酒店的排场和丰饶让他大吃一惊。[50]劳伦斯跟他的妈妈说："我们住在由大理石和青铜建造的酒店里，非常昂贵和奢华，这是一个可怕的地方，它要把我变成布尔什维克了。"[51]按其惯常做法，劳伦斯时不时会对一些事物画蛇添足地评论一番，但很清楚，他迄今在开罗体验的生活舒适与其在阿拉伯起义期间在沙漠上过的苦行僧生活相比，完全是另一个世界的生活。尽管劳伦斯在这段时间的书信中没有提及，但对劳伦斯而言，高专官邸的酒会仍是一个例证，它体现了外交官亮丽生活的一面。劳伦斯也没有提及那天晚上酒会中出现的一个特别欢乐的场面：索马里兰总督杰弗里·阿彻带着两头幼狮出席了酒会。阿彻年富力强，勇于冒险，且爱好多样，是一个很在行的鸟类学家，这些与其在非洲的工作岗位十分贴合，其作为一名优秀殖民地总督的名声为人久仰。近期，阿彻正在努力结束在索马里兰持续了二十二年的抗英斗争。斗争的领导者叫作穆罕默德·阿卜杜拉·哈桑，当时英国人称之为“疯狂的毛拉”。

阿彻把两头可爱的小狮子带到高专官邸，立即引起了轰动。艾伦比勋爵自己的说法是，这两头幼狮像寻回犬一般大，它们接下来的动作真是好极了。他在写给母亲的信中描述道：“它们挣脱束缚，向着我的非洲秃鹳飞奔而去。秃鹳夺命而逃，两头幼狮几乎追上它，但阿彻和他的黑人仆人紧追不舍，及时赶上阻止了它们。”[52]贝尔一见到这对小狮子就喜欢上了它们，把它们称为“迷人的狮宝贝”。这样，两个“狮宝贝”为第一天的会议画上了一个轻松愉快的句号。它们还为在中东地区推动国家构建这样的严肃事业带来了颇受欢迎的娱乐消遣；这项严肃事业在那天的上午得以启动，并将在本周的剩余时间以及今后相当长的岁月里继续迅速展开。[53]

第五章

“我们做了很多工作”：开罗十日第二幕

艾伦比夫妇于开罗会议开幕式结束后在高专官邸举办的招待会，是此次会议的第一个社交亮点。从杰弗里·阿彻爵士的一对幼狮蹦跳着穿过草坪，追逐艾伦比受到惊吓的宠物秃鹳那一刻起，这对小狮子就成为与会代表的开心玩物。

花园招待会结束后，丘吉尔又在塞米拉米斯酒店举行了一场小型晚餐会。3月13日，星期天，与会代表们召开了第二场讨论会。这时，代表们是按照委员会的分工出席不同的会议。在离开伦敦前往开罗之前，劳伦斯曾随口向他的朋友，多疑的反帝主义者威尔弗里德·斯科恩·布伦特表示，开罗会议是一个“偶尔为之”的会议；对劳伦斯来说，开罗会议正在向他所希望的方向前进。劳伦斯曾对布伦特说：“要么会议如我所愿，要么我辞职不干；或者两个选项兼而有之。”[1]劳伦斯视情而动的选择范围依然如故，但从前一天政治委员会第一轮会谈情况看，这两种结局都不太可能出现。在那些讨论中，劳伦斯展示了“他致力于阿拉伯或哈希姆家族事业的决心”，后来有人这样描述劳伦斯的立场；同时，劳伦斯在会议上的表现，也验证了他已由一名战士转变为一名外交官。[2]如同其尊崇劳伦斯在战场上的传奇经历一样，丘吉尔此时此刻希望劳伦斯表现出外交上的精明强干。从第一天的会议情况看，劳伦斯不负所望。

同第一天一样，参加星期天政治委员会会议的有丘吉尔、考克斯、扬、劳伦斯和贝尔。这个五人委员会是开罗会议的核心，正是由于丘吉尔借助自己会议主席的身份积极努力，代表团中的唯一女性成员贝尔才得以参加这一委员会。以前，劳伦斯曾以不无大男子主义的口吻说过，贝尔“不太像个女人”。确实，贝尔对她在伊拉克的个人生活不太满意，她曾说过：“我真正想要的，是做一位妻子，打理好自己的家庭，收拾好自己的衣服。我十分理解男人大老远来到这里结婚娶妻是为了什么。”贝尔具有牛津的教育背景，爱好考古，热衷旅行，在政府部门工作，而且很早就有吸烟的习惯；所有这些特质，都是属于男人的。尽管如此，贝尔仍然女人味十足，她品位时尚，喜欢购买昂贵的服装和精美的帽子。她在巴格达的美国传教士朋友多萝西·范·埃斯在孟买为她购物时，贝尔对她说：“亲爱的，只要是有需要，你就买，我必须有足够的衣服。”[3]贝尔曾有两次令人伤心的热恋，但两位男士都死去了；贝尔显示出强烈的独立个性，她后来通过不同寻常的掩饰来缓和个人形象，但实际上，如果境遇不同，贝尔的个性很可能是另外一个样子。[4]

丘吉尔利用前一天会议后的间隙，起草了一份给劳合·乔治的电报，打算向他通报：关于选择费萨尔作为未来伊拉克国王的事务已经搞定。在那天的委员会会议记录中，巴德科克首次使用了官方对美索不达米亚的新称呼——伊拉克。丘吉尔在电报草稿中写道：“我认为，我们将促动有关各方达成一致，费萨尔提供了最好和代价最低的解决方案。”[5]那天上午，丘吉尔把电报草稿拿到政治委员会上推敲。考克斯特别提议对电报进行适当调整，以弱化这样一种调门，即选定费萨尔纯粹是英国促动的结果。丘吉尔和其他的委员会成员同意了考克斯的建议，丘吉尔还表示，在最终发往伦敦之前，他还要把电报草稿拿到军事委员会上审定。

这一事项完成之后，政治委员会随即将注意力转向其他亟待解决的相关问题。最为重要的事项之一，就是确定费萨尔作为设定的伊拉克国王何时前往巴格达。大家都觉得5月8日至6月8日的斋月期间的某个时间点比较合适。至于费萨尔将在伊拉克受到何种接待，大家也有多种想法。贝尔表示，尽管赛义德·塔利布及其众多的支持者有可能发起一定程度的抗议行动，但她有信心费萨尔将受到大部分伊拉克人的欢迎和高度评价。劳伦斯又重申了丘吉尔头天就强调的严格保密要求。劳伦斯还提到，费萨尔此时很可能推测到自己的命运正在开罗被审议决定，费萨尔自己必须对此守口如瓶。

第二天，3月14日，政治委员会召开了第三次会议。丘吉尔邀请伊拉克的部长贾法尔·阿斯卡里和沙逊·埃斯凯尔出席这次会议，就伊拉克国民在谁是该国国王最佳人选问题上的看法征求他们的意见。在此次会议上，两位伊拉克部长都认为费萨尔是比其他任何候选人都更为合适的人选。大家出于对贾法尔曾在奥斯曼帝国长期服役经历的敬重，称其为贾法尔帕夏；他在会上表示，非常重要的一点是，为了最大限度地彰显国家的良好意愿，费萨尔抵达伊拉克的时间越早越好。会议建议，费萨尔应在斋月前的4月18日抵达巴格达。埃斯凯尔则表示担心称，其他候选人，比如阿布达尔·拉赫曼和塔利布·纳基布有可能发起激烈的反对费萨尔的宣传攻势，并抵制费萨尔争取他们支持的努力。然而，作为伊拉克政坛老手，埃斯凯尔对此并不十分悲观。他认为，拉赫曼和塔利布有可能选择辞去在伊拉克现政府中的职位，他们一旦这样做，我们也无须对此感到担忧。

至于伊本·沙特的候选人资格问题，贾法尔和埃斯凯尔一致认为，作为伊拉克国王的预期人选，伊本·沙特完全是不可接受的。两位伊拉克的部长强烈指出，伊本·沙特根本就“不值得考虑”，因为有太多的伊拉克人把他视为对国家未来的重大现实威胁。两位还说，沙特在伊拉克没有获得广泛支持，在未来也不会赢得这种支持。[6]对于丘吉尔来说，两位来自伊拉克的代表在会议上强烈反对由拉赫曼或塔利布领导伊拉克，令人欣慰地论证了中东局把费萨尔列为其候选人的正确性。几天后，丘吉尔隐晦地告知劳合·乔治：“塔利布积极密谋得到那个岗位，人品很坏，不值得信任；纳基布正在坟墓边摇摇欲坠。毫无疑义，沙里夫方案提供了比我们拥有的好得多的前景。”[7]

在政治委员会召集开会的同时，军事委员会也在3月12日下午召开了第一次会议。军事委员会由康格里夫将军主持，人数比政治委员会多出不少，有14名成员另加1名秘书。军事委员会的规模反映出，有多位军事长官出席了开罗会议，也表明削减英国军事义务的费用将在会议日程中占据中心位置。作为对削减英国在伊拉克陆军规模的补偿，英国在伊拉克的空军规模将得以扩大，同时组建一支完备的“阿拉伯军队”，以期最终取代英国军队。作为伊拉克国防部长，贾法尔帕夏在12日的会议上积极推动建立一支新的阿拉伯军队，当天的会议决定成立一个专门小组委员会，更为全面深入地讨论这一建议。[8]军事委员会和五人小组委员会在接下来的几天内继续开会，贾法尔参加了两个委员会的会议。之后，这一议题提交给政治与军事联席委员会。这一联席委员会于3月13日下午由丘吉尔主持召开，此后每天召开会议，一直持续到3月19日。

贾法尔出生于巴格达，担任伊拉克的部长，并有长期在部队服役的经历；他能够全面参与开罗会议，是其这一经历背景的自然结果。起初，他是奥斯曼军队中的一名军官，在这段任职的后期，他在叙利亚北部的阿勒颇驻扎。1914年第一次世界大战爆发后，贾法尔率军在达达尼尔与协约国军队作战；其后，贾法尔被授予德国铁十字勋章并被提升为将军。后来，他又率领一支亲奥斯曼的、以宗族为基础的赛努西教团部队在利比亚作战，后在1916年的阿扎基亚战役中被英军俘虏并被判在开罗监禁坐牢。那一年的下半年，阿拉伯起义在汉志爆发以后，他最终决定投身于阿拉伯民族主义事业。其后，从监狱获释以后，贾法尔立即加入哈希姆王朝反抗奥斯曼统治的英勇斗争。在哈希姆·侯赛因确信了他的绝对忠诚之后，贾法尔受费萨尔的邀请负责起义部队的作战指挥，与劳伦斯一道在战争时期担任起义部队的关键指挥员。1918年10月，贾法尔参与了大马士革的解放，之后被任命为叙利亚的军事长官，之后又被任命为叙利亚的军队总监。1920年夏天费萨尔的短命叙利亚政权垮台以后，贾法尔返回伊拉克家乡，那里正有机会等待着他。在巴格达落脚以后，他立即积极宣传费萨尔就任伊拉克国王的前景，并成为新生的伊拉克国民大会的成员，为伊拉克可能的独立做准备。[9]贾法尔身材肥硕，贝尔贴切地称其为“肥仔”。他时常开怀大笑，令人愉悦，在会议代表中颇孚众望。[10]

3月15日，星期二，政治委员会召开第四次会议。在费萨尔就任伊拉克国王一事处理完毕之后，政治委员会将其剩余会期的大部分时间用于深入讨论复杂的库尔德斯坦问题。奥斯曼对库尔德的直接统治始于1831年，终结于奥斯曼被协约国击败的1918年。之后，如同美索不达米亚一样，库尔德处于英国的委任统治之下。

1921年开罗会议召开之时，伊拉克库尔德人口约500万，居住在其自古而来的乡土之上，分布在伊拉克北部的大部分山区之中。在临近的土耳其和伊朗境内一些区域，也有相当数量的库尔德人。所有这些区域合在一起，被称为“大库尔德斯坦”。像欧洲和其他地方遭受过帝国统治的民族一样，库尔德人从19世纪后期开始对西方式民族主义的政治前景产生向往。1918年，这一向往导致了“库尔德斯坦崛起协会”的创立。不久，巴黎和会作出公开承诺，支持建立一个独立的库尔德斯坦，这在《色佛尔条约》的条款中得以体现。然而，1920年8月《色佛尔条约》签署后，土耳其独立战争随之爆发，战后土耳其民族主义强力崛起，这使得遭受过殖民统治的库尔德人继续处于一种半无国籍地位。棘手的是，生活在委任统治下的伊拉克库尔德人，也处于这种脆弱的地位之中。[11]

3月15日上午，政治委员会在塞米拉米斯酒店的会议室召开会议，与会代表中最了解伊拉克库尔德人前途问题的，是巴格达政府中的老搭档珀西·考克斯爵士和格特鲁德·贝尔。名声小一些的爱德华·诺埃尔少校也被认为是库尔德问题的专家。出席那天会议的成员同本周前几日一样，只是增加了诺埃尔一人。诺埃尔是作为咨询人员出席会议的，在与会代表中单独列出，没有附加任何政府、部委或部队背景的说明。[12]诺埃尔是一名职业军官，从伍尔维奇皇家军事学院毕业后被任命为炮兵军官，后于1908年被转调到印度陆军。第一次世界大战期间，他被调到英国在伊朗的驻军。诺埃尔被有些人称道的壮举，是他曾在1909—1910年间连续两次从英国骑自行车到达印度；诺埃尔还是一个神秘莫测的人物，在战争后期及战后时间里，他的主要职守是英国间谍。[13]他曾在1919年被授予优异服务勋章，这一年他在库尔德斯坦积极开展一项特殊任务。将诺埃尔吸收到会议中来，并安排他作为政治委员会的客人参加15日的委员会会议，反映了考克斯和贝尔的一个深思熟虑的立场，即让库尔德人继续留在伊拉克，而不是允许他们组建一个独立国家。

然而，在复杂的库尔德问题上，丘吉尔参会时的想法是：对于一个民族来说，获得独立最符合库尔德人的利益。他同时认为，一个独立的库尔德国家将缓解英帝国陷入额外和非必要地缘政治纷争的风险，尤其是有助于减弱英国与新兴土耳其的纠缠。因此，他在会议开始时就明确表明了自己的立场：应允许"库尔德斯坦"在未来独立的伊拉克边界之外组建自己的政治实体。丘吉尔还指出，"英国的政策给了阿拉伯事业以巨大的支持，它同样不能忽视少数民族库尔德人的权利"，这是一个公平问题。丘吉尔还称，库尔德人的自治是至关重要的，因为他担心未来由阿拉伯人统治的伊拉克不能妥善考虑少数民族库尔德人的立场。丘吉尔预计，这种态度很可能导致次国家层面上无休止的恶语相向，更不用说极为高昂的财政代价了。他指出，库尔德人要么被"忽略"，要么被"压制"，如果这样，库尔德人最终将别无出路，只能通过诉诸暴力去夺取他们的独立。

丘吉尔在库尔德问题上的立场，深受来自中东局建议的影响。休伯特·扬和劳伦斯都认为，应允许库尔德人免于未来阿拉伯人的控制，在后奥斯曼时代获得独立。因此，在那天的会议上，他们两人都呼吁建立一个库尔德国家。他们强调，在最近的将来，这个独立的库尔德国家要接受英国高专的监管，但不受制于伊拉克政府。然而，当劳伦斯谈到他反对将库尔德置于伊拉克统治之下的时候，贝尔大发其火。劳伦斯在回答丘吉尔在库尔德问题上关切的时候明确说道："他的观点是，库尔德人不能被置于阿拉伯政府的管理之下。"[14]听到此番言论，贝尔立即开始抨击劳伦斯，言辞犀利，似乎劳伦斯变成了叛徒；贝尔将劳伦斯称为"小蟊贼"，并尽其所能地使劳伦斯感到难堪并弱化自己的立场。她的攻势似乎发挥了作用：劳伦斯"面红耳赤"，在会议的剩余时间里再也没有发言。

如同贝尔的激烈反弹所展示的，丘吉尔的评论及扬和劳伦斯的后续发言，给贝尔和与她观点相同的考克斯拉响了警钟。结果是，一旦轮到他们向委员会阐述观点时，他们就强烈批评丘吉尔及其两名中东局助手强力提出的政策立场。考克斯强调指出，把基尔库克、苏莱曼尼亚和摩苏尔的库尔德人社区，从新组建的伊拉克国家中剥离出来是不可想象的。他坚持说，所有三个地方都是这个国家不可或缺的，并在经济上都是至关重要的，特别是摩苏尔拥有商业化石油生产的潜力。考克斯发言之后，贝尔强势介入，强化考克斯的立场，声称：库尔德人的未来存在于伊拉克，这一点对国家的成功至关重要，必须予以落实。她还强调指出，"摩苏尔应该被包含"在伊拉克将来重新划定的边界之内。为了拖延时间，她还补充道，无论从哪个方面看，决定库尔德人命运的时机还不成熟。贝尔因而建议，这一问题不应该在开罗解决，至少应被推迟六个月，这样，库尔德人自己或许能够通过公众讨论在寻求独立与接受伊拉克统治之间做出有倾向性的选择。她确信，在那个时候，一旦新的伊拉克政权得以建立，库尔德人就会显示出“急切地想加入伊拉克政府”[15]。

考克斯和贝尔坚决反对成立独立的库尔德斯坦，是此次会议上他们与中东局之间唯一的重大政策分歧。确实，库尔德人的最终命运问题在开罗会议上悬而未决。在推动将库尔德纳入伊拉克版图这件事上，考克斯和贝尔显示出对阿拉伯事业的高度认可，而不管这样的安排对奥斯曼帝国曾经统治下的其他民族意味着什么。然而，在这一点上，贝尔也仅仅是固守一端而已。她同样反对犹太复国主义者在巴勒斯坦的企图，她坚信英国政府落实《贝尔福宣言》对于阿拉伯人来说，将是一场灾难。她在前期曾向其父亲抱怨道，“把它（巴勒斯坦）安排成犹太人的家园是很不公平的”；她还对父亲说，贝尔福的政策将导致英国承担驻防巴勒斯坦的军事义务以及由此产生的巨额经费支出，而这些钱如用在更急需经费支持的伊拉克，效果会更好。但是，她用一种尖刻的反犹太调门驳斥道：“犹太人在支出问题上可以买到沉默。”[16]

在政治委员会议事过程中的这一点上，低调的爱德华·诺埃尔少校趁时介入讨论，打破了会议因库尔德人问题上的分歧而导致的冰冷气氛。他说，英国在这一地区的政策所真正需要的，实际是建立一个库尔德“缓冲国”，既用以抵御土耳其，也用于“制衡美索不达米亚可能出现的任何强烈的反英运动”。对于诺埃尔来说，这一问题主要是一个地缘政治问题，而非民族自决问题。对他而言，极为重要的一点是：英国必须阻止土耳其在伊拉克境内煽动残余的奥斯曼情怀，因为这有可能使英国未来在伊拉克实施委任统治时面临比已被证明将要遇到的更多的困难。最终，由于会议接近尾声并在库尔德问题上产生令人不快的争执，丘吉尔决定援用南非总督在

“南非与罗德西亚联盟”问题上所持的立场。他说，这一立场与当下关于伊拉克与库尔德斯坦的情况相似。然而总的来看，丘吉尔发现，在库尔德问题上，他的得分被考克斯和贝尔反超了。[17]最后，他选择顺应现场专家们的意见，在库尔德独立问题上默认了他们的观点，即库尔德人的最好未来在于接受阿拉伯人的统治。丘吉尔确实同意贝尔之前曾建议的一项原则，即库尔德人在理论上应该能够选择自己的民族命运，但实际上，骰子已经投过了，伊拉克库尔德人将被永久性地置于阿拉伯人的统治之下。确实，丘吉尔会前在库尔德人问题上的观点带有相当的先知先觉色彩。开罗会议关于限制推动建立独立库尔德国家的决定，在中东事务中促生了一个漫长且滋生争议的后续问题，给库尔德人民带来了可怕的后果，这种局面一直延续至今。[18]

随着每天会议的快速推进，与会代表们也抓住机会欣赏开罗及其周边的名胜景观。对于丘吉尔来说，借此机会，收拾好装满画笔和颜料的箱子，乘车参观开罗城内和周边的各个景点，把各色美景画在画布上，是一个特别令其向往的乐趣。与此同时，克莱门坦则把大部分时间用于购物，偶尔有贝尔陪同，贝尔的衣橱里永远都是琳琅满目。[19]劳伦斯则抽空会见了最近来到开罗的埃里克·肯宁顿并陪他参访了高专官邸，以便肯宁顿为艾伦比画像，作为《智慧七柱》一书的插图。艾伦比3月18日写信给母亲说：“有人为我画了一张粉笔像……用在劳伦斯写的一本书中，这幅肖像画不错……另外，我还得保持坐姿，有一位犹太复国主义方面的雕塑家要为我制作一个半身像安置在贝尔谢巴。这座雕像由白色的石头雕刻而成，呈圆柱形，尺寸是真人的2.5倍。目前，雕塑家还没有完成黏土模型的制作，但看起来很像我。”[20]

艾伦比的雕塑家亚伯拉罕·梅尔尼科夫，是几天前从其第二故乡耶路撒冷，先于英国新任驻巴勒斯坦高专赫伯特·塞缪尔爵士来到开罗的。塞缪尔于1870年出生于利物浦，在牛津大学贝列尔学院接受教育，之后步入政坛，在1902年大选中为自由党赢得了一个席位。他于1909年被任命为兰开斯特公爵领地事务大臣，是第一位成为内阁成员的虔诚犹太人（19世纪曾两度出任保守党首相的本杰明·迪斯雷利在年轻的时候皈依了基督教）。在耶路撒冷担任高专五年任期之前，塞缪尔也有别的任命，其中在“一战”期间和结束之初曾担任内政大臣。塞缪尔是在前一年的夏天接受高专任命的，因此在来开罗参会之前，他在巴勒斯坦高专位置上还不到一年。[21] 为参加巴勒斯坦政治与军事联合委员会的第一次会议，他和其他四位巴勒斯坦代表团的成员于3月16日来到开罗；会议在第二天上午由丘吉尔主持召开。

巴勒斯坦政治与军事联合委员会如期于3月17日星期二上午开会，共有15名成员代表。开罗会议的多数头面人物都出席了此次会议。坐在丘吉尔、塞缪尔身边的有康格里夫陆军上将和特伦查德空军中将。巴勒斯坦代表团的其他成员杰弗里·萨蒙德爵士、弗雷德里克·皮克少将、F.R.萨默塞特少校和温德姆·迪兹爵士，以及贝尔、劳伦斯和扬也都出席了会议。在前五天的会议中，委员会的讨论议题主要围绕着伊拉克问题展开，而在这一天，与会代表的注意力主要转向了巴勒斯坦问题。丘吉尔开宗明义地宣布，委员会的任务是讨论英国在巴勒斯坦委任统治中“两个方面”的问题。他说道：第一个问题是巴勒斯坦与伊拉克以及其他阿拉伯国家的关系；第二个问题是其内部发展问题，特别是犹太复国主义者问题。

开罗会议召开之前，中东局曾在伦敦起草了一份报告，明确表明了应该在地图上把外约旦从巴勒斯坦标划出来。直到那时，在英国人的头脑中，巴勒斯坦传统的大面积边界观念仍占主流。丘吉尔让扬把这份报告大声朗读了一遍。之后，塞缪尔表示，他同意外约旦需要用有别于巴勒斯坦的规则予以治理，“部分是由于犹太复国主义问题”及其对当地阿拉伯人的潜在负面影响。但他同时也明确指出，外约旦不应被视作一个公认的阿拉伯国家，而应被视为英国对巴勒斯坦传统地域更广泛委任统治中的组成部分。[22]因此，塞缪尔指出，“当下时刻的主要问题”，是如何处置阿卜杜拉王子目前在外约旦首府阿曼驻留，以及如果他永久驻留在那里可能给外约旦及巴勒斯坦的未来带来何种影响的问题。当会议讨论到这个问题时，有人听到劳伦斯发出了一阵有意压抑的叹息。劳伦斯对阿卜杜拉王子的领导能力一向并不看好，但迫于开罗会议的形势，这一观点有必要加以调整。实际上，劳伦斯已经得出结论：为了在地区全面推进沙里夫方案，阿卜杜拉的合作与提升将是不可或缺的。

阿卜杜拉在安曼的驻留表明他始终坚信，尽管法国人在前一年的夏天对费萨尔采取了暴力行动，他的兄弟仍然是叙利亚的正当国王。因此，在阿卜杜拉看来，外约旦仍是那个大范围叙利亚王国的组成部分。他认为，恢复哈希姆王室对叙利亚王位的主张是不可避免的，一旦这一天到来，外约旦自身的未来就将获得解决并得到保障。在坚守这一立场的过程中，阿卜杜拉却发现，他自己在无形之中成为一支独立军队的首领。在开罗会议召开之时，几乎每个人都很清楚，无论是英国还是费萨尔本人，都无意否决法国坚持将叙利亚置于其控制之下的立场。实际上，不管如何不情愿，一旦法国最终承认伊拉克由英国实施委任统治并且同意费萨尔担任其国王，那么作为回报，英国就必须尊重法国对叙利亚实施委任统治的主张。因此，就在（开罗会议召开的）下一周，寇松勋爵在外交部会见法国驻英大使夏尔·德·博普瓦尔，向其明确表达了英国在叙利亚问题上与人方便的立场。寇松表示，为了回报英国不反对法国于1920年在大马士革废黜费萨尔，法国应该同意英国自己于1921年在巴格达重新把费萨尔扶上王位。[23]

对于劳伦斯以及丘吉尔、扬、考克斯和贝尔来说，外约旦成为在英国监管之下的阿拉伯国家，将是平衡各方利益的唯一可行的推进方案，尽管这将招致犹太复国主义势力的强烈反对。塞缪尔在其委员会的发言中，对英国这方面的立场有清晰把握，他同时也认同这样的观点，即巴勒斯坦作为一个犹太人的家园，其未来有赖于英国以同样的尺度支持阿拉伯人的外约旦；因此，塞缪尔对中东局的建议没有强烈反对。后来，塞缪尔开始公开反对这一政策立场。就英国政府而言，英国在外约旦问题上的立场是犹太复国主义者应该接受的必要妥协，是英国完整贯彻《贝尔福宣言》中所包含的对犹太人和阿拉伯人双方承诺的必需。塞缪尔强调要确保"外约旦不能促动反对法国的行动"，因为这将刺激法国在中东地区的其他地方掣肘英国的计划，特别是在巴勒斯坦的安排。

在这一重要问题上，劳伦斯在会议上表达了这样的观点：一个由阿卜杜拉领导的阿拉伯国家可以在地区扮演安全阀的角色；由于其地位取决于英国的支持，所以可以向其统治者施加压力，要求在外约旦遏制反对犹太复国主义的活动。塞缪尔回应称，他担心阿拉伯人仍会穿越边界进入巴勒斯坦开展袭击活动。但劳伦斯不予认同，他指出，这些袭击"最好的解决途径是约旦东部的优良政府体系"。他还指出，如果阿卜杜拉证明能够有所作为（在劳伦斯的头脑中还没有他能够做到这一点的恰当想象)，那么经过努力，形势的发展将会对双方有利。

当然，关于阿卜杜拉的潜在“行为”问题还引发了一些后续疑问，这是由英国在外约旦的代表萨默塞特少校提出的。所提出的问题是：如果阿卜杜拉最终没有被选中成为外约旦的国王或埃米尔，该如何将其逐出这个国家？这确实是个难题，丘吉尔对此心中有数，因此他明确申明：选取阿卜杜拉是建立在明确的互利基础上的。一个受到英国支持的，以阿卜杜拉为首的外约旦政府，将会支持一个更为宽泛的地区方案，哈希姆王朝将从中得以继续扩张影响。是的，丘吉尔评论道，“来自巴勒斯坦的恶棍总是能够在外约旦找到庇护”，并成为未来局势动荡不宁的根源。但是，一个稳定的哈希姆外约旦政府，既不积极反对法国，也不明确反对犹太复国主义分子，将会取得成功。另外，如果能从伊本·沙特那里获得不反对阿卜杜拉在外约旦任职并在未来不加干预的保证，那么将他安放在那个位置上将会使形势变得更为安全。

从英国的角度来看，争取阿卜杜拉同意接受外约旦王位并确保其作为阿拉伯国家的未来发展，既有必要也有把握。然而，在当天的会议室中，并不是每一个人都认同殖民地事务大臣及其中东局亲密顾问所提出的哈希姆计划。对计划持不同意见的人确实存在，他们也公开了自己的反对意见。其中最突出的，是赫伯特·塞缪尔爵士在巴勒斯坦的民事秘书温德姆·迪兹。他强烈反对将阿卜杜拉设计为外约旦的候任国王。迪兹直截了当地指出，阿卜杜拉完全不适合担任这个国家的未来统治者，因为他在此之前从未承担过严肃的政治责任。迪兹也承认，阿卜杜拉目前在安曼的驻留已不是一个可以通过外交手段解决的问题。在这位民事秘书看来，令人遗憾的是，英国已别无选择，只能把阿卜杜拉的任命视作既成事实。

迪兹发言之后，康格里夫上将对在外约旦应采取的军事措施进行了概述，既要维持和平，也要着眼制约阿卜杜拉未来可能以收复领土为名采取攻击叙利亚的行动。此时，劳伦斯再次介入，他表示赞同康格里夫的看法并概括称："形势的整体发展取决于军事态势。"对这些观点，丘吉尔和而同之，指示康格里夫针对巴勒斯坦形势召开一个军事问题小组委员会。康格里夫应组织研究保卫外约旦所需要的驻军规模，并将研究结果上报上一级委员会。丘吉尔嘱咐道："要记住，空军可以提供支援。"[24]丘吉尔做出这些指示之后，会议休会，等待小组委员会提出政策建议，在即将召开的巴勒斯坦政治与军事委员会第二次会议上进行讨论。

到17日下午，关于巴勒斯坦未来的第一次会议结束，开罗会议日程已经过半。同往常一样，丘吉尔一有机会就会溜出去画画，也偶尔外出观光。17日上午的会议结束后，丘吉尔和克莱门坦溜出酒店，前去参观古老的开罗萨拉丁城堡及附近的"死亡之城"，这里主要是为当地穷人修建的伊斯兰大墓场，已有数百年的历史。同时，格特鲁德·贝尔也利用此次机会陪着她的父亲休爵士在开罗观光，休最近从亚丁来到开罗。贝尔在写给继母的信中提到父亲的到来："别提我有多高兴，我现在希望会议能够拖得长一些，那样我们就有更多的时间在一起。"休爵士在此前一天刚刚抵达开罗，只要格特鲁德的会议日程允许，父女俩就尽可能多地参观这座传说中的城市。[25]

17日下午，当丘吉尔与克莱门坦参观开罗，贝尔陪着父亲进行游览的时候，劳伦斯参加了刚刚成立的巴勒斯坦军事问题小组委员会的会议。有八人被挑选参会，其中包括康格里夫担任会议主席，还有珀西·拉德克利夫陆军上将和萨蒙德空军少将。根据上午的会议讨论结果，他们假定阿卜杜拉以特定的方式成为外约旦的国王并以此为基础开展后续研究。小组委员会认为，外约旦保持与英国的友好关系是必要的，同时需要部署一个营的步兵、两个中队的骑兵和部分炮兵，用以保卫阿卜杜拉设定的王位。小组委员会会议还指出，这些部队驻扎在安曼，不能消极被动，而要姿态积极，“要强大到足以压制外约旦可能对英国采取不友善行动的任何力量”。除了这些地面力量，萨蒙德建议在安曼、伊尔比德和卡拉克等地建设一系列小型机场。这些机场将成为外约旦综合防空体系的组成部分，如果能与现有的地面力量妥善连接起来，英国在当地的军事部署规模就有可能实现实质性削减，甚至“可能在不远的将来完全撤出”[26]。

小组委员会完成任务以后，巴勒斯坦政治与军事联合委员会于第二天上午召开第二次会议。丘吉尔主持了这次会议，主张先就外约旦问题达成一项临时政治安排，保留必要的军事力量维持局面，同时要确保维持这些军事力量的费用支出不会给英国财政带来太大的压力。他把小组委员会前一天下午完成的报告大声读了一遍；同开罗会议期间的所有报告一样，此份报告由艾伦比高专官邸的一名办事员记录下来。[27]拉德克利夫将军立即对报告中的建议表示赞同，赫伯特·塞缪尔爵士提出“要关注”在未来某个节点把这些部队全部撤出的可能性。他强烈反对这种做法，声称：全面撤军是不应被允许的，只能是分阶段撤军。塞缪尔称，有利于阿拉伯人的全面撤军风险太大，不能考虑。他警告说，那将是一个“致命的错误”，可能导致反法和反巴勒斯坦运动在这个国家抬头。之后，塞缪尔就英国在巴勒斯坦的总体驻军（包括在外约旦的驻军）与英国在中东地区更广泛战略态势之间的关系，进行了清晰的阐述。他指出，在此地驻军不仅仅要着眼于维持这个国家的秩序，而应被视为一项帝国储备和苏伊士运河的安全屏障。丘吉尔一向主张英帝国应以埃及为中心，他立即表示赞同塞缪尔的观点并补充道："我们在埃及和巴勒斯坦的驻军应该相互支持。"尽管如此，丘吉尔还是对与会的每位代表表示，削减军事开支的中心原则没有改变。丘吉尔称，这一原则适用于英国在中东地区的所有军事责任区。[28]

到18日下午，开罗会议的主要日程接近尾声。会议的中心议题——费萨尔未来就任伊拉克国王一事，已经敲定。丘吉尔后来在写给首相的报告中称："这一程序是由考克斯、贝尔女士和劳伦斯设计的，得到了此处有关各方的一致支持。"[29]与此相似，外约旦未来问题看上去也得到了解决。但是，关于英国在中东的驻军规模问题仍在委员会中进行严肃的讨论。与此相关的关于组建阿拉伯军队的计划，也仍未做出决定。[30]在军事委员会及其相关的小组委员会层面上，组建一支新的伊拉克"国民军"计划仍有待讨论。伊拉克军事问题小组委员会预计在19日召开第一次会议。

会议由珀西·考克斯爵士主持，小组委员会成员包括英国在波斯驻军总司令埃德蒙·艾恩赛德陆军上将，还有伊拉克建军计划的初始起草者贾法尔帕夏。小组委员会认为，组建伊拉克军队"事关重大"。贾法尔坚持，为了彰显这支部队的合法性并调动人们的入伍热情，加入这支部队的人员的薪资水平应与英国军营服役人员保持一致。计划中伊拉克新建"国民军"的员额为5000人，将在达成协定后的一年之内完成招募。值得关注的是，"国民军"的相关开支费用问题落到伊拉克政府肩上。确实，这些节省开支的建议正合丘吉尔的口味。早些时候，在3月14日，在一场政治与军事联合委员会会议上，丘吉尔宣称，英国在伊拉克和巴勒斯坦的现行3000

万英镑的预算必须削减。要做到这一点，必须三管齐下。第一，将驻军规模从2.5万人减至1.5万人，可立即减少400万英镑的开支预算，长远看能减少近1000万英镑。第二，完全按照贾法尔在委员会简要提出的办法，培建伊拉克（以及库尔德）部队。第三，通过扩大空中防御系统抵消丘吉尔推动的部队削减带来的影响；相关措施由空军首脑特伦查德和萨蒙德设计。总而言之，这一计划严密而有可操作性，也是丘吉尔近来通过电报向首相所汇报的内容。

实际上，由皇家空军研拟提出的“美索不达米亚管控计划”在开罗会议的后几天内得到了与会代表的全面认可。根据相关建议，巴格达（使用费卢杰附近的基地）、巴士拉和摩苏尔将成为主要的空军驻扎地点，部署12个空军中队，同时部署若干装甲连，用于为飞机提供地面防护。[31]对于丘吉尔和劳伦斯来说，通过部署皇家空军削减英国地区军事义务并扩大监管范围的前景，如要解决防务问题，还有很长的路要走。近期英国在索马里兰运用飞机击败“疯狂的毛拉”，早期在阿拉伯起义期间也曾有效地运用空中力量打击奥斯曼军队；所有这些先例都充分证明了，把空中力量作为地面部队的补充甚至地面部队的替代力量能够取得重大成果。将对殖民地的空中监管固化下来的理念由此而生，尽管后来这一监管方式的运用往往是恶意的。[32]

然而，尽管开罗会议的闭幕日益临近，仍有一些其他重要问题没有得到解决。其中最为急迫的事项之一，就是向伊本・沙特等阿拉伯领袖提供补贴问题。伊本・沙特的地区抱负带有很强的竞争性，对哈希姆家族尤其如此。伊本・沙特于1875年出生于利雅得，他于1902年以有三百多年历史的沙特王朝的名义夺回了内志，成为埃米尔。就在开罗会议结束几个月之后，伊本・沙特成为内志的苏丹并在几年之后称王。最终，伊本・沙特于1932年成为那时起被称为沙特阿拉伯的第一位国王。总之，他是一位具有传奇色彩的阿拉伯君主，一共娶了24位妻子，她们为他生育了70个孩子，其中有45个儿子。[33]

劳伦斯在给阿拉伯统治者发放补贴问题上态度积极。3月18日，政治委员会专门为此问题召开了第二次会议，劳伦斯在会议上指出："给予伊本・沙特充足的补贴是必要的"，因为"他有能力给我们造成巨大伤害"。基于自身参与阿拉伯起义的经历，劳伦斯比他大部分的同时代人更为了解这类问题的真实一面。劳伦斯的忠诚只限于哈希姆家族，但此时，在他看来，确保沙特未来不对沙里夫方案构成威胁的唯一途径，就是给他好处。为实现这一目的，丘吉尔在两天前就指示成立一个补贴问题小组委员会，成员包括考克斯、劳伦斯、基纳汉・康沃利斯上校和英国在亚丁驻军的司令官T.E.司各脱少校。

18日会议之后，小组委员会建议：为了"取得特定的政治效果"，目前的补贴数额应增加1.5倍，从每年的9.6万英镑提高到每年24.8万英镑。其中20万英镑只发放给两个人；给伊本・沙特10万英镑（考克斯建议给12万英镑），比目前的补贴额增加4万英镑；另一个10万英镑要给予伊本・沙特的对头，也是沙里夫方案的关键人物沙里夫・侯赛因。作为收取补贴的回报，侯赛因要保证在汉志禁止反对法国的宣传。同时，他还要确保圣地麦加和麦地那不能成为发动圣战的策源地。为了把事情办得更圆满，另给一位名叫法赫德・贝伊的贝都因人首领发放一小笔补贴，此人在阿拉伯起义期间就与劳伦斯相识。法赫德每年得到1.2万英镑补贴，作为回报，他要允许英国在其辖地建设几个机场。最后一位拿英国补贴的，是阿西尔王国的埃米尔穆罕默德·伊本·阿里·伊得里斯。阿西尔王国后来成为沙特阿拉伯的西南部地区。伊得里斯早在1910年就开始反抗奥斯曼人并在第一次世界大战中支持协约国。他因此获得与法赫德一样多的年度补贴1.2万英镑。

在决定英国能否畅通无阻地处理好伊拉克、巴勒斯坦以及本地区其他阿拉伯国家的事务方面，伊本·沙特仍是一个关键人物。另外，英国需要伊本·沙特牢牢控制住其内部的瓦哈比教派教众极端分子，他们既不想与西方合作，也不与他们不信任的伊斯兰教徒交往。小组委员会研究认为：伊本·沙特“是阿拉伯政治事务中的最关键因素”，尽管“他与我们一直保持友好关系……但从其占据的中心位置看，他既能入侵美索不达米亚的西南部，又可入侵科威特和汉志”。因此，“巧妙地运用我们的补贴（数额相当于其政府其他来源的财政收入的总和）”，将确保他不会针对上述三国采取不利行动。简而言之，所谓补贴就是花钱买和平，就小组委员会而言，这笔钱花得物有所值。[34]

各场会议在3月19日星期六结束之后，大部分委员会的工作得以完成，巴勒斯坦小组委员会的工作将移到耶路撒冷，大家商量好在那里结束有关讨论。[35]除了在开罗会议上就费萨尔、外约旦和军事开支的削减程度与范围等问题做出决策之外，与会代表们还关注到其他一些难以解决的问题。例如，一个突出的重要问题是，在伊拉克有大量的战后难民，其中包括1.4万名亚美尼亚人，数百名俄罗斯人和亚述人。从17世纪早期开始，伊拉克境内主要居住在巴士拉的亚美尼亚人逐渐形成一个历史性的社区。第一次世界大战期间，奥斯曼人曾对亚美尼亚人采取种族灭绝政策，为逃避劫难，数以千计的亚美尼亚人涌入伊拉克，进一步提升了伊拉克的亚美尼亚人的数量。会议决定，伊拉克新生政府的最好选择就是将这些难民遣送到黑海沿岸的各个港口，预计这些难民将在那里受到某种形式的庇护。贝尔特别就难民的命运问题发表意见，她指出："如果那些贫困的人被抛置在荒野，他们就可能无法找到工作，并只能成为犯罪的源头。"[36]如其所言，现实也是残酷的。在20世纪初期，还没有后来出现的那种类型的国际难民组织，而英国也不想因为强行推进亚美尼亚人命运问题的解决，使本来就紧张的英土关系雪上加霜。最后，大部分亚美尼亚人仍居留在他们在伊拉克的居留地。最终，围绕那些更为实际的问题，会议决定要强化巴勒斯坦与伊拉克之间的空中航道与汽车通道。大家认为，如此一来，沙里夫方案的地区安排就会催生出一些地缘政治与经济方面的和谐因素。[37]

总之，截至开罗会议的第二周，主要的与会者清晰地感觉到，他们有理由对已经取得的成就和中东未来计划目前所处的境况而感到欣慰。随着会议接近尾声，丘吉尔是最先感到踌躇满志的，劳伦斯和贝尔也同样如此。劳伦斯在3月20日写给妈妈的一封信中，叙述了会议中的很多事件，提到他很高兴能见到艾伦比"好几次"；劳伦斯说，他（艾伦比）"非常健壮"，他对肯宁顿给艾伦比画的画像感到很满意。[38]

与此同时，贝尔对会议的组织运行方式感到满意。从最开始，贝尔就曾预测："这将是一次美好的会议，也将是十分有趣的会议。"[39]现在，会议即将结束，她以更为热情的口吻在信中对一位朋友说道："这次会议真是太棒了，我们在两周时间内讨论的问题比以往一年时间内讨论的还要多。"[40]她对两位伊拉克部长能够参会尤其感到满意。实际上，两周前在乘火车和轮船从巴格达到开罗的旅途中，她花了很多时间同这两位部长谈话，并将贾法尔关于建立阿拉伯军队的报告由阿拉伯语翻译成英语。此外，贝尔还愉快地与沙逊·埃斯凯尔一起"朗读阿拉伯语"[41]。参加会议的伊拉克部长，一位是阿拉伯人，一位是犹太人。在贝尔看来，两人的出席给会议增添了必要的民族成分和具有象征意义的种族色彩。此外，鉴于两人，特别是贾法尔，曾在委员会受到深度咨询，安排他们出席开罗会议完全不是出于做表面文章的考虑。虽然没有直接介入会议，艾伦比同样对开罗会议的组织运行感到满意。他坚持表示，考虑到埃及的安全环境，较大数量的英国地面部队要在位待命，至少要在会议期间暂时如此。[42]艾伦比最感到满意的是，事先部署的英国部队发挥了作用，在为期十天的会议期间，开罗街头只出现过轻微零星的民族主义抗议活动。他曾向他的妈妈报告说，只发生了一起"由几百个暴躁学生发动的轻微示威"，他们在塞米拉米斯酒店外面大声高呼反对丘吉尔的口号。[43]

随着会议宣告结束，3月20日，星期天上午，丘吉尔和几位代表乘汽车离开酒店，前往附近的吉萨。他决意要让他们在埃及的时光中存有一些难忘的观光经历。他们的第一站是古老的米纳宫酒店，这是埃及的第一座欧式酒店。在这里，他们受到米纳酋长的迎接；酋长雍坐马背、衣着华丽，身穿一件金色礼袍。此后，代表们开始参观酒店修葺齐整、青翠盎然的花园院落。[44]随后，有人给参观团的代表们送来了一群骆驼，这是专为这天的活动安排的。参访的代表们可以骑行骆驼走上一小段，参观金字塔和斯芬克斯像。之后，他们将骑着骆驼走更长一段路，前往著名的孟菲斯古城遗址；遗址坐落在吉萨以南约12英里的萨卡拉，参观团将在那里享受野外午餐并参观周围景观。

参观金字塔和斯芬克斯像之后，参观团再次骑上骆驼，向南面的萨卡拉行进。骆驼性情暴躁，气味很大，且有大象一样的记忆力。单峰骆驼或阿拉伯骆驼，特别适合沙漠中的旅行和生活。虽然在奔跑的状态下，它们能爆发出惊人的每小时40英里的速度，但其正常行进速度大约是每小时3英里。因此，参观团的这次骑行旅程需要几个小时。在途中，丘吉尔经历了一次不愉快，当时他的骆驼鞍具松了，致使他从骆驼背上滑落下来，重重地摔到沙地上。克莱门坦打趣地调侃道，“英雄竟然倒下了”[45]。除了个人面子和手部略微擦伤之外，丘吉尔安然无恙，只用了几分钟就恢复了身体平衡并找回作为大臣的庄重感。[46]

参观团继续快速行进，于下午早些时候到达萨卡拉。吃过午餐并略作休息之后，他们在废墟中游走。美尼斯国王于公元前3000年建立的孟菲斯，曾是埃及古王国的首都。这是一个是历史胜地，埃及的新旧王朝在这里接续，亚历山大大帝于公元前4世纪在这里加冕为法老，二百年后罗塞塔石碑出现在这里。孟菲斯的古代埋葬场——“大墓地”——坐落在萨卡拉，著名的左赛尔阶梯金字塔是此地的特色景观，参观团的有些人参观了这一景点。可能是上午在骆驼背上的事故令其感到疲惫，丘吉尔决定不再游走观光，转向他最心仪的爱好，取出了画架、画笔和颜料。到了下午的后半程，多数团员开始回返，向米纳宫酒店行进。劳伦斯和丘吉尔在后面徘徊流连了一段时间后，才一起再次骑上骆驼快速向吉萨方向行进。后来，在1922年11月，当劳伦斯的政府顾问生涯即将宣告结束的时候，他向丘吉尔重提这段令人难以忘怀的沙漠同行之旅：“您还记得您骑着骆驼在吉萨轻盈小跑吗？除了我之外，您把所有的陪同人员甩到后面，而我那时可不是一个公平的竞赛选手。”[47]

第二天，3月21日，丘吉尔在塞米拉米斯酒店举行了考究的告别晚宴。那天上午在酒店前面拍摄了正式的代表集体照。这张照片将同前一天在吉萨以同样方式拍摄的照片一样出名。在照片中，丘吉尔坐在第一排的中心位，其余代表以他为中心分几排站立其后。在他的左右两侧坐着英国的高专，左边是珀西·考克斯，右边是赫伯特·塞缪尔。前排坐在他们两侧的有康格里夫陆军上将、霍尔丹、艾恩赛德和拉德克利夫。劳伦斯站在考克斯的正背后，他身穿一套休闲西服，手指交叉紧扣在一起。贾法尔帕夏站在劳伦斯的身边，他炫酷地头戴一顶奥斯曼时期配发的头盔，身上的军装把他的身体裹得紧紧的。站在劳伦斯另一侧的是空军少将萨蒙德。站在劳伦斯近旁的还有贵族沙逊·埃斯凯尔爵士，他头戴一顶扎眼的塔布什帽，腮挂美髯。再旁边站立的是格特鲁德·贝尔，像往常一样，她身着一袭装饰有皮领子的长大衣，头戴一顶宽边配花帽子。在贝尔旁边的是气宇轩昂的杰弗里·阿彻爵士。阿诺德·威尔逊的身影靠近照片右侧最顶端的位置，在离贝尔尽可能远的位置上。在所有人前面位于照片左侧的，是两头小狮子和它们不知名的索马里驯兽师。照片反映出的精心安排和洋溢着的自信气氛，使其成为前十天外交工作清晰的集中写照。这张照片也显示了在英帝国影响的最后重要阶段以及“一战”后会议文化的背景下，开罗会议上出台的那类极为重大的决定是如何做出的。

那天晚上的晚些时候，丘吉尔盛大的晚宴如约而至。塞米拉米斯酒店以法式餐饮闻名，酒店尽其所能为与会代表提供了最好的招待。[48]酒店盛装以待，大厅里挤满了与会代表以及部分代表的配偶，还有其他一些客人。[49]珀西爵士的夫人路易莎和贝尔的父亲休爵士也都出席了晚宴。艾伦比后来写信给他的母亲说，这是一场“棒极了的宴会”，中间穿插着讲话和祝酒。丘吉尔、赫伯特·塞缪尔爵士和艾伦比分别讲话。在正式讲话之外，沃尔特·康格里夫爵士和杰弗里·萨蒙德爵士做了简短发言。除了法餐之外，塞米拉米斯酒店的音乐会和舞会同样有名，因而也成了酒店那天的保留节目。总之，晚宴取得了圆满成功。然而，至少对艾伦比来说，在塞米拉米斯酒店收宫之夜带来节日般快乐的同时，他也希望能够“从那些奢华宴会等社交活动中得到缓冲休息”，艾伦比在写给家中的信中疲惫地做出这些表示。

但还有几场活动有待举行。第二天上午，艾伦比陪同丘吉尔来到阿卜丁宫会见埃及苏丹。这座宫殿极其奢华，用大量黄金装饰，由赫迪夫·伊斯梅尔修建于19世纪60年代。宫殿的位置距离塞米拉米斯酒店不远。那年下半年，苏丹又给宫殿加建了郁郁葱葱的空中花园。福阿德于1917年成为苏丹，1922年他给艾伦比带来巨大的麻烦，英国中止了埃及正式的被保护国地位，并以艾伦比的名义颁布了《艾伦比声明》。该声明发布之后的一段时期，福阿德改称埃及国王福阿德一世，他粗暴地解散议会，妄用宪法限制的权力。艾伦比将要发现，福阿德的这些行为不仅令人恼怒，而且违背了其稳妥运用新埃及宪法的计划。然而在此时，1921年的3月，福阿德热情地欢迎丘吉尔和艾伦比来到阿卜丁宫参观了一个半小时。艾伦比后来在给家人的信中写道，在此次参访期间，“我想说，他们进行了真心对真心的谈话。每个人都给对方留下了深刻印象；丘吉尔同意了我的说法，觉得苏丹是个好人，值得我们的同情和支持”。

艾伦比当时对福阿德的积极评价很快就将发生变化。那天晚间，艾伦比和丘吉尔又回到阿卜丁宫，来自开罗会议和埃及政府的100多位人士前来作陪，参加福阿德为他们举办的“盛大宴会”。艾伦比记录道，这些宴会“如同其所有的招待活动一样，安排得很棒”。苏丹福阿德那天的奢华晚宴是开罗会议最后一场重要活动。如果说前一天塞米拉米斯酒店的晚宴正式宣告了会议的结束，那么苏丹在阿卜丁宫举办的宴会则是对开罗会议十天审议活动的一次壮观补充。现在剩下的一场活动是3月23日在高专官邸举办的一场轻松晚餐会，会后开罗会议将彻底结束。艾伦比在给母亲的信中写道，这次告别晚宴“身份尊贵”，参加晚宴的有丘吉尔、塞缪尔、索马里兰总督杰弗里·阿彻，以及来自亚丁的T.E.司各脱少校。[50]晚宴之后，丘吉尔与塞缪尔及各自的夫人，以及劳伦斯、扬和一些其他代表，登上一列午夜特别列车前往耶路撒冷。开罗会议将在圣城真正落下帷幕。

当丘吉尔的专列于3月23日夜间驶出开罗中央车站时，所有主要的参会者都有充足的理由感到欣慰。列车首先前往苏伊士运河西岸的伊斯梅利亚，而后穿越西奈，经加沙抵达耶路撒冷。对于丘吉尔和中东局来说，开罗会议已按计划进行并取得成功。扬认为，如果陆军部希望看到“来自巴勒斯坦和美索不达米亚的干扰”，那么会议的成功举办意味着未来形势的发展将出乎他们的意料。[51]费萨尔将成为伊拉克的国王，他的竞争对手要么出局，要么被有效控制。同时，他的地区王朝竞争者都通过提供财政补贴等类似方式得到处理。此外，伊拉克的领土边界和国内人口构成的管理也在推进成形之中。英国政府在伊拉克和巴勒斯坦的支出将大幅削减，与丘吉尔提出的理念保持一致，即“对于削减开支来说，中东发生的任何事情都是第二位的”[52]。虽然丘吉尔并不是主张节约的工具主义者，但他无疑相信在增加殖民地独立性与减少帝国开支之间存在着密切联系。对他来说，两者统筹兼顾最为妥当。

正如丘吉尔一样，对于劳伦斯来说，他的工作远未终结。对考克斯和贝尔来说，情况也是如此。开罗会议多个特别会谈所讨论和决定的诸多问题，现在需要在阿拉伯与犹太人之间的族群政治乱局中贯彻实施。另外，法国在叙利亚的至高地位正在转为正式的委任统治权力，法国的影响也可能激化地区形势。劳伦斯此时在写给家人的信中疲惫地说道：“我们做了大量工作，这些工作几乎已经完成。”[53]但在某种程度上，他的最重要的工作却刚刚开始。根据开罗会议上通过的沙里夫方案，他将和丘吉尔携手推进，把阿卜杜拉成功安置好，耶路撒冷和外约旦正在从旁等待。同时，贝尔也准备着迎接在伊拉克的新考验。她在回返巴格达的旅途中，写信给一位老朋友弗兰克·鲍尔弗，信中说：“我们选定了我们的埃米尔（费萨尔）以后，他将需要大量的帮助与指导。”

因而，当开罗会议在一片乐观和自信的氛围中落下帷幕的时候，面对复杂的地缘政治形势，人们对未来形势的把握中仍有一丝疑惧存在。在与父亲共享“美好一周”之后，贝尔与父亲激情告别，她知道自己必须返回伊拉克并在未来很长一段时间内一直留在那里。[54]同时，休爵士与丘吉尔一行乘坐午夜专列，到苏伊士后转乘轮船回乡，处理他曾担忧地向格特鲁德提到的那摇摇欲坠的商业项目。[55]开罗会议的十天会程或许已经结束了，但还要将其有关在战后中东地区推进国家构建和地域治理的广泛计划贯彻落实，而这一工作才刚刚开始。

1922 年，格特鲁德 · 贝尔与费萨尔国王及一众政府官员在巴格达附近野餐

第六章

在开罗远未结束：转向耶路撒冷

当丘吉尔的专列于3月23日午夜驶离开罗中央车站时，他或许会斜靠在座椅背上，点燃一支随身携带的古巴雪茄，然后设想一下开罗会议的后续部分，他将为此在耶路撒冷停留一周时间。劳伦斯也搭上了这一专列，在前往圣城的500英里路途中，他与丘吉尔的临时随从马克斯韦尔·库特空军中校共享一个双层铺位。那天早些时候，劳伦斯曾向在伦敦的费萨尔发了一份信息，告知他关于其任伊拉克国王一事的目前进展及下一步可能采取的动作。他写道："一切都在按计划进行，请立即走最快捷的路径前往麦加……我将在中途与您见面并告知有关细节。就说您是去看望您的父亲，不要对媒体透露任何事情。"[1]

那天晚上，专列上洋溢着喜庆气氛，就如同会议工作日程结束后几天内的情形一样。劳伦斯在几天前，曾从塞米拉米斯酒店写信给妈妈说："我们就像快乐的一家人。"[2]在专列上，与休爵士、贝尔和塞缪尔相伴而行的还有雷丁勋爵夫妇，他们作为艾伦比的客人，前几日住在开罗的高专官邸。艾伦比曾写信给家人说："我陪雷丁勋爵参观金字塔，梅布尔则陪着体弱的雷丁夫人逛开罗的集市。"雷丁与赫伯特·塞缪尔一样，是英国社会和政府中杰出的犹太人物；他刚刚结束八年的"英格兰皇家首席大法官"任期，他是担任这一职务的第一位犹太人。此时，他正前往印度担任总督，再次成为第一位担任此职的犹太人。

第一天的二十四小时之内，丘吉尔一行在伊斯梅利亚辞别了休爵士，乘驳船穿越苏伊士运河，然后换乘火车继续余下的旅程。他们的第一站是位于紧靠埃及与巴勒斯坦边界的加沙，"一战"期间，在这里曾发生过极为激烈的战斗。艾伦比1917年11月在此地的最终胜利，开启了那年秋天的巴勒斯坦战役和耶路撒冷的解放进程。

当他乘坐的列车驶进加沙时，丘吉尔两周前曾在埃及搅动的民族情绪又有所重演。三年多以前，艾伦比的"埃及远征军"将加沙摧毁，这座城市大部分被重建了；但加沙仍带有明显的战争痕迹。[3]加沙的人口很少，只有1.5万人，其中只有很少的犹太人。列车大约在早上8点抵达加沙，丘吉尔、塞缪尔和劳伦斯走马观花地参观了这座城市。当地居民被告知有大人物到来，他们中的很多人拥上街道迎接他们。与丘吉尔在亚历山大经历过的呼斥不同，他在加沙听到的大部分是"欢迎大臣！""欢迎大不列颠！"欢呼声是阿拉伯语，丘吉尔和塞缪尔都听不懂。劳伦斯精通阿拉伯语，他在一片喧腾声中捕捉到零星的口号声："打倒犹太人！""割断他们的喉咙！"劳伦斯没有对别人提到过此事。[4]对丘吉尔加沙短促访问的反应，总体上是积极的。但就如同开罗会议关于伊拉克和外约旦的决定受到阿拉伯人的称颂一样，穿越加沙之举使人想起即将进入耶路撒冷的阿拉伯—犹太之间错综复杂的棘手政治。

那天晚间，他们离开加沙，在午夜时分抵达耶路撒冷。这个日期刚好碰上濯足节，基督徒一年中最神圣节日的前夕；丘吉尔的宗教情结不算浓烈，他并不太在意纪念复活节。然而，由于劳伦斯是在安立甘宗福音派的牛津圣阿尔达特教堂浓厚的宗教气氛中长大的，他很有可能在意这个日子。丘吉尔夫妇作为塞缪尔爵士夫妇的客人，将居住在政府礼宾府。礼宾府坐落于圣殿山的南面，对老城景观一览无余；它开放于1910年，当时还在奥斯曼帝国统治之下，被称为奥古斯塔·维多利亚大楼。第一次世界大战期间，奥古斯塔·维多利亚大楼被奥斯曼帝国用作军队司令部和医院。1917年12月艾伦比率军占领耶路撒冷以后，也把这座建筑当作司令部使用。1920年塞缪尔就任英国驻巴勒斯坦高专以后，这座建筑转为政府礼宾府。这座建筑最突出的特征是其200英尺高的钟楼，最便利的是其全套的电气化服务，这使其成为巴勒斯坦第一个通过电气化得以现代化的建筑群。

对于丘吉尔夫妇来说，无论实现电气化与否，享受了埃及最好酒店提供的舒适享乐服务之后，耶路撒冷的政府礼宾府无非是一座既寒冷又枯燥的条顿式建筑而已。对丘吉尔而言，未来几天还有许多工作要做。对于克莱门坦，假期还在继续，第二天她要参加圣公会耶稣受难日纪念活动。对于这一时间居住或参访耶路撒冷的英国国教圣公会的教众来说，其精神家园往往寄托在圣乔治大教堂。它于一代人之前的1899年接续“基督教堂”对外开放，并依前例，保留耶路撒冷英国圣公会主教座席。从1849年开始，“基督教堂”位于雅法门附近的老城，正对着大卫城堡。1917年12月11日，艾伦比正式在大卫城堡宣读了宣言，标志着英国控制巴勒斯坦的开始。

“基督教堂”与圣乔治大教堂一起，是圣城英国圣公会的存在标志；1914年以来担任英国圣公会主教的伦尼·麦金尼斯所保持的良好公共形象，使英国圣公会在耶路撒冷的声名更为显赫。

麦金尼斯出身高贵，周围多是议员、将军以及毕业于哈罗公学和剑桥大学三一学院的名流，他对英国的权势阶层十分熟悉。在“埃及远征军”夺取耶路撒冷之前，艾伦比与麦金尼斯保持着密切联系，主教不知疲倦地为那些以耶路撒冷为家的人奔走，不管他们的宗教信仰如何。战争期间，麦金尼斯被迫移居他乡（主要在开罗），但“埃及远征军”在巴勒斯坦战役中取得的胜利，极大地激发了他自己和当地居民希望他回归圣城的期盼。在其旅居开罗的短暂时间里，麦金尼斯与艾伦比定期通信，主要谈及何时能够回到圣城并重新住在圣乔治大教堂。艾伦比让麦金尼斯及时跟进他的进展，曾在1917年11月下旬写信给他称：“虽然我的部队离它不远，但我尚未占领耶路撒冷。”在艾伦比占领该城之后，麦金尼斯询问艾伦比他能否飞跃耶路撒冷，考察其战后情况。艾伦比拒绝了这一请求，他很可能微笑着写信给他称：“飞机不适合搭载主教。”此举显示了麦金尼斯回到耶路撒冷引领其往昔信众的坚定决心。但不久，艾伦比于1918年1月通知麦金尼斯称，“我希望很快在巴勒斯坦迎接你”，他下个月确实能够实现这一承诺。当年的2月13日，艾伦比给麦金尼斯写信称：“我很高兴地对你说，我认为你没有理由不来耶路撒冷。我希望只要你方便，就请尽快到来；很抱歉让你等了这么长时间。”[5]

麦金尼斯主教战争流离期间在埃及和苏丹的虔诚工作，使他在中东地区声名远播、广受尊重。特别是在耶路撒冷，他的人道主义与合一运动精神的名声十分显赫。他还坚决反对犹太复国主义者关于扩大向巴勒斯坦的犹太移民人数的主张，并毫不迟疑地表达自己的立场。1919年11月，他在犹太人问题上的不妥协立场被刊发在《纽约时报》上，通栏标题是："这是政治问题而非宗教问题"，其结果是，其反犹太人立场引起世界关注。[6]大量的犹太人涌入巴勒斯坦明显违背当地固有的占主导地位的阿拉伯居民的意愿，在英国政府是否应该允许出现这样的局面问题上，艾伦比同样持高度谨慎的态度。[7]艾伦比于1919年3月离开耶路撒冷，前往埃及任高专之后，停止了与麦金尼斯的直接联系，但仍然同情这位主教反对英国不顾当地多数居民抵制，坚持在巴勒斯坦建立犹太人家园的立场。

如我们所看到的，在其穿越加沙前往耶路撒冷的途中，丘吉尔发现自己已经身处意欲表达类似反对之声的众人之中，尽管他因为不懂阿拉伯语还没能轻易地感知到这一现实。然而，丘吉尔很快就要明确了解此事了。鉴于丘吉尔已承诺履行《贝尔福宣言》，他不能在此问题上同意麦金尼斯的观点。3月26日下午在耶路撒冷寂静的英国军人公墓举行了纪念仪式，丘吉尔和麦金尼斯肩并肩地站立在仪式场地，并未显示出彼此观点的对立。此处的英国军人公墓后来被改称为"耶路撒冷战争公墓"，旁边的道路被称为"丘吉尔大道"。丘吉尔与麦金尼斯共同向来自英国和其他盟国的士兵致敬，他们在几年前的战争中牺牲了自己的生命。艾伦比占领耶路撒冷后立即着手在圣殿山修建了这座公墓，埋葬了为那场胜利牺牲的270名英国士兵。之后，那些就近埋葬在其战斗中牺牲场地的英国和帝国士兵的遗骸，也被陆续转移安葬在这里。当丘吉尔于3月的那个下午到此处参加悼念仪式时，公墓埋葬的战争遗骸数目更大了。在演说中，丘吉尔动情地提到那些"老兵"：他们倒在了"哈里发征战、十字军搏杀和马加比起义的征尘里；让他们的遗骸得以安宁，让他们的传说满载荣誉，我们必能延续他们的未竟事业”[8]。尽管丘吉尔和麦金尼斯在“未竟事业”上存在严重分歧，但共同身处英国阵亡将士亡灵之中那一刻的真情流露，把他们联系在一起。

同时，劳伦斯回到耶路撒冷后做的第一件事，就是陪伴他在埃及局的老领导罗纳德·斯托尔斯爵士。劳伦斯一直把斯托尔斯视为志趣相投的伙伴。劳伦斯在其《智慧七柱》一书中恭敬地谈起斯托尔斯：“他总是名列第一，他是我们之中的大人物，他是近东最璀璨的英国人。”[9]斯托尔斯只比劳伦斯大七岁，但与其标新立异的朋友和同事相比，他的身上似乎体现出一种明显不同于同代人的安全稳重和社会自信。斯托尔斯是家里的长子，他的父亲出生于新斯科舍，是英格兰教会的一名教长。斯托尔斯先后在查特豪斯公学和剑桥大学彭布罗克学院接受教育。1903年，他从剑桥大学毕业，获得古典文学一等学位。之后，他前往埃及，在财政部工作。在那里，斯托尔斯度过了“一战”的早期阶段并多次变换工作岗位，直到1917年被调任为“自本丢彼拉多以来，耶路撒冷的首位军事长官”，斯托尔斯曾如此简洁地提到他的新任命。[10]几年后，斯托尔斯的职责得以扩大，于1920年被任命为耶路撒冷和朱迪亚的总管，1921年3月与劳伦斯重逢时，他正在这个位置上。在接下来驻留耶路撒冷的几天里，劳伦斯向他通报了开罗会议所做的决定，以及有待进一步推进的工作任务——把阿卜杜拉的政治前途与沙里夫方案协调安排好。

斯托尔斯与劳伦斯在巴勒斯坦的前途问题上观点一致，都认为巴勒斯坦应该予以分割，以确保外约旦成为以阿卜杜拉为国王的独立的阿拉伯国家。[11]两人彼此知根知底，并且都认识到，他们在中东推动实现的目标将给当地城乡带来新的事态，而铿然待发的紧张局势正深植其中。以往几个世纪以来，英帝国施行于海外的惯常做法，主要是广受认可的“间接统治”政策。[12]在推行沙里夫方案时，丘吉尔理解这一政策中蕴含的“给”与“取”，劳伦斯与斯托尔斯同样理解此道。

星期六，3月26日，在耶路撒冷驻留几日等待接受指派之后，劳伦斯启程前往约旦河东岸会见阿卜杜拉。他根据丘吉尔的要求并按照早前在伦敦和开罗所议定的口径开展此项工作。殖民地事务大臣责成劳伦斯向阿卜杜拉充分知会英国有关计划的含义与期待，以期双方能在其驻留耶路撒冷的短暂时间里达成协议。尽管沙里夫方案的基本要素在开罗会议上已经达成总体一致，但仍有一些棘手之处，至少对于赫伯特·塞缪尔是这样。正如会议最后几天所向他明确的，在约旦河东岸建立一个阿拉伯国家外约旦，必须割裂巴勒斯坦最初的领土边界。

在3月17日和18日巴勒斯坦政治与军事委员会举行的会议上，丘吉尔强调指出，巴勒斯坦现存的领土空间必须做出重大调整，以适应建立外约旦的需求。[13]实际上，在塞缪尔于16日抵达开罗的当晚，丘吉尔就与他在高专官邸进行了一次随意的私下谈话；丘吉尔在谈话中告诉他，需要对巴勒斯坦进行分割，历史上形成的约旦河可作为天然边界，将巴勒斯坦同拟议中的新建国家外约旦区隔出来。这一决定符合丘吉尔公开表明的立场：尽管有关《贝尔福宣言》的大部分评论和反映都集中于在巴勒斯坦建立一个犹太人家园的承诺，但该宣言还包括另一项承诺，即要确保阿拉伯民众的居住权利与领土完整。丘吉尔决心要信守这一承诺。塞缪尔和哈伊姆·魏茨曼都强烈反对任何可能改变巴勒斯坦传统边界的建议。但对丘吉尔而言，如此操作是化解巴勒斯坦内部阿拉伯人与犹太人之间不断恶化的关系的唯一解决方案。他认为，这一两面兼顾的地区安排既照顾到两方的居民，同时又能确保维护英国更广泛的帝国利益。[14]

劳伦斯于星期六上午离开耶路撒冷，前往萨勒特。他以旅行者的身份乘坐一辆政府车辆，沿杰里科路向东驶出耶路撒冷。道路顺着山势陡然而下，从耶路撒冷大约海拔2500英尺的高度直降到约旦河边的海平面以下。劳伦斯一到此地，就跨过艾伦比大桥；1918年，“埃及远征军”的工程部队为了便于跨越约旦河，攻击东部远处的奥斯曼军队阵地，修建了此桥。此桥正好位于死海的北面，立于海平面以下大约1000英尺处。此桥附近有块名胜之地，相传是圣约翰为耶稣施洗的地方。约旦东坡高处的山岩同样陡峭。驶抵高地之后，劳伦斯和他的司机向北转向，再行最后125英里路程，抵达萨勒特。阿卜杜拉正在等待他的到来，此镇数千居民散居在三座山峰之间。萨勒特虽小，却是历史名镇，后来曾短暂作为外约旦的首都。

劳伦斯打算在萨勒特会见阿卜杜拉，确保这位哈希姆王室的王子为其与丘吉尔的第一次外交会面做好充分准备，此次会面计划第二天在耶路撒冷举行。[15]阿卜杜拉于1882年出生于麦加，在沙里夫·侯赛因的四个儿子中排行第二。他在君士坦丁堡接受教育，在“一战”前的几年里作为麦加代表在奥斯曼国民大会中就职。然而，阿卜杜拉矢志谋求汉志独立，鼓励他的父亲主持阿拉伯起义；当起义于1916年开始以后，阿卜杜拉即在其中扮演重要角色，尽管要时时听从费萨尔的领导。劳伦斯于1916年10月在红海边的吉达第一次见到阿卜杜拉，此次会面使他对这位哈希姆王子留下了挥之不去的恶劣印象。劳伦斯后来写道，酷热难耐，“气氛犹如在浴室”。

从一开始，劳伦斯就对阿卜杜拉印象不佳。那一次，为与劳伦斯会面，阿卜杜拉骑着一匹白色骏马飞奔而来，而传统上只有君王才可骑用这样的坐骑；劳伦斯觉得阿卜杜拉过于做作。另外，劳伦斯觉得阿卜杜拉太过嬉戏，太过肥胖，太过虚情假意。[16]劳伦斯本人或许有些易怒和张扬，但他对阿卜杜拉的负面印象一直未变。但在五年以后，劳伦斯现在需要改变他的看法，如果想把沙里夫方案的第二板块安置到位，就需要阿卜杜拉对方案予以认可。

然而，即使在最近，在试图推进地区国家构建方面，阿卜杜拉也给劳伦斯和英国政府带来了更大的困难。1920年夏天费萨尔被逐出叙利亚几个月之后，阿卜杜拉决定从汉志出发向北移动，进入外约旦的南部，以显示其可能夺回叙利亚的决心。那年早些时候，阿卜杜拉曾被伊拉克国民大会擅自宣布为伊拉克国王，但他拒绝了这项最终归于费萨尔的荣誉。对于法国来说，阿卜杜拉持续驻留在外约旦是一种不受欢迎的挑衅，是针对法国即将到手的对叙利亚正式委任统治的。在此情况下，如果能给他一个由他自己进行统治的国家，他或许会宣布放弃对叙利亚的未来企图；而这个国家可以从巴勒斯坦现有领土中剥取出来。根据这一设想，丘吉尔和英国政府的策划得以推进的办法和获得成功的主要途径就是劳伦斯，希望他能成功说服阿卜杜拉相信沙里夫方案的吸引力和可行性。阿卜杜拉总是对劳伦斯高度尊重，同时也小心翼翼地保持其自身“在部落之中”的显著魅力和吸附力。[17]尽管不知道其所带方案的具体细节，但阿卜杜拉对劳伦斯从耶路撒冷来到萨勒特与其会面的目的心知肚明。无论如何，阿卜杜拉以阿拉伯人招待尊贵客人的通常高标准款待他往日的沙漠战友。

星期六下午，劳伦斯抵达萨勒特；他在参加晚上由当地知名人士举办的盛大晚宴之前，与阿卜杜拉进行了谈话。[18]第二天，3月27日，星期天，复活节的上午，阿卜杜拉与劳伦斯离开萨勒特前往耶路撒冷。劳伦斯后来满意地回忆道，那天他们在离开萨勒特的路上，被一群“热情和激动”的民众围住了。[19]在穿越乡村的时候，他们听到了更多的欢呼声，来自一群沿路而聚的巴勒斯坦民众。然而，他们两人正全神贯注地谈论即将到来的与丘吉尔的会面，没有听到他们的汽车穿越人群时传来的大声欢呼。几个小时后，他们到达圣城，在前往政府礼宾府之前，他们在街道上也受到了类似的热情欢迎。在礼宾府，阿卜杜拉被正式介绍给赫伯特·塞缪尔爵士，随后招待有下午茶。晚上，高专举办了正式晚宴，丘吉尔和阿卜杜拉在宴会上见面。这是两人第一次面对面。[20]

丘吉尔与阿卜杜拉之间的首次会面，将成为开罗会议对沙里夫方案所持信心的支点。首先要做到的是，如果这个两步走的方案按照英国设计的方式运行，那么阿卜杜拉就需要摒弃所有对伊拉克和叙利亚王位的声索。在丘吉尔看来，事情发展到了这一步，阿卜杜拉做出这样的决定是有把握的。当然，无论是丘吉尔，还是中东局的任何成员，抑或是英国政府的任何一名官员，都不认为阿卜杜拉是哈希姆王族中能够统治两国中任何一国的合适承继人选。但是，伊拉克国民大会前一年指定阿卜杜拉作为他们推选的国王，这说明了另一种观点。另外，他父亲沙里夫·侯赛因的立场也需要加以考虑。从费萨尔屈辱地被逐出叙利亚那一刻起，几乎所有相关的人都希望在可能的情况下将伊拉克王位授予他个人，这当然也是英国政府的意见。

同时，维持良好英法关系的需要，也不允许英国对阿卜杜拉的支持者穿越叙利亚边界的行为熟视无睹。另外，英国也不打算支持他以某种形式的再生阿拉伯解放者的名义重新夺取叙利亚的任何企图。因此，为了使沙里夫方案在当地获得必要的推动力，丘吉尔需要明白地告诉阿卜杜拉：除了接受英国为他在外约旦准备好的利益，他别无选择，即使这意味着他为此放弃更为宏大的叙利亚梦想。实际上，在不到一周之前的3月22日，英国内阁已经批准了开罗会议做出的决定，内阁记录中有这样一段话："费萨尔将被私下告知他已没有必要继续留在伦敦，他应尽快回到麦加与其父亲协商。"[21]将这一指示传达给费萨尔的任务，由劳伦斯去完成，指示的第二部分将为阿卜杜拉统治外约旦提供机会。

在星期天复活节晚上耶路撒冷政府礼宾府中举行的正式晚宴中，丘吉尔与阿卜杜拉坐在一起。此次晚宴主要是一个社交场合，殖民地事务大臣不宜在私下谈话中远离客套话题，但他无论如何也要试一试。丘吉尔指出，前一年的11月间，阿卜杜拉打着"视察旅行"的名义，在300人陪同下，携带6挺机关枪，前往马安驻留，这极大地打乱了战后法国在叙利亚的均衡局面。另外，最近贝都因武装分子与法国军队之间的边界冲突，既可归咎于阿卜杜拉在安曼的出现（那个月的早期他曾去过那里），也与他时不时住在萨勒特有关，萨勒特距离叙利亚边界更近。[22]丘吉尔提到，他已向法国驻叙利亚军队司令高洛德将军保证：无论是英国政府，还是阿卜杜拉本人，都不支持这样的袭击；几天之后，他将在耶路撒冷亲自向高洛德重申这一立场。[23]

听了丘吉尔这番冗长乏味的抱怨之后，阿卜杜拉反击道，叙利亚是阿拉伯人民1918年在战场上通过帮助击败奥斯曼军队光荣地赢得的，结果却被法国依靠政治阴谋手段抢走了。因此，他强调说，丘吉尔指责叙利亚人出于爱国情怀的反应是没有依据的。[24]尽管阿卜杜拉的名声不太好，至少在劳伦斯看来，阿卜杜拉好逸恶劳、不求甚解，热衷于社交嬉戏和奢华生活，但他在政治上是精明的。“一战”前，就像历史学家尼尔·福克纳曾经说过的那样，阿卜杜拉在英国和他父亲之间成功扮演了“中间人”的角色。[25]即便是劳伦斯的态度也开始发生对他有利的变化。[26]劳伦斯相信，尽管阿卜杜拉不会成为费萨尔在阿拉伯起义过程中所承当的魅力领袖角色，但“其价值或许会在成功后推进和平的过程中发挥作用”[27]。而此时此地，正需要他展示这种价值。对丘吉尔而言，尽管他们之间存有一些小分歧，但双方已借助此次晚餐建立了良好的交往开端。丘吉尔认为阿卜杜拉是一位“非常可亲，非常聪慧，非常文明的阿拉伯王子”[28]。

此后在耶路撒冷的三天，对双方，特别是对丘吉尔而言，可谓是紧张乃至疯狂的日子。第二天，3月28日上午，他们再次会面，丘吉尔再次向阿卜杜拉重申了英国关于外约旦和巴勒斯坦未来问题的计划。丘吉尔提醒他，巴勒斯坦的原有边界需要做出大的改变，以配合外约旦的建立。在这样做的同时，英国政府还将承认并兑现《贝尔福宣言》中关于在巴勒斯坦为犹太人建立民族家园的承诺。阿卜杜拉立即对此表示反对，他建议道：由于巴勒斯坦重新配置以后，其阿拉伯人口占据绝对多数，因此唯一明智的政策是保证在巴勒斯坦拥立一位阿拉伯籍的总督；有了这种双族安排，阿拉伯人与犹太人之间的敌意将得到最好的解决。[29]丘吉尔拒绝接受阿卜杜拉的建议，告诉阿卜杜拉：在《贝尔福宣言》发布近四年后，英国在政治上不可能这么做。但殖民地事务大臣声称，将确保由阿拉伯人统领新划分出来的外约旦，地区平衡将以此得以维持。

总体上看，两人那天的会面构成了对阿卜杜拉在外约旦持续驻留的正式认可，意味着英国承认他可以在外约旦永久性地驻留下去。实际上，几周前就有一位名为亚历山大·柯克布赖德的年轻英国官员，以所谓“摩押民族政府”的名义在安曼车站等待迎接阿卜杜拉来到外约旦。所谓“摩押民族政府”不过是对当地摩押山和预计将成立的外约旦国家的随意称呼。柯克布赖德曾在艾伦比手下的“埃及远征军”中服役，后来留在叙利亚，直到费萨尔失去叙利亚的王位。开罗会议之前，他驻留在外约旦，以显示英国在那里的外交存在。一见到阿卜杜拉，两人立即就柯克布赖德占位的“摩押民族政府”的地位问题进行了简要讨论，并很快达成相互谅解。柯克布赖德称：“由于陛下的到来，这个问题现在本质上只是一个学术问题。”据称，阿卜杜拉会意地回答道：“哦！我确信我们相互理解了。”[30]

丘吉尔和阿卜杜拉接下来两天在耶路撒冷的后续讨论，明确了英国政府准备在外约旦向阿卜杜拉提供的权力范围。做好费萨尔在伊拉克登基和民众的欢迎准备预计需要六个月的时间，在此期间，阿卜杜拉作为外约旦埃米尔的身份将是暂时的。最后，根据英方的计划，其地位将得以确认并扩至公认的国王。就像对待沙里夫·侯赛因和伊本·沙特一样，英国也将为阿卜杜拉提供补贴，额度为每月5000英镑。[31]评估其作为埃米尔的表现的关键参照，是严格停止越过与叙利亚的边界，开展针对法国的袭击活动，以及停止公开谈论重新为阿拉伯人夺回叙利亚。丘吉尔并没有完全排除这种可能，即阿卜杜拉在某个时候恢复哈希姆家族在大马士革的王位，甚至根据对其阿拉伯基业的理解谋求更大的目标；但在这一方面，丘吉尔决然没有给予阿卜杜拉任何保证。同时，丘吉尔还向阿卜杜拉强调，犹太复国主义者未来在约旦河西岸的定居活动应被允许，并不得受到来自外约旦阿拉伯人的干扰。如果阿卜杜拉尊重这一规定，丘吉尔表示，英国将阻止犹太复国主义者在未来采取任何东进行动。从表面上看，阿卜杜拉对此计划没有表现出多少热情，仅仅表示不反对而已，但双方对两人在会谈中达成的协议均感满意。[32]

在此重要时刻，为了向阿卜杜拉展示英国对外约旦拥有宗主权的意义，两人经过短暂车程，从耶路撒冷来到雅法。抵达之后，两人在此进行了以皇家空军空中分列式为先导的部队检阅。由于刚刚卸任空军大臣，丘吉尔此时感到非常惬意。同时，展示英国的军事力量，特别是飞掠而过的军机，对阿卜杜拉而言，实际上是一种有益的提醒：如果阿卜杜拉想在外约旦加强自身政权的安全，他该怎样做。更为尖锐的是，此项安排同时也在向阿卜杜拉表明：如果他选择违背他与丘吉尔达成的协议条款，英国将采取哪些措施对他予以反制。[33]

在与阿卜杜拉进行紧张会谈的日子里，丘吉尔关注的头号问题是地区的国家构建问题。只有这一次，挑战不是来自伊拉克，而是集中在巴勒斯坦和外约旦。英国已开始着手将新一代阿拉伯国家的政治架构安置到位，他们争取真正独立的愿望将得到认可和支持，即使具体的独立日期尚不明确或尚未可知。[34]这些新国家将取代奥斯曼时代的行省体制，将中东地区建设成至少在政治上不可逆转的现代区域。

当他连续不断地会见代表巴勒斯坦阿拉伯人和代表巴勒斯坦犹太人的耶路撒冷地方官员时，这些思维方式对于丘吉尔来说是第一位的。3月28日，丘吉尔在劳伦斯的陪同下会见部分阿拉伯人时，断然拒绝了他们要英国立即推翻《贝尔福宣言》并阻止犹太人向巴勒斯坦移民的要求。他明白表示："我没有权力也没有意愿这样做。"丘吉尔声称，麦克马洪与侯赛因通信中的承诺，并未排除建立犹太人的家园。另外，这位殖民地事务大臣明确表示，根据国联和圣雷莫会议精神，英国作为委任统治国，按要求要履行有关犹太人的国际义务。[35]不仅如此，他还知道，阿拉伯起义的公认领导人费萨尔于1918年6月在阿拉伯半岛会见过哈伊姆·魏茨曼，并在会谈中接受了一条原则，即犹太人未来可以在长期占据的阿拉伯土地上拥有自己的永久家园。[36]费萨尔在更早的时候曾写信给美籍犹太人法官和参加巴黎和会的代表费利克斯·法兰克福特，更加明确地表示："我们双方在叙利亚都有空间。我确实认为，没有对方的合作，我们任何一方都不会取得成功。"[37]

隐藏在丘吉尔这一立场之后的，是他的一个挥之不去的看法：与其在沙漠中战斗的贝都因同族相比，巴勒斯坦的阿拉伯人在社会文化上要低一等；而且更为重要的是，在第一次世界大战期间，巴勒斯坦的阿拉伯人曾与奥斯曼并肩作战对抗英国。丘吉尔对巴勒斯坦的阿拉伯人带有偏见的评估并不限于他个人。劳伦斯和威尔弗里德·斯科恩·布伦特都曾在这方面对他产生过影响。即使费萨尔本人也是这样看待阿拉伯人的等级分类的。[38]确实，长时间以来，特别是由各类旅行者和作家宣达的对巴勒斯坦阿拉伯人的诋毁，以及相伴而生的对贝都因人的浪漫构想，在英国领头的阿拉伯问题专家中已成为一种标准化的话语。[39]鉴于丘吉尔逐条列出的执行《贝尔福宣言》的各种理由，他从未打算答应耶路撒冷的阿拉伯人所坚持的要求：终止犹太复国主义者在巴勒斯坦故土上建立犹太人家园的梦想。但丘吉尔也不想放弃他那更为宏伟的雄心，即建立一个两方闪族人民共生共荣的崭新国家。起初，这样国度中的生活只能在国联赋予英国的委任统治之下得以呈现，但对丘吉尔而言，最终的目标仍然是这个国家的独立。

因此，那天晚些时候，丘吉尔向“巴勒斯坦犹太人国民委员会”传递了完全相同的信息。他向委员会的代表们指出，犹太人的民族家园能否成功，在很大程度上取决于其是否有能力不带偏见地对待阿拉伯人和基督徒。他强调指出，阿拉伯人有在巴勒斯坦居住的充分权利，《贝尔福宣言》中的相关保证对有关各方都是清楚无误的。

如果说丘吉尔那种有可能建立一个种族共享的巴勒斯坦的设想，对于英国政府的某些官员而言过于温馨浪漫，那么对于其他某些人来说，丘吉尔在1921年的这一立场则构成了对四年前向犹太人所作承诺的实质性背叛。这些人员当中有一位是中东局的工作人员——理查德·迈纳茨哈根上校，此人在来中东局之前曾是英国的战时情报人员。他是一名坚定的犹太复国主义者，其种族情绪近乎狂热，因为他认定丘吉尔正试图在巴勒斯坦营造一种情势，在这一情势下，阿拉伯人的利益将明显优于犹太人的利益。他在提到其所认为的殖民地事务部的反犹太主义时称:“殖民地事务部有一种患有希伯来恐惧症的氛围，当我听到丘吉尔把外约旦从巴勒斯坦分裂出来的时候，我要爆发了……劳伦斯肯定和丘吉尔在一起并对其施加影响……这样做将把犹太人的家园削减到《圣经》中巴勒斯坦的三分之一。”如此解读殖民地事务部的政策，正符合迈纳茨哈根的狡诈名声。确实，丘吉尔的想法令迈纳茨哈根“勃然大怒、口沫横飞”[40]。但与此同时，还有其他人比迈纳茨哈根冷静得多；赫伯特·塞缪尔爵士就是如此，他只是对巴勒斯坦的分割计划感到失望。这些冷静人士做出的反应更为公正，他们还尽其所能地贯彻好英国对巴勒斯坦的既定政策。

对于丘吉尔来说，3月28日是一个紧张的会谈日。这一天的工作结束后，耶路撒冷犹太复国主义势力的头面人物举办了一场招待会，气氛不甚友好。第二天的情况大致相同，其中的一场活动是参观位于斯科普斯山巅的新建耶路撒冷希伯来大学。丘吉尔在该大学正式开放的致辞中指出："你们民族几个世纪以来的期盼将在这里逐步实现。"开学仪式之后，丘吉尔又出席了塞缪尔在政府礼宾府举办的招待会。[41]劳伦斯陪同丘吉尔参加了所有活动。3月30日，星期三，将是丘吉尔在巴勒斯坦停留的最后一天。这一天，丘吉尔同前六天一样忙碌。他参观了杰里科古城以及一批犹太人新建居民点——基布兹，这两处都位于新兴的沿海城镇特拉维夫附近。那天晚上，他在巴勒斯坦的工作宣告结束，丘吉尔乘火车离开了此地。他和克莱门坦在第二天返抵亚历山大，并立即搭乘一艘轮船前往意大利，然后再乘坐火车在熟悉和钟爱的法国里维埃拉地带旅行数天。[42]4月12日，丘吉尔最终回到了伦敦。他离开这个国家已整整六周。

在耶路撒冷不到七天的时间里，丘吉尔和他中东局的助手对开罗会议的工作成果进行了最后的润色。劳伦斯后来称赞道："温斯顿·丘吉尔先生受我们焦虑的内阁委托，解决中东问题。几周时间内，在他的开罗会议上，他将一团乱麻理顺，无论是从形式上还是从精神实质上，都在人力所及的范围内，找到了履行我们承诺的方案，而没有牺牲我们帝国和相关人民的任何利益。"劳伦斯曾用简洁的文字对现代中东地区的建设性对立进行了清晰的解读：地方危机与大都会的发展政策并列共存。丘吉尔在耶路撒冷向其部分听众保证说，英国政府"对阿拉伯人民持友好态度，珍视他们的友谊"。但清楚无误的是，这一立场附有一项实质性的警告，那就是：英国关于在巴勒斯坦建立一个新国家的承诺是不可动摇的，而这个国家必须在结构上带有至少是部分的犹太属性。

在参访耶路撒冷期间，丘吉尔竭尽全力向其阿拉伯和犹太听众同样强调，英国委任统治下的巴勒斯坦将拥有这样一个前途：他们之间的关系将异常亲密，从而可以建立一个新天地，其成功将为所有巴勒斯坦人带来总体的繁荣和富裕。尽管像往常一样用词华丽，但丘吉尔此时是在坚定地表达这样一个观点：在设想中的新巴勒斯坦内部，民族间的友好政治可以生根发芽。特别是，如同他在同一篇讲演中向巴勒斯坦的阿拉伯代表（他曾于3月28日会见过这些代表）所强调的，“巴勒斯坦人应该通过合作分享祝福，而不是通过争吵分享苦难”。丘吉尔以其独有的方式吹响了现代多元民族主义的号角，同时也提出了一个崭新的民族概念——巴勒斯坦族；这个民族将释去历史上形成的阿拉伯独有属性，而被注入一种他认为确定无疑的“犹太复国主义的有益价值”[43]。他在这一问题上的乐观态度很强烈，或许是过于强烈；但可以肯定的是，这一乐观估计很大程度上将不会兑现。然而，他希望看到这样的国家在巴勒斯坦生根，反映了当时具有进步意义的国际主义；国联所蕴含的理想就充分体现了这种国际主义思想。同样重要的是，丘吉尔的立场并不代表当时英国、美国和其他地方众多犹太复国主义分子所信奉的世界末日千禧年之说。[44]换句话说，他并不认为在以色列建立一个现代国家意味着末世的降临。

3月30日丘吉尔离开巴勒斯坦的时候，劳伦斯留在耶路撒冷，着手推进履行前几周同阿卜杜拉达成的协定。根据劳伦斯的评估，开罗会议及其耶路撒冷续会意味着：“我们清白地赢得了东方战事，但在三年之后去争取当地人民的感激，已经为时太晚。”[45]如果确实如此，在未来一周，劳伦斯将要在安曼和耶路撒冷之间往返穿梭，以求稳妥有致地在约旦河两岸的阿拉伯人当中去博取那种特定程度上难得的感激之情。然而，从个人的视角来看，作为阿拉伯人眼中的战时超级英雄，劳伦斯一直沉浸在贝都因人的慷慨感激之中。现在，劳伦斯是以得到授权的英国政府代表的身份开展工作，从阿拉伯人的视角来看，这将使劳伦斯处于不偏不倚的境地。

然而，丘吉尔的保镖沃尔特·汤普森探长此次亲身验证了阿拉伯人把劳伦斯当作"自己人"。前一周，丘吉尔一行抵达加沙，汤普森和专列上的其他乘员一样，首次领教了劳伦斯对贝都因人的迷人感召力。人群中爆发出阵阵欢呼："奥伦斯！奥伦斯！奥伦斯！"汤普森后来热情洋溢地描述了加沙车站的那一刻："即便是罗马教皇在其崇拜者面前的权威也不过如此，劳伦斯上校缓缓地抬起手臂，伸出拇指和食指示意安静和祝福。"汤普森继续写道："他能够拥有整个世界，而且确实拥有了。每个人都因景仰而手足无措，类似于《新约全书》中牧羊人对圣婴耶稣的参拜场景。"[46]虽然后一代的人们认为这一场景带有东方色彩，但劳伦斯确实需要运用其所有的魅力，去坐实阿卜杜拉与丘吉尔达成的协议。因此，劳伦斯在4月1日发给其殖民地事务部同事约翰·沙克伯勒的电报中告知他："塞缪尔要求我着手与阿卜杜拉接洽，此时他正在安排任命外约旦的政治主官。由此，我将于明天前往安曼并将在那里停留一周。"

4月初，劳伦斯踏上了重新穿越约旦河之路。他开车通过熟悉的萨勒特，向未来的外约旦首都安曼进发。他兴奋地写信给牛津的妈妈，在信中写道："约旦城乡春意盎然，绿草葱葱，繁花似锦。"一到安曼，在与阿卜杜拉就外约旦的地缘政治未来进行坦诚和深入的会谈之前，劳伦斯即被贝都因人当作要客按传统风俗款待了一番。在阿卜杜拉安曼营地度过的一周，于劳伦斯而言，既是创建后来的哈希姆约旦王国的一次关键演练，也是关于阿拉伯起义艰难而振奋岁月的一场温馨回忆。故地重游，“就像是回到了战时岁月”，他对妈妈说，“数百名贝都因人来来往往，空气中弥漫着新奇的气氛”；但是，“这回有所不同的是，每个人都在努力寻求和平”。[47]

在安曼的一周，工作进展得非常顺利。到4月9日，劳伦斯已经回到耶路撒冷并向塞缪尔汇报称：“阿卜杜拉的立场非常坚定。人们看上去感到满意而舒心，一些人去拜访他并顺从他对他们部落和家族分歧的裁决。”劳伦斯向高专传递的最重要的信息是：“只要阿卜杜拉相信我们是真诚的，就没有可能发生任何大规模反对法国或我们犹太复国主义政策的行动，发生小型事件的可能性也不大。阿卜杜拉已公开强烈表明了这一立场，他的指令已被充分领会。”[48]劳伦斯传递的这一信息是对开罗会议工作成果的确认。如此，沙里夫方案政策大厦中的最后一个板块，被劳伦斯推动到位；余下的就是欢迎费萨尔抵达巴格达问题，大多数人相信这一活动不会遇到麻烦。不久，劳伦斯告知丘吉尔：“我了解阿卜杜拉，您不需要开上一枪。”他是对的，和谐平稳最终占了上风。[49]第二天，4月10日，心安理得的劳伦斯乘飞机返回安曼，皇家空军的四架汉德利·佩奇轰炸机随行伴航，再一次向阿卜杜拉亮明，在其政权背后，有英国的强大支持。劳伦斯后来在给家人的信中写道，阿卜杜拉“一直渴望亲眼看到飞机”，对以这种方式为新埃米尔效劳感到高兴，并且“热情招待了我们，给我们提供了丰盛的午餐”。[50]

很明显，这些天对劳伦斯来说无疑是充实和令人振奋的。在这个时刻，劳伦斯几乎成了名副其实的外交官，或者可以说是成了临时行省总督，在安曼和耶路撒冷之间往返穿梭。4月11日，他飞往埃及去会见费萨尔。费萨尔前不久按计划离开伦敦，预计在那一天乘船抵达塞得港。当天下午，劳伦斯和费萨尔举行了一场延时的秘密会谈。在会谈中，劳伦斯向费萨尔详细通报了开罗会议上就其未来在伊拉克的王位问题所进行的研究和批准的计划。[51]劳伦斯在即刻发给伦敦丘吉尔的备忘录中汇报称："费萨尔对规划的总体政策表示欣赏，并且保证将尽其所能完成好自己的工作。"他还说，费萨尔准备做出一项"保证"：不对法国人发起进攻，也不针对他们策划阴谋，同时继续把与伊本·沙特建立"友好关系"列为头等大事。费萨尔同时要求在他的助手团队中安置来自英国的顾问，但他认为国联赋予英国对伊拉克的委任统治可能是永久性的，这会使伊拉克带有"依附国和殖民地地位的羞辱意味"，因而在此问题上有所保留。因此，劳伦斯称，费萨尔明确对其表示：如果沙里夫方案想取得成功，英国和伊拉克政府必须尽快就伊拉克的这种低等地位进行重新谈判。[52]

会谈之后，两人向南短暂旅行，抵达开罗，费萨尔在牧羊人酒店下榻；为防止有关他们保持直接接触的任何猜疑，劳伦斯住进了附近的大陆-萨沃伊酒店。劳伦斯对此酒店非常熟悉，他在战争时期最初来到开罗时就住在这里。当时，这家酒店被用作阿拉伯局的总部。[53]第二天，4月12日，劳伦斯飞回耶路撒冷，费萨尔则在开罗继续驻留一周，在牧羊人酒店接见各路宾客和同事，其中包括艾伦比勋爵。艾伦比曾在写给家人的信中提及他对费萨尔的印象：他不认为费萨尔"拥有一个令人兴奋的未来前景"[54]。同时，劳伦斯回到耶路撒冷之后，立即向塞缪尔进行了汇报；第二天上午，他们一起驱车前往安曼，去会见阿卜杜拉。此后一天，他们和塞缪尔的政府礼宾府中的部分工作人员一起向南，前往佩特拉，参观离亚喀巴不远的著名的那巴顿历史遗址。劳伦斯对"璀璨的佩特拉"很熟悉，对回到其历史景地感到兴奋不已；对他而言，这相当于一个短暂休假了。确实如他在写给家人的信中所说，这“很可能是结束我在此地工作”的恰当节点。但他的告别辞说得太早了，几天之后，丘吉尔要求他再去见费萨尔一面。[55]

4月21日，劳伦斯再次飞往埃及。第二天，他在苏伊士与费萨尔进行了第二次秘密会谈。这时，费萨尔正打算离开埃及前往汉志，为前往巴格达做准备。关于他们的这次秘密会谈没有留下文字记录，但22日下午会谈结束后，劳伦斯向丘吉尔发报称：“我将于明天飞往耶路撒冷，除非您有新的要求，我觉得我可以由此返回英格兰。”[56]为了应对可能出现的差错，丘吉尔于当日11点又指示劳伦斯在随后于月底批准他启程回乡之前，继续在耶路撒冷停留一周时间，作为应对可能失误的最后预防措施。最终，劳伦斯于5月初被批准返回伦敦。

一回到家中，劳伦斯自然而然地感觉放松，过去九周来在中东的推进事项已获得明确的成功且为人知晓。但是，他对会议究竟完成什么任务，仍然没有十足的把握。有关协议会得到维持吗？费萨尔能在伊拉克取得成功吗？阿卜杜拉能够应付外约旦的局面吗？实际上，劳伦斯回到英国没多久，即向他的朋友，也是他未来的第一位传记作者罗伯特·格雷夫斯怅然道：“我希望我从没去过那个地方，阿拉伯就像已经翻过去的一页，其续集将是平淡无味的。”是什么促生了这样的遗憾表述？是他回乡时的平淡无奇，还是对他1918年遗弃在沙漠上的东西感到伤感？抑或是担心再次辜负阿拉伯人？

然而，不久之后，劳伦斯将用一种完全不同的笔调叙述在开罗和耶路撒冷所发生的一切，他告诉格雷夫斯：这是“我一生中的一项重大成就，战争只是为这一成就做准备”。经过一段时间，回到伦敦后的劳伦斯平静下来，部分是因为他已经完成了自己的初始任务，现在正等待着由别人同样地开展工作。他将适当地把沙里夫方案的“背景知识和计划设计”归之于己，同时称赞丘吉尔拥有“接纳这一计划的勇气和想象力，并熟知将其付诸实施的政治程序”。他“是我非常友好和热心的上司”，劳伦斯继续道，“同时其未来可期”。丘吉尔殖民地事务大臣的任职在第二年到期，在此之前，他一直是劳伦斯的上司。正是在丘吉尔结束其殖民地事务部任职的时候，劳伦斯选择永远离开其政府岗位，丘吉尔对此深表遗憾。但在当前时刻，开罗会议做出的决定需要付诸实施；费萨尔即将到达伊拉克，还有很多的工作要做。

结束与劳伦斯的最后会谈不久，费萨尔离开苏伊士，于4月25日抵达吉达。他那年迈但充满喜悦的父亲侯赛因，热情地欢迎他的归来，而后两人一起前往麦加，并在那里为不久后在伊拉克的活动做最后准备。信函已经拟就，保证已经做出，计划已经就绪；费萨尔正式向他以前的王位竞争对手、伊拉克的现任内政部长赛义德·塔利布发去了一封电报：“如果伊拉克人民欢迎我的到来，则我已整装待发。”[57]6月初，费萨尔接到通知，英国将派一艘巡洋舰把王室一行送至巴士拉。当月12日，“诺斯布鲁克”号巡洋舰按时离开吉达，费萨尔在一众来自叙利亚的前助手陪同下登舰启航。此外，他还做出了一批新的任命，其中包括一位他高度信任的阿拉伯起义期间的老同事——基纳汉·康沃利斯上校。1921年6月23日，费萨尔乘坐的军舰抵达巴士拉，受到一群伊拉克政府要员的迎接，包括贾法尔·阿斯卡里和圣约翰·菲尔比。这一天，费萨尔在其人生中第一次踏上伊拉克土地。

第七章

开罗在行动：沙里夫方案的贯彻

当费萨尔于1921年6月抵达伊拉克成为国王，沙里夫方案得以推进的时候，丘吉尔已提前采取措施，确保该计划成功通过内阁和议会的审议。[1]沙里夫方案的支持者自认为是专家。他们当然是积极乐观的，人们可以认为，这种乐观态度反映了丘吉尔个人的想法。但是，后奥斯曼时期中东地区复杂的地缘政治形势，意味着并不是每一个人都认为殖民地事务大臣主导的英国相关政策将会解决所有的地区问题。实际上，早在1919年，格特鲁德·贝尔就在巴黎向其父亲描述过中东恼人的局势："其复杂程度无以表达。"鉴于巴黎和会令人沮丧的结果，贝尔甚而怀疑是否还有理由相信"建立一个阿拉伯国家是可能的"。

但是，开罗会议在很大程度上改变了人们的这一观点，至少贝尔是这样的。特别是，她对丘吉尔的政治才干极为推崇，希望英国能够借此化解中东地区的治理顽疾。但是，对英国政府维护地区稳定与政治进步能力的质疑却依然如故。贝尔曾向他在巴格达的一些同事抱怨称："我们急匆匆入局，像往常一样漠视全面的政治谋划……当你对最终能否与大家站在一起还没有确定把握的时候，你怎么能够说服大家站在你这一边呢？"抱有完全同样的情绪，巴勒斯坦的民事秘书温德姆·迪兹曾在开罗私下对贝尔说："我们的政府知道在往哪里去吗？如果你问丘吉尔先生未来二十年中这些阿拉伯国家将呈现何种局面，他会给你最模糊的回答吗？他不知道，他也不去思考，我们的工作中没有协调。"[2]或许有人认为，迪兹如此负面的预言，尽管是静悄悄的，却是对中东当前形势的偏颇反应。毕竟，就英国政府而言，沙里夫方案背后有诸多推手，他们相互间按计划彼此协调配合，谋求全面的整体目标。另外，没有人能够把握十足地预测未来。在阿拉伯人占绝对多数的巴勒斯坦强行建立一个犹太人的家园是否明智？作为一个坚定的犹太复国主义者，迪兹如就这一问题扪心自问，他的观感或许会更好一些。如果沙里夫方案带有一个典型的薄弱环节，那它很可能是迪兹所不愿接受的。但是，鉴于此时英国政府的政策明确有利于正在其祖先的古老家园寻求定居的犹太人，对所涉领土进行再平衡并恢复在中东的统治已经开始了。以当下流行的国际主义者时代精神的视角衡量，殖民地事务部的计划或许正是其影响下的合理政策，但一些负责将其推进落实的人却对这一政策逻辑持抵制态度。

在费萨尔抵达巴士拉并对南部伊拉克进行短暂访问的那一天，贝尔和珀西·考克斯决定留在巴格达。费萨尔在巴士拉遇到的迎接，有些不冷不热；地方官员恳求那些参加欢迎仪式的人"看在安拉的分上，请欢呼！"[3]在迎接他们新国王问题上，无论是当时还是后来，大多数伊拉克民众似乎持漠不关心的态度。[4]考克斯和贝尔留在首都，隐在幕后的主要目的就是造成一种印象：英国并没有策划安排费萨尔抵达伊拉克并即将登临伊拉克王位。这类精心策划的把戏或许被一眼识破，但仍发挥实际作用。考克斯派他的政治官圣约翰·菲尔比同国防部长贾法尔·阿斯卡里一起前往巴士拉迎接费萨尔。菲尔比公开支持伊本·沙特，考克斯派他前往的目的，似乎是为了显示英国的不偏不倚立场，也是为了让菲尔比体验到费萨尔的实力与魅力。但菲尔比从未被说服承认费萨尔是统治伊拉克的合适人选，不久之后，考克斯决定与其分道扬镳，以维护与费萨尔结成的统一阵线，抵制那些在他即将继位的时刻依然坚持反对他登基为王的势力。[5]就她个人而言，贝尔认为菲尔比离开伊拉克政府的决策圈是不可避免的。她在头一个月曾写信跟父亲说："我对费萨尔来到这里以后，菲尔比还能否继续留在这里感到疑惑。"贝尔和菲尔比是老朋友，她曾对他说："我不想让政治影响我们的友谊。"但她对父亲表示："一名政府官员反对官方政策总是不好的，他（菲尔比）公开谈论共和政体对形势产生了一些不利影响。珀西爵士现在阻止了他，但不能期望他埋头于工作，沙里夫家族的所有人都把他视为对手。这真是令人可惜。"[6]

与伊拉克同期的一些殖民地国家，正在为推进独立而适应统一管理和西方式大众民族主义的要求，与它们相比，伊拉克各方面的政治形势即使不一定更为棘手，也仍然是复杂的。可以肯定的是，奥斯曼人长期统治的印记之一，便是其抑制民族主义感情在伊拉克的发展，遏制其内部政治凝聚力的形成。其行省制度尽量使巴格达、巴士拉和摩苏尔省彼此分离，由此留下了一个分裂严重、竞争激烈的政治领导体制，正在为填补战后奥斯曼人的失败所导致的权力真空而展开激烈争夺。在奥斯曼时期，这一形势产生的必然和预期结果，就是弱化针对国家政权的本土反抗的影响；在奥斯曼人对伊拉克的控制被英国于1917年春天驱赶以后，这一局面给当地留下了需要填补的显著政治鸿沟。阿拉伯穆斯林（不管是逊尼派还是什叶派），以及库尔德人、波斯人、基督徒、亚述难民、亚美尼亚人，还有城市居民或乡村部落民众等群体的并存，意味着伊拉克是一个社会政治极具多样性的国家。

目前，这些矛盾被10万英国部队强行压制着；英国政府希望伊拉克在战后逐步进入一个更加团结、更加进步的政治发展新阶段，英国在伊拉克数量庞大、开支浩繁的驻军能够随之得以显著削减。英国政府的最终目标是伊拉克的全面独立；考虑到其作为国联委任统治国的地位，伊拉克的完全独立将是一个渐进的过程。同时，英国的普遍帝国利益的重要意义仍将固守如一。面对这些相互关联的政治情势，伊拉克治理过程中的每一项工作都举步维艰。贝尔比其他大部分人都能更深切地理解伊拉克局势的高度复杂性，这反映在她撰写的综合性政策备忘录《美索不达米亚民事管理问题评估报告》之中，此报告在开罗会议召开前不久发表。“普通的部落成员、牧羊人、沼泽地生民，以及幼发拉底河和底格里斯河流域的大米、大麦和椰枣种植者，”贝尔写道，“其有关政治才能的体验局限于揣测其隔壁邻居，因而几乎不能询问他们这样的问题，即由谁根据什么章程来统治这个国家。”[7]显然，对于现代人来说，这段表述带有家长式的独裁意味。但在“一战”后的世界里，主要的民主国家才刚刚开始接近普遍选举权，还很少予以贯彻实施；在此背景下，仅仅是考虑到在1921年的伊拉克建立代议制政府，即使不是出于天真，也具有绝对的进步意义。

贝尔对伊拉克将要面临的政治挑战不抱任何幻想，但她也不认为英国和伊拉克正在一起寻求不可能实现的目标。她同意，1920年的伊拉克起义是英国在三年前击败和驱逐奥斯曼人后遭受的一次“惨重失败”。贝尔指出，起义之所以发生，是因为“土耳其人走了，而我们想管的太多”。吉尔伯特·克莱顿是阿拉伯局的前局长，中东局借鉴了他的很多地区经验。他曾给贝尔写信称，体现“英国效率”的期望，妨碍了治理这个国家所需要的“细腻手法”。[8]因此，如果初步的挑战是将费萨尔扶上王位，长远的愿景则是能够看到良政在伊拉克成为主流。1920年初，贝尔曾向当时的印度事务部大臣并同时负责伊拉克管理事务的埃德温·蒙塔古写报告称：“我不想从这个国家赚钱，你也不想。我希望当地人能够赚钱，这是他们的国家。我们来到这里不是为了获取财政方面的优势，而是因为如果我们把美索不达米亚遗弃在混乱之中，它就会成为国家间嫉恨的滋生地，并最终导致欧洲战争。”[9]

有大量研究材料认为，英国太过沉迷于用伊拉克的石油为皇家海军提供动力的想法，以至于有关这个国家的所有考虑都被置于此商业动机之下。[10]考克斯早些时候在巴格达的办事人员阿诺德·威尔逊，现在是“英波石油公司”的管理总监，对于他这样的英国官员来说，这样的解读是正确的。贝尔本人也是这样认为的，她曾对父亲谈起威尔逊在“英波石油公司”的任命，称此事有“很多猫腻”：“我想，他把袖子卷起来已经很长时间了。我现在听说，他把英波石油公司的所有事务都握在自己手里——有关文件绝对保密。”但是，对威尔逊而言是确之凿凿的逻辑，在贝尔看来却不值一提。“石油是个麻烦而且可憎的东西”，她曾明确说道。对她而言，英国在伊拉克的政治责任是十分严肃的，在道德上是无懈可击的；

她相信，把伊拉克建设成为一个现代的、文明的并最终获得独立的国家，是一项超越石油利益的光荣事业。在这一愿望上，贝尔斩钉截铁地说道："我十分确定我是正确的，我愿为此不惜一切。"[11]另外，尽管石油将在中东地区大多数权力算计中最终占据决定性地位（美国通过美孚石油公司在中东地区的操弄尤其如此），伊拉克大规模的石油储备直到1927年才被发现，其商业化的大规模开采直到1934年才得以开始，两个时间节点都是在其政府形成阶段的1917年至1921年之后。[12]

完成了在伊拉克南部的旅行之后，费萨尔于6月29日乘坐特别为此次活动改装的专列抵达巴格达。贝尔自己负责在首都安排迎接他的到来。[13]由于在路上有所耽搁，费萨尔一行进入市区的时间有所延迟。大约晚上6点，费萨尔的专列驶入巴格达中央火车站。这一次与在巴士拉不同，他受到群众热情和高声的欢迎。考克斯和贝尔都到了现场，一群伊拉克国民大会的官员和达官贵人也来迎接。7月11日，在他到达巴格达两周之内，国民大会将正式宣布费萨尔为伊拉克的国王。然而，只是到了那个时候，一项艰苦工作才刚刚开始，即说服所有攸关方要通过一次全民投票确认费萨尔的王位是伊拉克人民的选择，而不是委任统治国英国和国民大会的简单决定。鉴于这个国家的政治形势异常复杂，这项任务尽管不是不可完成的，也是十分艰难的。费萨尔或许比其他人更为敏感，对未来可能面临的挑战十分清楚。伊拉克既不是费萨尔的出生地，他此前也从未踏上过这块土地；担任这个国家的国王是否明智？实际上，来伊拉克的第一周并没有解除费萨尔的这一迷惑。在巴士拉遇到的不冷不热的迎接仪式令其沮丧，而在其随后的伊拉克南部之行中，情况也没有发生多大的变化，没有证据表明当地人民对他的到来是欢迎的。例如，当他在旅行中经停希拉镇时，只有两人前来欢迎。在当地参访期间，两位迎接者中的一位——当地的副行政官贝特兰·托马斯——粗鲁地对费萨尔直言："人民不欢迎你。"[14]当时陪同费萨尔的贾法尔帕夏对这种针对即将就位国王的蓄意羞辱极为愤怒，特别是出自一位政府官员之口。事后得知，此次羞辱行为实际上是菲尔比策划的，这成为考克斯解雇他的另一个理由。[15]

然而，费萨尔在巴格达受到的迎接要友好得多，这又使他确信国民大会、伊拉克绝大多数英国官员以及大批的当地市民，确实把他视为他们预期的正当的国王人选。他将填补奥斯曼人失败后产生的政治空白。早些时候，在费萨尔屈辱地失去叙利亚王位之后，哈伊姆·魏茨曼曾轻蔑地称费萨尔是"不可靠的人"[16]。但这一天巴格达的情况远非如此。巴格达市区装饰着"凯旋门、阿拉伯旗帜，大街上、房顶上到处都挤满了人"，贝尔兴高采烈地描述道。巴格达在中世纪是阿拔斯王朝的首都，曾有过辉煌的日子，自那时起，已经过去了七百年；因此，巴格达7月份头几天的庆祝活动，是当地人从未经历过的。费萨尔一度的王位竞争者——巴格达伊斯兰教领袖、酋长赛义德·阿布达尔·拉赫曼，尤其对费萨尔的到来表示欢迎。考克斯和霍尔丹将军也是如此。开罗会议结束以来，两人与贝尔一道勤奋工作，使伊拉克做好迎接费萨尔到来的准备。为做好相关准备，考克斯在4月份采取有力措施抓捕了费萨尔的主要政治对手赛义德·塔利布，并在有证据表明其在策划公开暴乱并实施阴谋活动之后，将他流放到锡兰。塔利布在伊拉克的搅局活动，曾在开罗会议上由与会代表进行过严肃讨论。贝尔在写给父亲的信中说，塔利布"在煽动叛乱"，"他就如同去年煽动国家动乱的那些人一样恶毒，离宣布发动圣战已经不远"。在考克斯的请求下，尽管有可能引起不良的公众影响，丘吉尔还是批准了对塔利布的驱逐。塔利布是危险人物，维护当下的政治发展是伊拉克的最大利益，因此，在此特别时刻将塔利布逐出视野，或许体现了高度的智慧。其后，英国向其提供了抚慰金。

7月11日，国民大会宣布费萨尔为伊拉克国王，这是贝尔的至高时刻。正如她自己所言，伊拉克是“我的国家”，而且伊拉克未来的成功在于成为中东地区一个实现政治现代化的国家，对她而言，这比生命中任何别的事情都更为重要。贝尔没有结婚，没有孩子，她的世界以考克斯团队中的职责为中心，她后来很快又成为费萨尔的亲密顾问。她曾预言的“我们将要经历的最为有趣的事件”，从费萨尔6月底抵达巴格达那一刻揭开帷幕，直到两周以后伊拉克国民大会宣布他的王位。实际上，自从贝尔本人于4月9日从开罗会议回到家中之后，就一直生活在地方高度紧张的气氛中。即使在那个早期时间节点，有关费萨尔很可能成为伊拉克国王的传言已经公开，用贝尔的话说，巴格达因此而出现“情绪激烈”的局面。尽管沙里夫家族成员正在盼望着费萨尔在伊拉克登基为王，但还有其他人不会分享他们的兴奋之情。塔利布就是这样一个人，他的顺从至关重要。对贝尔来说，费萨尔来巴格达时间的任何延误都是浪费时间。早在4月3日，她曾写信给她的父亲说：“我在推动珀西爵士用飞机把费萨尔接过来，结束这种悬而不决的局面越快越好。”同时，直到考克斯在那个月下旬将其逐出伊拉克，塔利布的反叛行为一直是令人担忧的事情。对贝尔而言，塔利布的被逐，是珀西爵士的“伟大政变”，此举降低了伊拉克的政治热度。她对父亲说，对于塔利布的被逐“没有出现一丝反对之声，相反，整个国家都感到长出了一口气……每个人都惧怕他”。

事实上，在费萨尔抵达巴格达前的那段紧张日子里，贝尔一直小心谨慎，不让自己强烈支持费萨尔即将就任国王的立场为人所知。这一谨慎态度，不仅仅是出于政治考虑。在那年春季巴格达的狂热气氛中，贝尔很可能如她自己所说，对被认定为“沙里夫派”感到高兴，但这并不意味着她要到处广而告之自己的立场。伊拉克政治出现了尖锐分歧，一方是英国要求的监督控制，另一方是民族主义者所要求的独立。因此，贝尔在谈论费萨尔登临王位一事时称“这一选择必须取决于人民”，这种说法既是谨慎的，也是真诚的。同时，在贝尔的头脑中，这里除了费萨尔之外，根本就没有其他选择：“人民不会接受一个本地的阿拉伯人，因为这里根本就没有他们可以信任的不怀二心的人。毕竟，穆罕默德是费萨尔的直系祖先。”[17]在一些后来的评论家看来，贝尔和其他介入费萨尔王位任命的英国官员所采取的行动，不过是出于一种把最易摆布的人选扶上王位的自私的政治谋略。[18]然而，费萨尔证明不是任何人的政治玩物。如果英国的真实想法是在当地找到一个任意摆布的机器人做伊拉克的国王，那么对于英国来说，甘愿柔顺的酋长（拉赫曼）则是比费萨尔更好的选择。他们或许没有选到最合作的候选人，但没有疑义的是，在伊拉克政治形势发展中的那个特定时刻，费萨尔看上去是最佳的现实人选。可以肯定的是，贝尔在支持费萨尔事业问题上，从未出现过摇摆，认为这将导致“对这个国家的最好局面，也是对其人民的最好祝福”。

进入5月份以后，伴随着炙热夏天的到来和“我们悬于火堆上的政治形势”，贝尔继续为迎接费萨尔的到来做准备。在这段高度期盼的时间里，贝尔展示了非凡的工作效率。她持续与考克斯交谈，谈论政策问题并撰写备忘录，她还考虑伊拉克新地图上的标线在哪里标划；她为当地民族主义者举办晚餐会，其中包括无时不在的贾法尔·阿斯卡里，他的内弟努里·赛义德和脾气暴躁的年轻的纳吉·苏瓦伊迪。贝尔曾对她的继母弗洛伦斯女士表示，所有这些人"都非常友好而理性，他们认为让形势安定下来，对这个国家是最有利的"；她继续说道："我现在相信，如果被问及，大多数人将会主张由英国人来管理，这当然是他们不会得到的。"[19]贝尔甚至考虑为伊拉克选定国歌、设计国旗，那年夏末她还被选为巴格达公共图书馆的馆长。她的朋友兼盟友沙逊·埃斯凯尔也是图书馆委员会的委员。[20]

6月间，贝尔持续以这种方式开展工作。当时每天的气温升高至40摄氏度，而此时的政治热度似乎也在飙升到这一温度。围绕即将发生的翻天地覆的政治变局，各种揣测甚嚣尘上，在巴格达尤其如此。贝尔后来形容称，自己在这段时间里被完全淹没在政治活动里。这些活动包括观察街头抗议，进行采访或者编写政策方案，以及参加大量的有政治色彩的社交活动。前两种活动，她是喜欢的；而后面的活动，她却不太喜欢，特别是不愿参加巴格达英国俱乐部举办的没完没了的舞会。她曾轻蔑地说，那些舞会"根本就是一种癫狂"。贝尔觉得，许多政府官员来参加舞会，但他们的夫人对此更为热心，这就模糊了当日这些活动真正政治意义的重要性。她在写给父亲休爵士的信中曾无奈地谈论起这些夫人："我讨厌她们，她们对正在发生的事变毫无兴趣，不会阿拉伯语，没见过阿拉伯人。她们形成了一个排外的英国人社交圈子，与此地的生活格格不入。我现在明白为什么英国政府对印度的事情感到恼火，原来那里的女士做着同样的事情。"[21]她后来直白地宣布："我再也不跳舞了。"

7月初，就在贝尔积极筹备迎接费萨尔抵达伊拉克的同一个时刻，身处伦敦的劳伦斯正在殖民地事务部准备接手有关沙里夫方案的下一个重要任务。为完成此项任务，劳伦斯按要求要同时向外交部的寇松勋爵报告。7月8日，劳伦斯离开伦敦前往汉志。丘吉尔和寇松指示他直接与沙里夫·侯赛因协商，与之达成一项协议，英国将通过这一协议以开罗会议批准的方式与此位阿拉伯国王建立起法定关系。劳伦斯前往汉志时，握有英国政府的全面授权，这使他拥有了前所未有的外交官身份。除了推动落实开罗会议上做出的决定之外，劳伦斯还受命说服侯赛因签署《凡尔赛条约》。英国想要侯赛因正式承认法国在叙利亚的支配地位及其应有的委任统治权力。此刻，当涉及叙利亚时，劳伦斯开始转变其想法并准备根据指定的口径宣达英国在此问题上的立场。在启程再次前往中东前一天，劳伦斯曾对他的一位朋友说："我不再反对法国。费萨尔已拥有美索不达米亚，这是对他巴黎蒙辱的补偿。"一旦完成在汉志的工作，劳伦斯将根据指示向北进发，前往巴勒斯坦和外约旦；如有可能，他将在那里与赫伯特·塞缪尔爵士和阿卜杜拉王子一起为沙里夫方案的完成画上最后一笔。

在离开伦敦的前一天，劳伦斯写信给威尔弗里德·斯科恩·布伦特称，感觉自己就像"穿梭于殖民地事务部与外交部之间的羽毛球"；在7月29日抵达吉达之前，劳伦斯在开罗停留了一周多的时间。之前曾预计在外工作的时间只有八周，但事实上，劳伦斯在后来的五个月中一直漂在英国之外，直到圣诞节前夕他才赶回家中。

与侯赛因国王谈判之繁重，超出了劳伦斯的预期。他后来对一位军事学院的同事说，谈判带来的"精神紧张，比他在阿拉伯起义期间遇到的所有事情都更严重"[22]。从7月30日开始，他在吉达与侯赛因进行了一系列会谈。出乎劳伦斯意料的是，他们在一起的时间比预计的要短；国王按计划将很快启程前往麦加，庆祝伊斯兰宰牲节——古尔邦节。因此，劳伦斯打算按照比原计划更快的节奏推动与侯赛因的谈判。他向外交部提出了可能出现的意外情况，即国王离开汉志前往亚丁，参与讨论亚丁的未来；在此情况下，劳伦斯将只有当下大约一个月左右的时间可以利用。尽管开局简短，但劳伦斯与侯赛因的会谈却陷入了令人沮丧的拖沓状态，甚而有时出现一声三叹的节奏。起初，劳伦斯将随身携带的在伦敦起草好的协定草案呈递给侯赛因。然而，他一看到文件，就拒绝承认草案中的建议条款。取而代之的是，他令人吃惊地声称，伊拉克的王位本应是他自己的，尽管在那个时刻，该王位即将赋予他的儿子费萨尔。劳伦斯立即向寇松通报称，侯赛因的“野心犹如其自负一样膨胀，而且表现出令人不快的对自己儿子的嫉妒之心”[23]。

随着谈判的推进，劳伦斯给伦敦的报告变得“不忍卒视”。这位国王“每天都会提出荒谬的新想法”；他“愚蠢而贪婪”；“他只是在玩弄我，我改变了策略，迫使他做出明确的声明”；“国王放声大哭”；“跟他讲道理是浪费时间，因为他认为自己是全知全能的，无论他做了什么白痴的事情，他的随从都会吹捧他”；这种情况一直在持续。劳伦斯后来说过，有一两次他简直无法承受侯赛因的出现，于是他站起身，“走出”房间。然而，尽管有如此多的挫折，劳伦斯仍然决心与侯赛因达成协议，从而为落实贯彻作为英国政策的开罗会议计划提供保证。“我们不需要如此重视得到他的签字，”劳伦斯在给寇松的一份备忘录中写道，“要打破他的一种迷思，即我们要依靠他来维护我们在中东地区的威望；为了维护与他的友谊，我们愿意付出任何代价、吞下任何苦恼。”最终，就在侯赛因起身前往麦加之前，一项临时协议达成了。之后，劳伦斯自己离开吉达前往亚丁，在那里他将把亚丁的地位职能与其邻居——后奥斯曼时代的也门——进行简要的审议对比。除此以外，他还找到不少时间继续写作《智慧七柱》。

完成了在亚丁的外交工作以后，劳伦斯向北返回吉达。劳伦斯后来在写给牛津家人的信中比喻说，此行成为他“经历过的最令人厌恶的一次旅行”。他于8月30日抵达，再次与侯赛因国王进行协商。自从启程前往麦加以后，国王有了充分的时间仔细思考他已经同意的政策立场，现在他要反悔了。他坚持称，所有阿拉伯国家都要回归到战前边界。此外，侯赛因现在还要求，他对阿拉伯各地所有其他首领享有的最高权威地位应得到承认。尽管并不十分清楚劳伦斯就此向国王说了些什么，但他对这一骇人要求做出的即刻反应是冷淡的。无论劳伦斯说了什么，其当下产生的效果，就是促使侯赛因“派人去取匕首，发誓要退位并杀死自己”。很明显，即使在侯赛因自己的内部顾问圈子里，这样撒泼式的公然闹剧也让人难以忍受。结果，他的长子和继承人阿里王子决定在此时介入，将他的父亲从日益恶化的形势中移开。为了继续会谈，此后成立了一个只有三个人的小型委员会；阿里、阿里最小的弟弟扎伊德王子和劳伦斯是该委员会的成员。阿里的及时介入，立即使会谈的调门发生了变化。劳伦斯感到宽慰，向伦敦报告说：“事情正在以非常友好和理智的方式推进，国王还没有被正式取代，但肯定失去了很多权力。”

这一新的安排直接促使双方达成了一项基本协定。双方最终达成协议草案，文件发往伦敦批准，然后再返回吉达，这样一个过程用了三周时间。与此同时，外交轮子转起来之后，劳伦斯将继续向北，前往巴勒斯坦和外约旦。但在此之前，他等待着国王如约在协定上签字。他在写给寇松的报告中说，“阿里和扎伊德表现得非常出色”，但当国王拒绝签字时，他们的头脑冷静毫无用处；被激怒的阿里自己也说国王简直就是“疯子”。在经过了近两个月艰苦的外交工作以后，身心疲惫的劳伦斯别无选择，只好离开吉达，前往耶路撒冷和安曼，同时对《英国—哈希姆条约》仍有待签署和批准而身心交瘁。

在继续推进工作之前，劳伦斯先在开罗停留。由于在汉志遭受的外交障碍，劳伦斯筋疲力尽、情绪低落，加之这一情况可能给沙里夫方案带来冲击，劳伦斯对其所担使命的第二项任务几乎没有任何热情。但是，他在写给埃里克·肯宁顿的信中用积极的笔调提到他在《智慧七柱》一书的写作中取得的进展。在谈及他将在耶路撒冷和安曼面对的形势时，他只是表示他“兴味索然，非常疲惫，染有微恙”。实际上，在写给肯宁顿的信中，劳伦斯设想，他在外约旦遇到的情况不会比他最近留在身后的汉志的情况好多少。劳伦斯灰心地写道，他前往那里是为了“结束那里的乱局，但结果让我觉得自己是个婴儿谋害者”。

但是，让劳伦斯感到吃惊和欣慰的是，他的重返外约旦之旅与其在吉达的经历完全相反。在耶路撒冷与高专协商一周多之后，劳伦斯于10月12日与他一同沿着熟悉的道路，驱车六个小时来到安曼。在此之前，劳伦斯曾预想阿卜杜拉对自己的命运感到不满，且可能不再接受对其埃米尔身份暂时的考验性安排，但他发现事实并非如此。令人关注的是，在劳伦斯看来，阿卜杜拉已对其处境感到安心。另外，他似乎更为成熟，认识到他其实基本没有别的选择，也没有比英国所给予他的更好的安排。因此，阿卜杜拉的埃米尔身份看起来带有永久性了。具有讽刺意味的是，劳伦斯曾长期低估的阿卜杜拉在推进和维护《英国—哈希姆条约》方面表现得最好。作为其主要的英国顾问，劳伦斯在一个多月的时间里每天都与阿卜杜拉在一起；此后，劳伦斯在11月28日向丘吉尔报告称，阿卜杜拉愿意签署那份悬而未决的条约。由于阿卜杜拉只是他父亲的代表，条约仍需侯赛因国王本人的批准，但劳伦斯最终搞定了这件事。丘吉尔长出了一口气，批准立即行动。12月8日，劳伦斯与阿卜杜拉在安曼共同签署了这份文件。几天以后，兴高采烈的劳伦斯离开了外约旦，再次途经埃及返回家乡。在1918年10月，劳伦斯怀揣着胜利的喜悦回到伦敦并开始为阿拉伯的事业奔走，此时正如那时的状况一样，还有很多未竟的工作要做。但对劳伦斯个人而言，他在沙里夫方案上的外交任务已经结束了。实际上，他再也没有回过中东。

尽管他在吉达经受了失望，但耶路撒冷和安曼之旅又使他对沙里夫方案未来取得成功的前景怀有信心。将阿卜杜拉扶上外约旦的王位几成定局，与此同时，费萨尔在伊拉克已被正式宣布为王。同时，侯赛因最终拒绝批准《英国—哈希姆条约》将在三年后的1924年证明，在其主要对手伊本·沙特的操弄下成为其垮台的理由之一。随后，汉志将被纳入伊本·沙特推动自身主张的泛阿拉伯国家的机会主义战略。但这些事件属于未来。对劳伦斯来说，随着新年的到来，他由衷地感到高兴。在外约旦，他明确看到阿卜杜拉在朝着正确的方向前进。总之，一个充满希望的进展出现了，外约旦正在费萨尔在伊拉克选定的积极轨道上并列前行。

往回看，格特鲁德·贝尔在1921年6月曾写道："骰子已经掷过了，未来的一些日子里，我们将会看到是否会出现想要的数字。"对贝尔来说，那年巴格达夏天的剩余时间将是"十分有趣的"，特别是许诺的全民投票即将举行，这次投票将用以测试伊拉克民众对费萨尔承接王位的支持程度。[24]总的来看，此次公民投票将是不成熟民主形式的一次步履蹒跚的尝试。它既不是非法操弄，也非后来一些人批评的一场闹剧。

费萨尔宣布为王之后，在从7月16日到8月11日的近四周时间里，全国范围内召开了一系列会议。在这些会议中，当选的代表通过发表声明的方式公开了自己关于新国王的看法。费萨尔承继王位已是板上钉钉。费萨尔的传记作者提到，“考克斯及其领导机关采取了一切措施，要确保投票的结果不出意外”；但与此同时，针对投票程序和候选人个人的不同意见也被妥当记录下来。投票前的几周，费萨尔花费大量时间向分歧最深区域的伊拉克民众发表演讲。显然，身为逊尼派，费萨尔对伊拉克数量不多但作用重要的什叶派少数以及库尔德人、土库曼人（土耳其居民的称呼）和迦勒底教派基督徒发表讲话，意义十分重大。值得重视的是，一位具有重大影响的什叶派宗教领袖谢赫·马赫迪·阿尔哈里斯，以合乎其规的方式表达了对费萨尔的忠诚，他提议成立宪政委员会，能够独立于国王之外进行运作。[25]作为未来的君主，费萨尔的出身门第以及作为阿拉伯领导人的名望具有巨大的吸引力，而且这种吸引力不限于对英国人。如贝尔所言：“决定一切的是，费萨尔的个人人品起到了四分之三的作用。”[26]许许多多的伊拉克人日益折服于他的个人魅力，他作为先知穆罕默德直系后裔的血统，以及大众所了解的他在阿拉伯起义中英雄般的领导作用受到大众的追捧。另外，叙利亚人欢迎他当叙利亚国王这个事实本身，尽管时间短暂，也同样令人印象深刻。大多数伊拉克人，特别是那些政治上消息灵通的人，也都认为没有真正可以替代费萨尔的人选。

在核检这场半民主公民投票结果的时候，官方发布的数据显示：有96%的投票人把票投给了费萨尔。这一压倒性的支持程度所具有的重要意义，对沙里夫支持者的影响比对费萨尔本人的影响还要重大。对于新上位的国王来说，比公民投票的精确统计结果更为急迫的问题，是伊拉克与委任统治国英国关系的持续。费萨尔决心尽可能快地以双边条约来取代现存的委任统治制度，从而强化伊拉克的独立正在成为政治现实的印象。费萨尔相信他有足够的理由推进这一进程，但在那个事件频仍的夏天，丘吉尔不愿在此问题上迁就费萨尔。8月9日，殖民地事务大臣向考克斯强调："委任统治是他所接受的，在这一制度被其他关系取代之前，他必须据此行事。"[27]在贝尔所谓的"危机关键时刻"，贝尔和考克斯都支持费萨尔与丘吉尔相悖的观点。她对父亲说："如您所知，我们打算放弃委任统治，与美索不达米亚建立条约关系。费萨尔说，从最开始，我们就必须承认他是一位与我们签有条约的独立君主，否则他难以控制极端势力。珀西爵士有点动摇，但我的观点是，既然最后会殊途同归，那么宣称我们拥有自己无法强制实施的权威就没有意义。我们不是要去重新征服美索不达米亚。"由于两人的坚持，冷静最终占了上风，双方彼此让步，调整了各自的立场。费萨尔同意在今后特定时机之前，不再明晰定义国家的政治地位，丘吉尔则缓和了其英国现有委任统治的要求至高无上的专制调门。

由此，费萨尔的登基仪式如期在8月2日举行。贝尔称，登基典礼"安排得令人钦佩"；考克斯庄重地喊出"国王万岁"，随后传来隆隆的21响礼炮声，庆典仪式在此时达到了高峰。贝尔继续兴高采烈地向父亲描述道："令人惊叹的是，全伊拉克，从南到北，都联结在一起。这是其历史上第一次出现这样的局面。"贝尔在此时难以抑制她的自豪感，尽管此时还伴有对这个国家的未来和费萨尔作为国王的前途的些许担忧。尽管如此，她坚信自己和其他的沙里夫方案的支持者，在开罗会议上支持费萨尔成为伊拉克国王候选人，是做了一件正确的事情。通过这样的努力，他们帮助催生了一个现代国家伊拉克，它当时拥有300万人口，国土幅员几乎达到20万平方英里。在谈到当下任务的时候，贝尔激情满怀地向父亲表示："在这里，我们不是在构建没有生命的石头；我们在激励活生生的生命成长，我们能感觉到它在我们手里跳动。在很大程度上，我们对其进行指导，但我们不能阻止它向上生长，这正是我们希望它做的事情。"作为对开罗会议上筹划伊拉克未来时所持目标的总结，贝尔的描述可谓恰如其分。贝尔深知，费萨尔加冕后的伊拉克发展之路并不平坦，但其获取未来成功的上层建筑已经搭就。贝尔相信，以此为基础，可以建设一个持续发展的伊拉克国家，中东地区很多国家可以它为样板，更为坚定地朝着政治现代化的方向走下去。

开罗会议在伊拉克、巴勒斯坦和外约旦等地创建现代中东的实践，产生了持续的后续影响，在这段历史中，1922年是一个具有分水岭意义的年份。另外，这一年还见证了劳伦斯和丘吉尔一样，结束了在殖民地事务部的任职。对伊拉克而言，这一年以达成《英国—伊拉克条约》告终；费萨尔与考克斯在1921年秋天围绕这一条约展开了严肃谈判。当然，费萨尔就任国王后的首要任务是组建一个由"新沙里夫团队"组成的政府。贝尔曾称这个政府团队的成员"全都是坚定的温和派人士"。作为各部的部长，他们既要对费萨尔保持忠诚，又要为考克斯所接受。围绕这一任务，两人在8月末和9月初费尽了心思。

相关工作的结果，就是在这一年秋天的晚些时候，成立了一个由酋长拉赫曼担任总理的委任统治下伊拉克的首届政府。尽管不如“酋长”本人那般兴奋，贝尔对“酋长”的任命感到高兴，认为这是一个“非常非常明智的安排”。贝尔在写给休爵士的信中高兴地说道：“他以77岁的高龄，开启了大有前途的政治生涯。这很好，难道不是吗？”考克斯同意费萨尔选择“酋长”领导政府，但反对他选择纳吉·阿尔苏韦迪担任内政部长这一关键岗位。阿尔苏韦迪曾是前一年民族暴动的领导人物，考克斯不信任他并提议由陶菲格·哈立迪作为更为温和的替代人选。这一次，轮到新国王表示反对。由此在伊拉克政府两位领头人物之间引发的不和，持续了三周，演变为一场争夺主导权的斗争。贝尔在费萨尔另一名亲密顾问基纳汉·康沃利斯的协助下，通过在内阁围绕委员会的博弈棋局中移动棋子来缓和纷争，最终寻得了全体一致的意见。但是，这一阶段的紧张谈判，是一个早期范例，考克斯需要据此调整自己的思维方式。这就是说，他需要改变长期以来在中东国家行使最高政治与行政权力的习惯，对他而言，这一点已十分清楚。与此同时，这件事进一步强化了费萨尔关于伊拉克需要尽快获得完全独立的思想。

但是撇开这些在做出艰巨政治决定过程中产生的分歧，国王费萨尔一世任期的最初日子是令人兴奋并值得称赞的。他在登基仪式后的上午，召集了一次所有政府官员和显贵都出席的碰头会。其中就有喜出望外的贾法尔帕夏，他被重新任命为国防部长。新政府的构成成为挂在大家口头上的话题。激情难抑的贝尔在写给家人的信中说道：“没有任何别的事情被大家谈论，很自然地……这无疑是我曾经插手过的最引人入胜的工作。”尽管贝尔在7月刚刚度过她的53岁生日，但她当时的一些新闻报道读起来就好像她仍然拥有年轻人的心态。费萨尔告诉她将在新成立的伊拉克军队中为她命名一个团之后，她激情澎湃地写道："哦！爸爸，这简直太美妙了。有时我在想我一定是在梦中。"[28]费萨尔许诺的这个团被称为"哈顿团"，但它从未真的成立；但对贝尔来说，这一前景反映了费萨尔统治初期洋溢在巴格达的快乐期待。1921年的夏秋，在新生的伊拉克国家，看起来一切皆有可能，至少对贝尔是如此。

国王登基典礼和内阁组建完成以后，费萨尔和考克斯以及新任命的内阁部长、政府顾问们一道，开始处理急迫浩繁的国家事务。来到伊拉克的几个月中，国王努力通过组建稳定同盟和培养个人忠诚为新政权争取支持。从某种程度上说，伊拉克早期发展中所需要的政治黏合剂与其他地区相比并无二致。任何地方的任何政权都必须建立起连接纽带，为自己打造能够抵御破损的甲壳。实际上，这正是费萨尔从踏上伊拉克土地那一刻起就着手经营的事项。现在，他已成为统治整个国家的君主，维护权威、赢得尊重比以往更为重要。对费萨尔来说，同等重要的是与英国达成一项条约；即使伊拉克的独立地位因目前委任统治制度的约束而暂时有所减弱，但签署这项条约将对伊拉克不断生长的国家独立具有指向性意义。作为国家领导人，他有责任对其人民在政治上做出交代，达成这一条约有助于增强其个人威望；同时，这一条约还将弱化英国对伊拉克国内事务的干预和影响。费萨尔下定决心在此问题上取得成功。虽然考克斯没有极力阻挠费萨尔的企图，但他建议费萨尔遵循稳健持续的宪政渐进程序。考克斯指出，就在此时此刻，在高专艾伦比勋爵的指导下，埃及正在采用这一模式。

尽管有这些各种各样的规劝，费萨尔和考克斯还是于1921年10月围绕拟议中的条约展开认真的谈判。[29]丘吉尔从伦敦派来了参与开罗会议的老手——中东局的休伯特·扬参加谈判，充当他在谈判期间的耳目。就在谈判得以进行之时，身为殖民地事务大臣的丘吉尔陷入了多个方向的事端。爱尔兰独立战争接近其顶点，这意味着他很快就要去主持极端紧张的谈判，最终于12月签署《英爱条约》。同时，巴勒斯坦的阿拉伯人与犹太人之间的骚动持续发生，需要丘吉尔予以密切关注。另外，在其意志坚定的战后领袖前陆军司令穆斯塔法·凯末尔的领导下，土耳其人拒绝签署巴黎和会上的《色佛尔条约》。同时，令各地穆斯林感到满意的是，土耳其人在东地中海地区打击希腊人。很快，丘吉尔将被卷入希土冲突中的恰纳卡危机；这场危机带有1915年达达尼尔大劫的痕迹，令人感到难堪，对丘吉尔尤其如此。另外，恰纳卡危机还可能切断“一战”时期英帝国与其自治领（特别是加拿大）之间建立起来的密切联系。[30]总之，《英国—伊拉克条约》只是丘吉尔在1921年至1922年间所面临的众多争端之一。

当然，对于费萨尔和考克斯来说，迄未解决的土耳其问题使他们在伊拉克的工作更为艰难。令人担忧的是，土耳其可能对伊拉克，特别是石油蕴藏丰富的摩苏尔，抱有不良企图；同时，伊拉克境内还有许多泛伊斯兰主张的同情者，其中在一定程度上就包括费萨尔本人。[31]此后，为了抵制伊拉克北部活跃的亲土耳其情结，费萨尔于10月中旬去这一地区巡视。他在摩苏尔等地的巡访缓解了民族主义情绪，取得了令人满意的效果。与此同时，他还将注意力转向恼人的库尔德问题。但是，要推进国家构建和政权忠诚，不能只靠几句抚慰的话语，还需要更多大手笔的举措，而这正是与英国签订条约的意图之所在。极端势力的常用口号是“完全独立”，如果费萨尔试图反制这一吁求，贝尔警告说，就必须尽快以两国间宪政协定的方式与英国达成一项条约，为伊拉克的分阶段独立提供保证。独立思想浓厚的基尔库克民众，已在最近的投票中反对费萨尔并以民族主义先锋自居。对于很多民族主义分子来说，费萨尔只是通往独立道路上的拦路石，而不是最终达到这一目的的过渡桥梁。心受挫折的贝尔粗鲁地将基尔库克的那些人称为“笨蛋”，但基尔库克以及伊拉克各地声势浩大且目标松散的民族主义情感，必须凭借无法抗拒的坚定回答予以应对，只有这样，对新生政权的批评指责才能得以缓解。[32]费萨尔和贝尔都强烈地以为，这个“坚定的回答”，就是与英国签订取代委任统治的条约。

在与考克斯开启条约谈判后的几周内，费萨尔却试图采取措施巩固其对全体伊拉克人的吸引力。而其中最为重要的，就是兑现其向本国人民作出的关于签署一项条约的承诺，这将向人民显示，他不仅仅是英国的一个傀儡。类似1921年伊拉克的情况，在帝国政治形态中，所谓“傀儡”的指责是一种常见现象；但在费萨尔这里，这种说法并不一定令人信服。[33]无论是考克斯、贝尔、康沃利斯、扬还是丘吉尔，都没有把伊拉克政府当作由他们拼凑而成的“纸糊政权”，也没有把费萨尔视为这个政权中心位置上的提线木偶。殖民地事务部设计的沙里夫方案，既是服务英国地区利益的工具，其最终目的也仍然是伊拉克的真正独立。对所有相关者而言，真正的问题不是伊拉克能否获得，而是何时获得独立。当然，在发展步伐问题上的分歧难以摆脱，但在伊拉克没有人怀疑伊拉克的最终独立是费萨尔和其英国顾问共同追求的目标。

由此，1921年的后几个月如同年初一样，是在指责争议中度过的。当劳伦斯在汉志寻求与侯赛因国王签署条约并成功巩固了阿卜杜拉在外约旦的统治地位时，在伊拉克，费萨尔与英国也在向达成双边条约的方向前进。不久之后，1922年3月，伊拉克的谈判进程经历了一次突发的剧烈震动；当时，数百名伊赫万部落战士从东部向伊拉克南部手无寸铁的大量牧民发动了突然袭击。伊赫万部落是极端保守的瓦哈比教派的成员，他们从伊本·沙特控制的领地出发，越过边界来到伊拉克。自18世纪创立以来，瓦哈比教派信徒一直是伊斯兰教派中最强硬的极端主义者，他们专心于《古兰经》的排他性解读，而这种解读可能导致进攻行为。在3月份的攻击行动中，有700人被杀，主要是什叶派伊拉克人，死者中包括男人、妇女和儿童。

伊本·沙特本人对此次行动没有责任，这一点是清楚的。对于费萨尔和考克斯来说，这次袭击是对国王权威的直接挑战，也是对英国向伊拉克提供军事防卫这一承诺的挑战。开罗会议以后，英国在伊拉克的军事责任开始发生变化，不再严重依赖地面部队，而是转而部署了更多的皇家空军力量。皇家空军的一架飞机在对发生袭击的地区进行空中侦察时被击落并消失。自此之后，考克斯不太愿意授权额外的飞行任务，以避免新的损失。他这方面的保守立场发挥了恶劣作用，无论是费萨尔还是伊拉克民众，都认为此举意味着对他们憎恨的瓦哈比教派及其老板伊本·沙特采取纵容态度。

伊赫万危机的结果进一步加剧了费萨尔与考克斯之间的紧张关系，一群显要的阿亚图拉备感愤怒，于4月份要求在卡尔巴拉召开一次特别会议。会议的焦点议题是瓦哈比教派发动的此次袭击，但很快又成为谴责仍然运行的英国委任统治的平台；与会者还借机指责考克斯拒绝采取反制伊赫万袭击者的措施，而这对于保护脆弱的伊拉克人民的生命与财产安全是十分必要的。费萨尔没有出席卡尔巴拉会议，但对会议予以高度赞赏，称赞了代表们“高尚的情感、纯真的爱国情怀与真正的智慧”。同时，考克斯却将卡尔巴拉聚会视为“别有用心和危险的”；在考克斯看来，此次会议将使英国委任统治权力的延续问题变得更为突出。

当代伊拉克事务中的尖锐矛盾贯穿了1922年的整个春天。最终，费萨尔及其内阁于6月22日从考克斯那里收到了《英国—伊拉克条约》的草案文本。费萨尔用一个月的时间深入研究文案条款后，决定予以接受，但有个由最近受到鼓励的拉赫曼总理强烈要求的限制条件，即这一条约只能由将来的伊拉克选民大会批准。然而，考克斯拒绝了这一要求。结果，伊拉克政府拒不退让，决心要通过展示其公认的主权赢得英国的尊重与合作。后来，到了8月份，这一问题因费萨尔患上了阑尾炎而继续处于阻滞状态。国王身体恢复以后，王宫与高专官邸之间政治情势的恶化依然严重，巴格达的考克斯和伦敦的丘吉尔继续就此问题进行远程讨论。殖民地事务大臣仍有抵触情绪，但他没有固执己见，也充分理解费萨尔所承受的来自反对委任统治制度的民族主义反对派的压力。然而，费萨尔在争论中暴露出了日益增长的个人专制倾向，英国和他自己的内阁以及他的部分臣民都感觉到了。[34]

8月29日，就在这场危机接近顶点，费萨尔手术后逐渐康复的时刻，丘吉尔以严厉的语气向考克斯指示道：“应该向他（费萨尔）明确，我们不会允许他的固执破坏我们的总体政策……我们把他送到伊拉克不是让他充当独裁者，而是要他成为一位冷静朴实和遵守宪法的君主。”[35]对于丘吉尔和考克斯来说，最重要的是要避免条约化为泡影，对费萨尔归根到底也是这样。虽然对条约目的的理解不同于其英方同僚，但费萨尔明白他不能在此问题上把他们推得太远。毕竟，正是这些英国人让他当上了国王。因此，费萨尔于10月10日同意在条约上签字。《英国—伊拉克条约》由此最终达成。用丘吉尔曾用过的描述来讲，开罗会议上做出的计划涉及英国在中东地区的"总体政策"，而这一计划的重大特色之一，就是规定伊拉克逐步走向独立；这一点在《英国—伊拉克条约》的谈判过程中得到确认。尽管费萨尔有相当的保留，但仍以口头和书面的形式对条约加以称赞，就如同取得了一项重大成就。他说道，这份条约证明"来自我们卓越盟友大不列颠的友谊还在持续"，也表明"为选民大会召开作准备的选举即将开始"。

在这个几乎没有停顿的紧张局势进程中，格特鲁德·贝尔开始思考这样一个问题：创建现代伊拉克和费萨尔就任伊拉克国王等政治成就会不会演变为毫无价值的东西。她疲倦地评论道："你可以这么设想，我再也不会卷入扶植国王的事情中了。这项工作负担太沉重了。"贝尔走得很远，甚至考虑永远离开这个国家，她觉得这个国家可能围绕条约问题而发生分裂。6月，她以近乎绝望的笔触给父亲写信，谈及她最近与费萨尔的一次会谈，她说道："在每一个高尚的要点被破除之前，我宁愿离开这里，尽管我热爱阿拉伯民族，尽管我对未来有很强的责任感；我认为我不忍看到梦想的破灭。"

对贝尔而言，围绕拟议中的《英国—伊拉克条约》产生的分歧中最可悲的部分，含有她的这样一个想法：费萨尔在与考克斯打交道时可能不那么顾及面子，他太急于安抚极端主义反对派并显示他自己。贝尔用谴责性的话语说道，费萨尔的这种做派是"令人吃惊地缺乏性格的力量"[36]。贝尔此时的立场是强硬的，也在某种程度上暴露了宗主国公民的偏见，也反映出她没能充分理解费萨尔有限的行动空间。她的指责无异于对国王的正式指控，而这却出自贝尔之口，此人总是对国王尊重有加，她坚守对阿拉伯独立事业的渴望比中东地区任何其他的英国人（不管是男人还是女人）都要长。[37]因此，促生了条约的最终方案受到了热烈欢迎。这也相当于在贝尔面前为费萨尔做的辩白，也是对她常年在伊拉克辛勤工作的总结。[38]在登基仪式举办前夕，国王的一名部长对贝尔说："人民愿意看到你和费萨尔会见。只要你出现在一个地方，他们就知道那里没有问题了……人民知道你一直在为建立一个阿拉伯国家而奔走呼号；只要看到你，他们就信心倍增。"因此，不足为奇的是，对于贝尔来说，其生命中最后不到四年的时光将是一场演说，在人们因其伊拉克工作成就而对她个人怀有的满意声中挥手告别："我得到了这个国家的爱恋和信任……我不能指望有更好的命运安排了。"[39]然而，这些年对于贝尔来说，也是令人感伤的岁月。在费萨尔领导下，伊拉克的独立越来越强势，贝尔个人的地位和影响呈现下降趋势，其对费萨尔的统治也开始产生幻灭之感。[40]

在伦敦，在丘吉尔看来，《英国—伊拉克条约》的签署时机再好不过了。条约签署一周多以后，重新复苏的保守党终结了劳合·乔治为期六年的联合政府，丘吉尔因此而被迫离开政府。尽管突然垮台，但这位所谓的"威尔士巫师"在未来的几年中仍是议会的常客；与其前殖民地事务大臣不同，劳合·乔治的高职生涯宣告结束了。对丘吉尔来说，与伊拉克达成的条约给他在殖民地事务部为期二十个月的富有成果的工作打上了印记。在殖民地事务部的最后日子里，丘吉尔仍试图将开罗会议上确定的英国中东计划中的其他部分付诸实施。

在完成了其在汉志、耶路撒冷和外约旦冗长拖沓的外交使命之后，劳伦斯于1921年12月回到伦敦，这标志着他在殖民地事务部的任期已近结束。如其当下所为，伴随着不断抬头的紧迫感，劳伦斯将其全部精力转到完成《智慧七柱》一书上来。劳伦斯觉得，为了推动实施开罗会议确定的沙里夫方案，他该做的全做了，这为他全身心投入书稿提供了条件。另外，这几个月对劳伦斯而言也是持续感到焦虑的阶段。他与殖民地事务部的一年工作合同马上就要到期，他决定辞去公职，并断然向内转向；为此，劳伦斯把自己的姓改为肖（后来又改为罗斯），同时在皇家空军内部使用匿名。1922年初，劳伦斯写信给他在开罗认识的空军中将休·特伦查德爵士称："您知道，我准备在3月1日离开温斯顿。之后我给自己留两个月，然后我打算加入皇家空军，当然要做有军衔的军官。"

对于劳伦斯来说，显达于社交名流、供职于政府官衙、折冲于外交谈判，已经没有以往的吸引力。这种生活不会再持续，他开始打算过一种完全不同的生活。他没有对任何人明白解释这么做的原因，或许他本人对此也并不清楚。如同这段苦恼的日子中经常做的那样，劳伦斯会向他的朋友罗伯特·格雷夫斯吐露自己的心声。那年晚些时候，他曾试图向罗伯特解释他加入空军的动机，他说："说实话，我没办法告诉你我想参军的原因……我坐在这里，把我能想到或感觉到的理由全都写下来，但终不过是因为我觉得必须做这件事，是由于我倾向于做些基础性的工作，希望使自己更具人性……这将是一次大脑睡眠，醒来之后我会比进入之前更正常一些。"[41]

丘吉尔不了解劳伦斯的精神紧张状态，向他施加压力，要求继续他的工作。实际上，直到1935年劳伦斯英年早逝，丘吉尔一直如此，就像他1927年下半年在写给劳伦斯的信中所说："我总是希望在某一天收到你的来信说，你的长假已经结束，你的实干精神又回来了。”不幸的丘吉尔！尽管劳伦斯同意将其在殖民地事务部为期一年的工作合同延长几个月，并对其上司声称，“我不必表白我将在您需要的时候听您调遣”[42]，但劳伦斯再也不会如丘吉尔所希望的那样回归公职。到了7月份，劳伦斯提出辞职并准备开启一种远离白厅、远离外交，甚至远离传统的全新生活。[43]丘吉尔以伤感的口吻写信给他：“你决定退出我们在殖民地事务部中东局的小组，我深感遗憾……我希望你不要过于乐观地以为我们的困难已基本得以解决。”[44]

丘吉尔所说的“我们的困难”意有所指。尽管围绕《英国—伊拉克条约》的纷争在那年秋天得以解决，但其当下形势仍不平静。然而，更为沉重的是，丘吉尔所指的困难，还包括巴勒斯坦难以救药的政治动荡，以及外约旦形势中存在的不安定因素。在新划分了边界的巴勒斯坦内部，政治形势在开罗会议结束之后的那一年里明显恶化。阿拉伯人和犹太人之间的敌意导致了大规模抗议。阿拉伯人尤其感到不平。他们认为政府正允许越来越多的犹太人到巴勒斯坦来定居，而对阿拉伯人施加压力。他们认为，这一形势发展将最终把他们全部挤出这片土地。英国驻巴勒斯坦高专赫伯特·塞缪尔爵士，耐心地听取了巴勒斯坦的阿拉伯领导人在这一问题上的观点。作为回应，他下令成立了一个“穆斯林最高委员会”，任命了一位耶路撒冷大穆夫提，借以显示他致力于建立一个以阿拉伯人为主的政治实体。但在巴勒斯坦是否要容纳一个犹太人家园的问题上，塞缪尔毫不动摇地坚持自己的立场。对他来说，这一问题本质上是不能谈判的。他在几年后的一次讲演中重申：“犹太人的精神力量有赖于在巴勒斯坦建立一个民族家园。没有中心就不能汇聚精神力量，而这个中心只能在这里。”[45]

然而，《贝尔福宣言》所承诺的，丘吉尔在1921年3月开罗会议之后的耶路撒冷之行中所确认的，犹太人家园的永久性存在，在当时令阿拉伯人深恶痛绝。不久以后，在5月初，反犹太人的暴乱到处爆发，30名犹太人和10名阿拉伯人在雅法的暴乱中丧生。在丘吉尔看来，与当地犹太复国主义者的政治操弄相比，劳合・乔治政府现行的反土耳其、亲希腊政策，更应为巴勒斯坦的阿拉伯人的持续不满负责。丘吉尔对首相在此问题上的立场深感失望，以至于他建议英国从巴勒斯坦彻底撤出，以减弱其他地方穆斯林的责难。不出意料，劳合・乔治拒绝接受这一激进说法，但丘吉尔坚持主张，只要首相与土耳其修好，他作为英国政策的主要推行者，在中东发挥作用就会容易得多。确实，丘吉尔在推动劳合・乔治调整土耳其政策问题上非常执着。直到1922年9月，在劳合・乔治于下个月被迫退出首相职位前夕，丘吉尔还在对他说："土耳其的成功将在整个伊斯兰世界给我们增加困难。"

塞缪尔向阿拉伯人的立场做出一系列妥协，包括建立穆斯林最高委员会，安排阿拉伯著名人士穆萨・侯赛尼担任耶路撒冷大穆夫提，政府还在雅法暴乱之后宣布暂停犹太人移民到巴勒斯坦，直到目前已经移民至巴勒斯坦的犹太人融合进当地。然而，所有这些妥协都没有起到安抚阿拉伯人的作用，这些又使土耳其问题进一步恶化。[46]即使是犹太复国主义犹太人根据《贝尔福宣言》的规定范围在巴勒斯坦最低限度的存在，也不为阿拉伯人所容忍；他们对英国试图将犹太人移民问题规范化的政策一概持反对态度。

在1921年的剩余时间和第二年里，阿拉伯—犹太对立继续撕裂着委任统治下的巴勒斯坦，呈现出无解之势。由于英国没有办法为巴勒斯坦找到一个解决方案，推动犹太人与阿拉伯人之间形成文明的邻里关系，丘吉尔对此的挫败感与日俱增。他坚持这样的基本观点：两个这样的民族应该能够找到相互包容的途径，英帝国内外的其他地方都有相关的方法可以借鉴。丘吉尔坚持这一立场，是出于天真，还是如某些人所言的，是因为他沉迷于他自己设定的“空想”？[47]丘吉尔认为犹太人和阿拉伯人也许能够寻到一项可以接受的政治安排，从而共享这片土地并总体和谐地比邻而居，他的这一设想并非异想天开。在当时的世界上，国联的创立原则已为现代国家提供了组织模式；丘吉尔关于巴勒斯坦的设想与此相似。例如，丘吉尔与塞缪尔一致认为，作为应该在巴勒斯坦推进实施政策的一部分，应该为阿拉伯人建立一个参与式的政治机制，因为在邻国外约旦，这一安排已经开始实施。1921年6月，丘吉尔在写给中东局的约翰·沙克伯勒的信中说：“我强烈支持将代议制度引进到巴勒斯坦，我认为不可能在给予外约旦这样待遇的同时，却不在巴勒斯坦这样做。”[48]

作为殖民地宪政发展的特征，在英帝国内部存在着代议制、地方自治和民族独立等问题，在这些相互关联的问题上，当时及随后一个时期，丘吉尔的立场是明显相互矛盾的。[49]人们可以从20世纪20年代的爱尔兰、埃及和20世纪30年代的印度等地发现这种矛盾，或者至少是不一致的充分证据。但是，无论其他地方的情况如何，1921—1922年丘吉尔在巴勒斯坦问题上的立场还是连贯一致的，这也是他对困难局面一直不得其解而感到沮丧的原因。对他来说，巴勒斯坦旷日持久的政治死结与日俱增。

阿拉伯在犹太复国主义势力问题上毫不妥协，哈伊姆·魏茨曼领导的犹太复国主义游说集团同样是咄咄逼人、坚持不懈。魏茨曼和犹太复国主义组织逐渐并坚定地采取了这样的立场：包含在《贝尔福宣言》中的“犹太人的民族家园”的表述，标志着最终建立一个犹太人国家的起点。因此，英国人向巴勒斯坦的阿拉伯人做出的任何政治上的让步，对于犹太人来说，都意味着巴勒斯坦正在成为一个两族共享的国家。就像他1920年3月在耶路撒冷写给犹太复国主义组织其他执行委员的信中所说，魏茨曼在这一时期认为，“艾伦比和其余所有人”都是阿拉伯人的辩护者，“他们把我们出卖给Feyzal［原文如此］，而没有任何愧疚”；因此，“他们已经彻底忘记犹太复国主义了”。[50]巴勒斯坦战役中参加作战的犹太军团之创立者泽夫·亚博廷斯基持有同样的观点。1919年他曾向艾伦比抱怨，他觉得英国对犹太复国主义的承诺正在弱化。[51]然而，事实并非如此。英国，特别是丘吉尔，相信阿拉伯人和犹太人能够在巴勒斯坦实现和解，但犹太复国主义者所反对的正是巴勒斯坦这种两族共享的结果。同时，在英国政府高层，丘吉尔看起来是唯一一位从这种宽泛和包容的角度来解读《贝尔福宣言》的人；丘吉尔的立场因此而受到削弱。例如，劳合·乔治肯定不同意这种解读，并且明确告知了丘吉尔。[52]

到1921年年底，由于爱尔兰和埃及的政治形势日渐紧迫、苦于应对，丘吉尔开始从深度介入的巴勒斯坦问题中撤出。最终于1922年6月，他向政府提交了一份有关这一全部问题的白皮书；在前一个月中，丘吉尔曾就《白皮书》的基调与塞缪尔在伦敦进行了深入讨论。[53]《白皮书》由休伯特·扬起草，它建议英国政府此后应采纳一项三方政策。经塞缪尔深入研究并与阿拉伯执行委员会（于1920年在耶路撒冷成立）进行讨论之后，《白皮书》确认：第一，英国委任统治下的巴勒斯坦将保持一个两族共享的国家。当然，巴勒斯坦将继续包含一个犹太人的民族家园，但巴勒斯坦本身将不会在宪法上从属于其犹太人群体。第二，延续英国殖民地在行政机关与人民代表之间建立一个分权机制的传统，在巴勒斯坦成立一个立法委员会。第三，犹太人向巴勒斯坦的移民将在“经济吸收能力”的基础上予以调控。

从理论上说，《白皮书》这项缜密设计的三管齐下的政策，或许能够成为在巴勒斯坦建立一种现代、多元政治文化的途径。可以肯定的是，塞缪尔既对此深信不疑，也矢志将其推进贯彻。但《白皮书》的建议从未获得通过。为建立立法委员会，1922年下半年举行了一场两阶段的选举，由于阿拉伯人的抵制，也由于第一阶段的投票人数太少，塞缪尔中止了——起初还以为这一措施是暂时性的——这次在巴勒斯坦创建代议政治体制的最初尝试。这一举措的最终结果是，在英国委任统治巴勒斯坦的整个时期，直到1948年，经选举产生的立法机构始终没有建立起来。[54]当评估丘吉尔1922年的内心想法时，可以看出，由于这些建议措施的失败，他对劳而无功地引导走出巴勒斯坦政治死胡同，为旷日持久的阿拉伯—犹太复国主义者问题寻求解决方案已心生倦意。

那年6月的《白皮书》是丘吉尔作为殖民地事务大臣的最后一次努力，以平衡英国委任统治下巴勒斯坦的阿拉伯人与犹太人的利益。然而，直到其任期结束，甚至其后很久，丘吉尔都一直因不能缓和巴勒斯坦的内部敌意和不能达成和平共处的协议而感到困惑乃至愤怒。在丘吉尔看来，应该取得的目标是在巴勒斯坦寻得一项政治解决方案，在此之下，文明社会得以建立，经济实现繁荣发展，代议制政府落地生根。但只要阿拉伯人不放弃其颠覆《贝尔福宣言》的愿望，犹太人同样死守建立排他性犹太人国家的意志，就不可能达成一项解决方案。[55]显然，丘吉尔本人仍然决心达成一项持久性的妥协，但对立中的任何一方都不是真心希望看到其成功。因此，6月14日，丘吉尔在众议院发表了一场演说，这成为他对巴勒斯坦不断抬头的形势发展的一次压顶评述。他说，我们不能“把犹太人交由阿拉伯人虐待”，但认为阿拉伯人注定要失去他们的土地同样是“不切实际的”。但是，在他说这些话时，丘吉尔与其中东局同事在开罗会议上共同形成的关于建立一个两族共享的巴勒斯坦的设想，看起来很可能会无果而终。

巴勒斯坦东面不远的外约旦采用了西方代议制政治制度，成功地把分裂的族群绑定在一起。如果在20世纪20年代初，巴勒斯坦证明自己能够承受采纳西方代议制政治制度的影响，那么沙里夫方案注定会有一个不同且更具凝聚力的结局。在外约旦，开罗会议主要代表一直期望的目标，已经开始在埃米尔阿卜杜拉身上得以体现，也体现在他控制的政权上。1922年秋天，阿卜杜拉在英国度过了很长时间，努力规划出他成功实施统治的范围。[56]一方面，阿卜杜拉希望获得完全独立；另一方面，英国坚持要确保延续外约旦与其两个邻国叙利亚和巴勒斯坦之间关系的平衡。阿卜杜拉的希望与英国的坚持之间一直存在着紧张关系，但这种紧张关系从未成为破坏性的。第二年5月，英国就承认了外约旦的正式独立。

在为期十四个月的时间内，根据开罗会议决议，英国在中东地区建立了两个新的国家。两国都实行君主立宪制，都建立在代议制政府的原则之上。先在伊拉克，随后又在外约旦进行的国家构建实验，在早期都曾大有前途。在第一次世界大战引起的广泛动荡中，伴随着在巴黎和会和圣雷莫会议上得以捍卫的中央集权预期，开罗会议看起来是成功的。[57]在费萨尔领导下，尽管在起初困难重重，但伊拉克已经开始在多种国内对抗势力之间找到了有效的政治平衡。这是现在多元政治的基本属性。丘吉尔对在伊拉克取得政治稳定的难度不抱幻想。1922年9月，丘吉尔在给劳合·乔治的报告中写道："你交给我的任务，已真的不可能完成了。"实际上，在感到极度受挫的时刻，丘吉尔曾称伊拉克为"不知感恩的火山"，并揣测英国所付出的努力是否能获得值得拥有的回报。[58]

同时，在外约旦，阿卜杜拉寻求获得相似的稳定，尽管其规模和复杂程度都要小得多。开罗会议上制定的计划，是由英国所能召集到的中东事务上最优秀和经验最为丰富的一批人所聚合起来的。乐观估计，他们期望在两个新国家出现的结果既经过充分论证，也具有持续发展的未来潜力。这一计划致力于促生现代形式的西方宪政是清楚的。确实，开罗会议试图以新建伊拉克和外约旦国家的形式建立起第一个版本的现代中东。然而最终，沙里夫方案的结果却主要是累积了失败。为何如此，仍是一个有待回答的问题。

结论

开罗会议历史回顾

开罗会议之后，究竟哪里出了问题呢？如果如英国所相信的那样，沙里夫方案为在中东大部分地区建立起现代政府和政治创制了可以付诸实施的蓝图，那么它为什么没有为地区的国家构建指明一个可持续的模式？如果开罗普救派的愿望与“一战”后中东地区盛行的民族自决和中央集权方案相一致，那么其开具的救世处方为什么没有在地区扎下根？在本书的结尾章节里，作者围绕某些问题提出一些思考：为什么在确定已取得部分成功的地方，国家构建最后证明是难以达成的目标？我们该以怎样的更全面的视角来解读开罗会议的历史与影响？

首先要提到的是，在20世纪20年代中后期的伊拉克，费萨尔继续沿着组建一个统一民族政府的道路前进。在这一过程中，费萨尔一直试图开创一种覆盖所有伊拉克人的西方式民族主义，借以减缓这个国家长期存在的五花八门的分歧。在伊拉克居统治地位的民族主义精英，继承了欧洲19世纪大众民族主义的传统成长和发展方式，费萨尔面临的任务与那一时期前后在世界上出现的许多发展中国家所面临的任务基本相同。[1]确实，从18世纪的美国革命，到19世纪欧洲革命民族主义的经典版本，到20世纪初英国自治领的殖民地民族主义，再到后巴黎和会时代的小国国际主义，伊拉克的历史与宪政发展轨迹并非独一无二。当然，任何一个新生的国家，不管其幅员大小，能够而且应该主张一定程度的独特性，对当地的政治环境也须给予适当的尊重。但在推动建立一个现代可持续的政治体制过程中，伊拉克面临的挑战并非不可逾越，也不比过渡进程中的殖民地世界里其他地方的形势更为棘手。事实上，在经过四个世纪的奥斯曼统治之后，可以这么说，首先是军事征服者而后是帝国霸主，之后又是委任统治管理者的英国，给予了伊拉克一段必要且有价值的孕育期，以便对全新的现代政治和社会形态的要求与期待进行本土化的改造和适应。[2]

从费萨尔1921年登临伊拉克王位那一刻起，直到他十二年后于1933年去世为止，他都在努力运用开罗会议确认给他的权力，推动在伊拉克建立一个具有现代政治体制的国家，永久地消除多数人认定由奥斯曼帝国留下的有害影响。1922年达成的《英国—伊拉克条约》是这一进程中的重要一步，它使得伊拉克按照英帝国传统的渐进式宪政发展理论，获得了很大一部分民族独立。20世纪后半期，世界其他一些地方出现了激进的去殖民化进程；除了经济上的不宁和贫困之外，这一进程还在相当程度上使非洲很大一部分地区陷入了永久性的政治动荡与社会暴乱状态之中。[3]与此相比，作为伊拉克正确发展道路的半独立状态，就难以予以反驳。在费萨尔寻求对其新政权政治实践的现代化进程加以规范的时候，伊拉克独立初期的英国管理机构的持续存在具有明显的稳定作用，被视为某种形式的政府压舱石。在这个初期阶段，格特鲁德·贝尔心无遗憾地写道，“我不明白我怎么会想忍痛离开这个国家”；她的确从未这样做。[4]实际上，贝尔于1926年在她57岁的时候在巴格达去世，被葬于巴格达的圣公会墓地。贝尔去世后，她的坟墓被纪念并受到伊拉克人的长期关照。[5]贝尔去世后，劳伦斯在写给父亲的信中赞扬道：“伊拉克国家就是格特鲁德的纪念碑。”

费萨尔执政时期，其首要任务就是理解并改善伊拉克政治中的天然裂痕；最初，对这一情况的了解莫过于他的首席英国顾问贝尔。推进这一任务既令人生畏，也需持之以恒，但并非率性而为，也不是异想天开。毫无疑问，大部分伊拉克人宁愿看到这一局面，也不想在奥斯曼以及后来的英国的帝国宗主统治下生活；伊拉克人民经历这样的生活已有四百年的历史。无论是丘吉尔，还是劳伦斯、考克斯、贝尔，都没有把开罗会议通过的沙里夫方案，仅仅当作将英帝国对伊拉克的控制无限期延续下去的途径。英国与依宪政轨道向前发展的伊拉克保持良好的政府关系，同时至少在一段时间内通过这一关系维护自身的重大地区利益。这在国家间关系中并不罕见。特别是贝尔，她对伊拉克依靠自己的力量走向宪政感到十分高兴。在费萨尔去世一年之前，伊拉克在1932年赢得全面独立；如果当时贝尔还活着，她一定会为此喜不自胜。

开罗会议结束和他承继伊拉克王位之后，费萨尔立即着手创建并维系一个反映伊拉克政情的均衡代议制内阁。之后，像埃利·凯杜里这样的知名评论家批评称：费萨尔政权不过是一个虚假的封面；对他的忠诚只限于其内层小圈子，其中包括像贝尔这样的英国顾问人员；诸如库尔德人、犹太人和亚述人等少数民族在伊拉克社会一直饱受虐待，在伊拉克新政府中也没有自己的代言人。另外，凯杜里指出，民主、多元、文明、平等及其他现代政治生活的标准用语，在伊拉克只不过是局限于城镇，而且主要是限于巴格达的西方花样文章，在伊拉克广大乡村并无吸引力。[6]可以肯定的是，贝尔自己对这一问题感到忧心忡忡。她在1920年曾对时任印度事务大臣埃德温·蒙塔古阐明，一个新的伊拉克政府，“要阻止广大的乡村居民被一群巴格达先生所操控，这可能是所有任务中最困难的一个”[7]。

无可否认的是，凯杜里据以立论的事实确有其事，这是毋庸置疑的。然而，同样清楚的是，尽管最终未能成功，费萨尔至少曾试图改变伊拉克的这些政治现实。[8]非常明确的是，无论是伊拉克的民族主义精英，还是其大部分国民，都不能且不会去理解和接受现代大众政治理念。1933年去世前不久，费萨尔痛心地表示：“现在仍然没有伊拉克人民，有的只是一大群缺乏爱国情怀的芸芸众生。”[9]为了推进现代意义上的大众民族主义，去打破伊拉克传统的等级制度和部落社会，是异常艰难的；或许，伊拉克的新政府没有为此采取足够强硬的措施。但最终，1921年之后被问起的突出问题是：在将伊拉克建设成一个现代国家问题上，究竟可以采取哪些措施，才能够设计出比开罗会议代表们所规划的政策更好的替代方案？对于那些试图标明伊拉克未来道路的人来说，到底有哪些可供选择的方案？如果真有什么不足的话，那就是：由于受西方民主、平等和社会文明等理念的激发，沙里夫方案的推动者们满怀崇高理想，过于轻易地相信自己有能力在当地建立起一个能够在本土落地生根的现代政府。贝尔认为，在奥斯曼统治之下的伊拉克，有关政治进步的任何只言片语都显滑稽；但她同时谨慎指出，除非英国有关伊拉克治理的计划反映出对开展政治改革的能力有实事求是的把握，否则，推动伊拉克的政治进步落地生根“在任何其他方面的统治之下，依然会是一场闹剧”[10]。她相信，开罗会议的代表们怀有一种理智的期待：如果妥为培育，在费萨尔的领导下，伊拉克的公民社会将会蓬勃发展。然而，经历大约十年这样的领导之后，沙里夫派在这一方面的乐观估计开始受到质疑。贝尔在伊拉克政府的同龄人斯蒂芬·朗格里格后来尖锐地指出：“1932年，伊拉克政府的民主徒有其表。”[11]如果贝尔那时还活着，她很可能用手指着费萨尔的方向，对着他的顾问以及她本人进行指责。正如她在1920年曾经评论说：“如果不加约束，英国官员将会创建一套适合他们自己但未必适合阿拉伯人的机构，其结果是，当阿拉伯人迟早有一天必须掌握政权的时候，一切工作都必须要重新来过。”[12]

清楚的是，开罗会议的代表们在他们制定的计划中做过了头儿，他们高估了费萨尔的领导能力，也不切实际地以为伊拉克政治文化能够升至其铁杆民族主义者们所设想的水平，他们还未能创建一个库尔德国家。另外，当时的世界充斥着现代大众民族主义的语言和期待，这个世界所提出的国际期待或要求，对于新生的伊拉克国家来说，几乎是不可能满足的。如同后来所证明的那样，超越内部文化差异是一项艰巨任务，在这一方面，英国和费萨尔或许可以更加有所作为。1921年开罗会议选定由费萨尔担任伊拉克国王，很可能展示了英国眼光远大的政治谋略。一方面是英国的过度自信，另一方面是伊拉克自身领导品质与民族主义政治阶层的狭隘本性，开罗会议扶植费萨尔之举的预期后果，最终是不可能在两者并行不悖的情况下得以实现的。但是，如同一些人所做的那样，将开罗会议的结局仅仅描绘为“丘吉尔的蒙昧”或“炙热空气、阿拉伯人与飞机”，看起来并不能解读1921年开罗会议的严肃意图。[13]

如果将重点转向约旦，开罗会议持续的历史影响又是什么呢？卷帙浩繁的丘吉尔文档中有一篇讲话，其中包含着一条线索。这篇讲话是丘吉尔于1936年3月递交给议会众议院的，丘吉尔在其中写道：“埃米尔阿卜杜拉目前在外约旦，我是在一个星期天的下午于耶路撒冷将他安置在那里的。”[14]确实，在那个时候，在其被确认为外约旦国王十五年之后，阿卜杜拉在安曼安定了下来。这一描述，反映了典型的丘吉尔风格，但也指出了在其就职之后的一代人时间里，沙里夫政权在外约旦获得了相对的成功并得以延续。进而言之，今天的约旦是中东地区创建于第一次世界大战之后，一直存续到21世纪的唯一君主制国家。同样值得关注的是，约旦政权是在哈希姆王朝同一族脉之下延续的，当前在位的阿卜杜拉二世是这一家族的第四代，是1921年由丘吉尔和开罗会议扶植为王的阿卜杜拉的曾孙。[15]劳伦斯长期以来低估了阿卜杜拉的能力。阿拉伯起义前夕，他曾尖酸地评论阿卜杜拉是“一个小题大做”的人。具有讽刺意味的是，正是他的后裔成功实现了开罗会议赋予沙里夫家族的使命，并通过他的机构在中东地区维持了最为稳定的国家之一。[16]

1921年4月11日劳合·乔治政府提出创建“外约旦酋长国”，相关工作正式启动；在此之前，英国并没有就外约旦的发展结局问题进行认真的筹划。在历史上，在奥斯曼统治之下，现代约旦曾是一片人烟稀少的土地；在20世纪20年代早期，人口总数大约是22.5万人。另外，它还缺少清晰的边界图标，也没有所谓的“民族情感”，更不用说更为进步的现代政治意义上的民族主义理念了。同时，外约旦的周边邻国均是幅员大、国力强的国家。[17]尽管多年之后，阿卜杜拉在1951年访问耶路撒冷期间遭到暗杀，但外约旦完好无损地度过了20世纪20年代的十年并得以延续发展。暗杀阿卜杜拉的杀手是一名心怀不满的巴勒斯坦的阿拉伯人，他把阿卜杜拉及其政权视为彻底的叛徒。在相当程度上，约旦的延续和稳定既得益于其在1921年创建时的空白状态，又得益于其特定的发展模式：在这一模式下，阿卜杜拉依靠英国的坚定支持，逐步地给这个国家打上了个人统治的烙印。从人口结构上看，这个国家的逊尼派穆斯林占有压倒性优势，还有一小部分什叶派穆斯林以及切尔克斯人、亚美尼亚基督徒等少数族裔。约旦的民族历史也总是与巴勒斯坦以及1948年之后的以色列的历史联系在一起。外约旦与巴勒斯坦这两个国家基本上是在同一时间，肩并肩地建立起来的；尽管相互关系有时高度紧张，但它们在建国过程中培育起了相互间的包容。例如，双方之间围绕约旦河西岸的主要争执延续了很久，直到1988年约旦正式宣布放弃对这块土地的声索。

从1921年到1946年，在其建国后的第一个四分之一世纪，外约旦一直处于英国委任统治的监管之下。[18]然而，在这些年中，这个国家拥有相当程度的自主权，直到1946年签署《伦敦条约》，承认了外约旦的全面独立。三年之后的1949年，国家名称正式改为“约旦哈希姆王国”。在二十五年的英国委任统治之下，约旦从一个狭小落后的沙漠上的准国家，发展成为一个更为进步且稳定的现代国家。在这一过程中，阿卜杜拉曾努力推进，谋求获得更大的自治权甚至独立，但从维护内部和地区稳定的利益着眼，英国直到1946年才予以放手。

在这一过程中，英国根据国际要求，担负作为委任统治国的责任。阿卜杜拉作为国王的个人稳定，由英国通过行政机构和以阿拉伯军团形式存在的军事力量予以保障。历史学家戴维·菲尔德豪斯曾客观地对此进行了评述，他写道："军团在某种意义上是这个国家的核心；没有军团，就没有国家。"他还正确地指出，约旦的稳定与生存，在很大程度上要归功于阿卜杜拉国王以及之后侯赛因国王领导的延续性。同时，早期阶段约旦与巴勒斯坦/以色列之间实质性的合作也是非常重要的，1948年之后约旦政府雇用被驱逐的巴勒斯坦人就是其中的一例。但是，菲尔德豪斯强调，阿拉伯军团高标准的军事效能及其对君主立宪政府的绝对忠诚才是决定性的一环。他总结道："军队忠诚的传统或许是英国馈赠给约旦的最好礼物。"然而，尽管具有这些稳定作用，但在约旦，军事力量时不时会被当作压制性力量，这是这个国家政治生活中一个不受欢迎的事实。

菲尔德豪斯在这一点上的观点具有说服力。但需要指出的是，对于后来成功成为中东地区政治上相对文明的堡垒国家而言，1921—1922年，约旦现代史中的这个初创阶段同样是不可或缺的。1921年秋天，劳伦斯用了四周时间与阿卜杜拉在一起，说服他确信外约旦沙里夫实验方案的可行性，这一方案是在开罗会议上敲定的。1922年1月，劳伦斯在写给英国政府的总结报告中，明确表示他对阿卜杜拉抱有信心。然而，劳伦斯建议要安排警告措施，比如，英国的补贴只能通过英国自己在外约旦的代表向其支付，而不能直接向阿卜杜拉本人提供。最终，作为劳伦斯正式予以支持的人选，阿卜杜拉是称职的；这位新任埃米尔，继续并完成了开罗会议确定的沙里夫方案，在外约旦实现了长期的政局稳定和民族独立，他一直是开罗会议上做出的最佳选择。就在其于1922年初提交报告的时候，劳伦斯却在迅速地逃脱其作为军人外交官的个人生活。丘吉尔说服他比原计划多留任一段时间，但他最后还是选择离开。这样，3月1日，劳伦斯离开白厅。在他的心里，开罗会议的相关工作已经完成了。毫无疑问，约旦后来的长期稳定状态，主要是丘吉尔和劳伦斯这两位主要执行者敏捷和有预见性的工作的结果。

开罗会议地缘政治三联画的最后一幅——巴勒斯坦的情况如何呢？巴勒斯坦因创建外约旦而受到削减，同时也不是沙里夫方案的直接组成部分，但它是第一次世界大战后英国对中东总体政策中不可或缺的一环。开罗会议结束之初，英国关于巴勒斯坦未来政治发展的计划没有发生变化。丘吉尔和劳合·乔治坚定支持英国政府兑现1917年作出的承诺：为犹太人在巴勒斯坦建立一个民族家园。尽管在巴勒斯坦出现了反对这一动议的强硬外交抗议和公开的街头抗争，但两人仍然坚持确认《贝尔福宣言》在此方面宣示的政策。从1920年4月国联授予英国对巴勒斯坦实施委任统治权力那时起，一直到英国在1923年9月正式接手对这片土地的控制，战后"敌区被占领土管理当局"一直担负着管理职责。赫伯特·塞缪尔爵士作为英国高专在此地工作了五年，直到1925年卸任；在此期间，主要由于受到阿拉伯人的抵制，塞缪尔创立一个代表制立法委员会的努力遭到断然拒绝。最终建立并取而代之的是一个较小的顾问委员会。著名帝国学者威廉·罗杰·路易斯评论称，"巴勒斯坦是英国帝国统治历史中的最大失败"，巴勒斯坦持续不断的暴力、压迫以及现代国家以色列境内阿拉伯居民所承受的不文明待遇，都为这一谴责性的评论提供了充足证据；如果是这样，开罗会议该为这一失败承担什么责任呢？[19]

中东现代史中的这个片段，至今依然备受指责、饱受争议；如果有人要想对这段历史进行回顾，他将非常清楚地意识到其正在进入一个历史及历史学上的雷区。从英国实施委任统治到1948年的这段时期，巴勒斯坦——主要是其阿拉伯人口——究竟做错了什么？有关这一问题，已有太多的精力和智慧投入进去，还有太多的文字写就成章，以至于新的研究者不知从何说起。因此，本书试图限制对20世纪20年代初期和中期据认为与开罗会议有直接联系的重大事件发表评论。在这方面，开罗会议可以被视为更广泛的战后地区政策框架中的一部分，其意图最终指向了现代意义上的国家构建，包括阿拉伯国家和巴勒斯坦境内的阿拉伯—犹太国家。

对于英国政府和许多其他国家来说，1919年的巴黎和会开启了一系列事件，导致了国联的建立，圣雷莫会议的召开，国际委任统治制度的创立和《洛桑条约》的签署。这些事态发展，在国际体系内开启了新一代的西方统治方式，标志着传统的区域性帝国已明确转向20世纪20年代的大国托管。[20]事后看，从帝国转向托管，之后又走向去殖民地化和独立，常被视为20世纪历史中一种流动交替的现象。但如此一来，就等于是把帝国动态框限制在史家为重、回溯过往的范围之中。在20世纪20年代的初期，这样清晰的历史进程没有也不可能得以辨别。同时，确实鼓舞同时代决策者的是那种以民族主义者—受托人模式创建新国家或重组既有国家的愿望，这一模式先是于1919年在巴黎，后又在许多年之后于世界各地得到广泛认可。

这一新范式，虽然不能对国际体系进行完美控制，但确实是强有力的，而且对某些人有日益上升的吸引力；对这些人来说，即便是确实保留了一种可以承担的有价值的国际职责，当代帝国的延续也只是发挥监护作用。在很大程度上，英国对这一新兴的帝国晚期时代精神的反应，是继续按着自身创立已久的殖民主义准则行事。也就是说，英国选择重点关注特定的地方，在那里，英国保留了践行宪政渐进主义和权力下放的代议制政府的帝国责任。有时，英国政府运用这一实践应对反殖民主义暴力的直接挑战，有时则不是这样。英国这方面的案例，在那时或将很快在印度（《蒙塔古—切姆斯福德改革方案》）、爱尔兰（1921年的《英爱条约》）和埃及（1922年的《艾伦比声明》）得以展现。几年之后，1926年的《贝尔福宣言》对加拿大和澳大利亚等英帝国的老成员（所谓的自治领）发挥了类似作用，英国据此扮演着同样的守护帝国的角色；1931年，在1926年《贝尔福宣言》的基础上又颁布了《威斯敏斯特法令》。同时，英国人还关注着他们的帝国是否还继续服务于其守护帝国身份之外的特殊利益。显然，英帝国还在这样做，英国对苏伊士运河保持长期的战略控制就说明了这一点。英国曾采取行动，寻求推动重组“一战”后中东地区地缘政治版图；毫无疑问，理解那时英国此类行为的最可靠办法，就是承认国际利益、民族利益与帝国利益的交织重叠。[21]

关于委任统治下巴勒斯坦的未来前景，英国起初抱有乐观态度，就像其对伊拉克和外约旦的看法一样。确实，乐观估计成为当时在伦敦的压倒性主流看法，相关方面认为：巴勒斯坦民族与宗教分裂的基本问题，最终可以通过民族间的和解与渐进式的权力下放得以解决；渐进放权是英国传统海外统治中行之有效的一大特征。当然，也有人坚定而尖锐地否认委任统治下的巴勒斯坦可以解决自己的问题；但反对这种观点的人同样坚定地认为，作为一个新兴的现代国家，巴勒斯坦可以正常运行。正是这一乐观看法，促动中东局形成了其关于委任统治下的伊拉克与外约旦未来向何处发展的观点。现在回头看，这样的思路未免过于天真。或者，换个角度，这样的思路也反映了蕴含在西方傲慢、家长作风或帝国权力运用中的自负与自信。在那个时候，英国人坚定地秉持一种心存高远的立场：巴勒斯坦可以被转变为一个有序、包容的国家，在这个国家里，阿拉伯人和犹太人以及基督徒能够在一个有宪法保证的相互礼遇的社会中共同生活。

但是，英国政府内部始终存在着不一致的声音和警告之声。例如，时任外交大臣寇松勋爵就是一位对英国现行巴勒斯坦政策持反对意见的人。1920年3月，他毫无忌讳地写道："犹太复国主义者寻求建立一个犹太人的国家，把阿拉伯人当作苦力……我想给阿拉伯人一个机会，我不想要一个希伯来人的国家。"[22]在英国有权势的决策者中，他并不是唯一持这一观点的人。如我们所知，艾伦比勋爵在这一地区比寇松有更多的切身经验，完全接受寇松的核心观点，尽管他在这一问题上的表态更为谨慎。[23]正是由于这种英国人普遍坚信的成功把握，他们才坚持在巴勒斯坦推进相关政策。他们似乎对自己构建国家和解决政治问题的能力充满不容置疑的自信，而不管相关的事项发生在世界上的哪个角落，也不管他们置身于何种历史条件之下。例如，这样的自信就体现在耶路撒冷军事长官罗纳德·斯托尔斯爵士雄心勃勃的用辞之中。1921年，他在有关英国对巴勒斯坦委任统治的一篇演说中说道："我可以大胆预言，如果我们能够在源头上把三大宗教的首领与信众调和或团结到一起，那么来自犹太民族的愈合民族纷争的声音就可能会再次抬头。如果事态发展确是如此，那么英国在其中发挥的作用将是其最重要的成就。"[24]

如果就像路易斯指出的那样，分裂巴勒斯坦的决定是英国帝国史上所做出的最糟糕的决定，那么这一决定便是在1921年的开罗、在天真和不现实的想法指导下做出的。为了解决那些当时就显示出几乎不可能解决的问题，英国的委任统治严重衰退。他们努力在巴勒斯坦推进国家构建，但最终归于失败，遭受挫败的部分原因源于一个古老的帝国难题：如何对充满挑战的边缘地带实施有效的中央控制。[25]更为尖锐的是，1917年以后，对《贝尔福宣言》坚定不移的支持使英国背负起一系列行动，这些行动只能以巴勒斯坦的阿拉伯人的灾难而告终。1921年夏天，贝尔曾有预见性地写信给她的父亲称："他们把我们视为推进泛阿拉伯主义的最大希望……但我担心我们未来会因为我们在巴勒斯坦对犹太复国主义和在叙利亚对法国的支持而受到阻碍，这两种支持与泛阿拉伯政策并不相容。"[26]

如果试图更为全面地理解开罗会议在中东现代史中的地位，最根本的是要理解，这一事件主要反映了英国当时不可抗拒的急迫任务，即重塑和重振其委任统治地域的政治局面。英国努力推进这一事项的方式在理论上堪称心怀抱负，而在实际上却无法实现。委任统治下的巴勒斯坦在20世纪20年代的后期和20世纪30年代陷入失序状态，恐怖主义活动在20世纪40年代时有发生，它由此成为开罗会议地区蓝图令人沮丧的范例，体现了当地的社会政治痼疾。同样，人们在伊拉克可以循到类似的轨迹。

只有在约旦，沙里夫方案才可以说是名副其实并获得了相当的成功。在试图开创一个受到欢迎且有进步意义的中东现代政治发展进程的努力中，人们有理由把开罗会议看作"一战"后在推进国家构建方面的一次曾经的开明和普世性的尝试。因此，召开开罗会议的设想与“一战”后和20世纪20年代依托会议解决棘手国际问题的理念是相符的。在这一过程中，开罗会议代表对中东未来发展的信心，一点也不比两年前的1919年巴黎和会上的代表们差；从更为宽泛的意义上看，开罗会议的代表们相信自己正在建设一个公正而持续的世界秩序。正如历史学家戴维·坎纳丁所指出的，开罗会议的推动因素既带有“浪漫色彩”，又呈现“等级思维”，但这并不一定会增加实现会议结果的难度。[27]

实际上，在会议结束后乘火车从开罗返回巴格达的路上，贝尔就曾写信给她的一位朋友称：“会议的成果非常有趣！如果我们成功完成，我们就将在世界上发挥重要影响，会议将成为全新事物的起点，我们可以将这些新事物当作样板。让我们祈祷，此次会议不会成为一个警训。”[28]今天，一百年过去了，我们难以回避这样的结论：开罗会议对“一战”后中东地缘政治形势所制定方策的多方面失败，意味着错过了一个大好机会，这一失败的严重后果直到今天还在影响着我们。

注　释

前　言

1. 参见《英国对阿拉伯世界政策的基础：1921年开罗会议》(*Foundations of British Policy in the Arab World: The Cairo Conference of 1921*)。这是一部研究开罗会议的著作，质量上乘，但已过时且不够全面。开罗会议的历史(研究或深或浅)在“一战”后中东历史的研究中占据了很大篇幅，其中包括：《劳伦斯在阿拉伯：战争、欺骗、帝国迷思与现代中东的形成》(*Lawrence in Arabia: War, Deceit, Imperial Folly and the making of the Modern East*)；《沙地寻踪：英国、法国和塑造中东的较量》(*A Line in the sand: Britain, France and the Struggle That Shaped the Middle East*)；《丘吉尔的蒙昧：丘吉尔是如何创建现代伊拉克的》(*Churchill's Folly: How Churchill Created Mordern Iraq*)；《丘吉尔与伊斯兰世界》(*Churchill and the Islamic World*)；《终结和平的和平：奥斯曼帝国的垮台和现代中东的创建》(*A Peace to End All Peace: The Fall of the Ottoman Empire and the Creation of the Modern Middle East*)；《大势已去：帝国及其中东遗产》(*The Poisoned Well: Empire and Its Legacy in the Middle East*)；《在英国—阿拉伯迷宫之中：麦克马洪—侯赛因通信及其解释，1914—1939》(*In the Anglo-Arab Labryinth: The McMahon-Husayn Correspondence and Its Interpretations 1914-1939*)；《英国人做了什么：中东二百年》(*What the British Did: Two Centuries in the Middle East*)；《国王缔造者：现代中东的创建》(*Kingmakers: The Invention of the Modern Middle East*)。
2. 参见《艾伦比：构建现代中东》(*Allenby: Making the Modern Middle East*)。
3. 参见埃德蒙·艾伦比1921年2月24日致凯瑟琳·艾伦比的信，

AP1/12/13。CHAR17/19。

4. 参见*A Line in the sand*，p.121。
5. 参见《守卫者：国联与帝国危机》(*The Guardians: The League of Nations and the Crisis of Empire*)。
6. 参见《未经宣布的帝国：英国在中东，1918—1939》(*An Undeclared Empire: The British in the Middle East，1918-39*)，p.173。
7. 参见格特鲁德·贝尔1921年2月24日、3月25日致弗洛伦斯·贝尔的信，GBA。
8. 参见T.E.劳伦斯1921年3月20日致萨拉·劳伦斯的信，*TEL.Letters*，p.197。
9. 参见《巴黎1919：改变世界的六个月》(*Paris 1919: Six Months That Changed the World*)。亦见*The Guardians*。

第一章　第一次世界大战时期的中东

1. 进入大马士革的顺序后来产生争议。参见《埃利·凯杜里与大马士革的占领，1918年10月1日：重新评估》(Elie Kedourie and the Capture of Damascus，1 October 1918：A Resssessment)。
2. 参见《阿拉伯劳伦斯的战争：第一次世界大战中阿拉伯、英国与中东的重塑》(*Lawrence of Arabia's War: The Arabs，the British and the Reamaking of the Middle East in WWI*)，p.449。引自《阿拉伯的劳伦斯：授权自传》(*Laerence of Arabia: The Authorized Biography*)，p.561。
3. "白日做梦的人是危险的人，因为他们可能睁着眼睛去追求梦想，去实现梦想。这正是我所做的。"《智慧七柱：一场胜利》(*Seven Pillars of Wisdom: A Triumph*)标题页。
4. 参见埃德蒙·艾伦比1918年10月3日致梅布尔·艾伦比的信，AP1/9/12 and 17 October 1918，AP1/9/15。
5. 参见*Seven Pillars of Wisdom*，p.683。
6. 参见《1918年10月3日在大马士革维多利亚酒店会见埃德蒙·艾伦比爵士和费萨尔埃米尔》(Meeting of Sir Edmund Allenby and the Emir Feisal at the Hotel Victoria，Damascus，on Oct.3rd，1918)，Harry Chauvel，

AP2/5/17。

7. 参见《为BBC回忆劳伦斯，1941年7月14日》(Reminiscences of T.E.Lawrence for the BBC，14 July 1941)，Pierce Joyce，JP 2/19/1—4。

8. 参见*Seven Pillars of Wisdom*，p.683。

9.《为BBC回忆劳伦斯，1941年7月14日》，JP 2/19/1—4。

10. 参见《英国权势的衰落》(*The Collapse of British Power*)，第1章。

11. 参见《布尔战争史》(*The Boer War: A History*)，第1—2章。

12. 参见《奥斯曼人的垮台：一战在中东》(*The Fall of the Ottomans: The Great War in the Middle East*)，第1—2章。亦见《大博弈：高亚洲的秘密工作》(*The Great Game: On Seret Service in High Asia*)。

13. 参见《1918年10月3日在大马士革维多利亚酒店会见埃德蒙·艾伦比爵士和费萨尔埃米尔》。

14.《英国在中东地区的非正式帝国》(Britai's Informal Empire in the Middle East)，Glen Balfour-Paul，见《牛津英帝国史：第4卷，20世纪》(*The Oxford History of the British Empire: Volume IV, The Twentieth Century*)，pp.490—514。亦见《一战与中东》(*The Great War and the Middle East*)，第1章。

15. 参见《戈登：维多利亚的英雄》(*Gordon: Victorian Hero*)，第7章。

16. 参见《沙漠反叛：考古学、劳伦斯与阿拉伯起义》(*Desert Insurgency: Archaeology, T.E.Lawrence and the Arab Revolt*)，第4章。

17. 参见The Origins of the Anglo-French Condominium in Egypt，1875—1876。

18. 参见《丘吉尔的一生》(*Churchill: A Life*)，pp.260—261。

19. 参见《欧洲政治家：爱德华·格雷爵士的一生》(*Statesman of Europe: A Life of Sir Edward Grey*)。

20. 参见《基奇纳：英雄与反英雄》(*Kitchener: Hero and Anti-Hero*)，pp.190—191。

21. 引自《重新规划中东：马克·赛克斯爵士、帝国主义与赛克斯—皮科协定》(*Redrawing the Middle East: Sir Mark Sykes, Imperialism and the Sykes—Picot Agreement*)，p.19。基奇纳对现代中东地理的理解并不准确，当今的卡尔巴拉位于巴格达以南大约60英里的伊拉克中部。

22. 参见《伊拉克的费萨尔一世》(*Faisal I of Iraq*)，p.60。

23. 参见*Statesman of Europe*，p.474，55。亦见《第一次世界大战期间的阿拉伯运动》(*The Arab Movements in World War I*)。
24. 例如，维克托·卡坦在《从共处到征服：国际法与阿拉伯—以色列冲突的起源，1891—1949》(*From Coexistence to Conquest: International Law and the Origins of the Arab—Israeli Conflict，1891—1949*)一书中对此进行过阐述。与此相反的观点可参见《在英国—阿拉伯迷宫之中：麦克马洪—侯赛因通信及其解释，1914—1939》。
25. 参见《驻开罗高专亨利·麦克马洪爵士阁下与麦加沙里夫·侯赛因之间的通信，1915年7月-1916年3月》。(*Correspondence between Sir Henry McMahon，His Majesty's High Commissioner at Cairo and the Sherif Hussein of Mecca，July 1915—March 1916*)，London，H.M. Stationary Office，Cmd 5957，Miscellaneous No. 3 (1939)。
26. 参见*Faisal I of Iraq*，p.74。
27. 有关劳伦斯生平的研究作品数量很多。关于其成长期的这段描述，我主要借助的是杰里米·威尔逊的《阿拉伯的劳伦斯》(*Lawrence of Arabia*)第1—4章和安东尼·萨丁的《青年劳伦斯：一个年青人的传奇画像》(*Young Lawrence: A Portrait of the Legend as a Young Man*)第79页所引用的资料。
28. 参见《柏林—巴格达快车：奥斯曼帝国与德意志对世界权力的追逐》(*The Berlin-Baghdad Express: The Ottoman Empire and Germany's Bid for World Power*)。
29. 参见*Desert Insurgency: Archaeology，T.E. Lawrence，and the Arab Revolt*，p.52。亦见《战争中的阿拉伯劳伦斯：沙漠战役，1916—1918》(*Lawrence of Arabia on War: The Campaign in the Desert 1916—18*)，第14章。
30. 格特鲁德·贝尔1911年5月18日致家人的信，见*The Letters of Gertrude Bell Volume 1*，p.305。
31. 参见*The Fall of the Ottomans*，第1章。
32. 关于奥斯曼人此时的脆弱性，可参见《奥斯曼的最后时刻：战争、革命与现代中东的构建，1908—1923》(*The Ottoman Endgame: War，Revolution，and the Making of the Modern Middle East，1908—1923*)。
33. T.E.劳伦斯1913年4月5日致埃米莉·里德的信，参见戴维·加内特编辑的《T.E.劳伦斯信函》(*The Letters of T.E.Lawrence*)，p.152。亦见T.E.劳伦斯致无名者的信，未注明时间，出处同上，p.181。

34. 参见*Seven Pillars of Wisdom*，p.661。
35. 参见马尔科姆·布朗编辑的《T.E.劳伦斯信函》(*The Letters of T.E. Lawrence*)，p.75。
36. T.E.劳伦斯1916年10月5日致家人的信，M.R.劳伦斯编辑的《T.E.劳伦斯及其兄弟的家书》(*The Home Letters of T.E. Lawrence and his Brothers*)，p.115。
37. 引自《罗纳德·斯托尔斯爵士回忆录》(*The Memoirs of Sir Ronald Storrs*)，p.204。
38. 参见*Seven Pillars of Wisdom*，p.92。亦见*Lawrence of Arabia's War*，第9—10章。
39. 参见《阿拉伯战术笔记》(Notes on Arab Tactics etc)，未注明时间，Pierce Joyce，JP 2/17。
40. 参见*Allenby*，p.42。亦见*Seven Pillars of Wisdom*，p.330。
41. 参见埃德蒙·艾伦比1917年7月19日致威廉·罗伯逊的信，RP 8/1/64。
42. 参见《从加沙到耶路撒冷：南巴勒斯坦战役，1917》(*From Gaza to Jerusalem: The Campaign for Southern Palestine 1917*)。
43. 参见埃德蒙·艾伦比1917年12月11日致梅布尔·艾伦比的信，AP 1/8/32。
44. 参见*The Fall of the Ottomans*，pp.350—353。亦见*A Peace to End All Peace: The Fall of the Ottoman Empire and the Creation of the Modern Middle East*，pp.305—314。
45. 参见《将军与绅士：艾伦比在耶路撒冷的大门口》(*A General and a Gentleman: Allenby at the Gates of Jerusalem*)。
46. 参见《为BBC回忆劳伦斯，1941年7月14日》，JP 2/19/1—4。
47. 参见《英雄：阿拉伯劳伦斯的生活与传奇》(*Hero: The Life and Legend of Lawrence of Arabia*)，第7章。亦见《第一次世界大战史》(*History of the First World War*)，p.439。
48. 参见《阿勒颇：叙利亚大商业城市的兴衰》(*Aleppo: The Rise and Fall of Syria's Great Merchant City*)，p.52。

49. 参见*Seven Pillars of Wisdom*, p.57。亦见《创建中东的人：帝国、冲突与赛克斯—皮科协定的故事》(*The Man Who Created the Middle East: A Story of Empire, Conflict and the Sykes—Picot Agreement*)。

50. 参见*Redrawing the Middle East*, p.20。

51. 参见*Kitchener*, pp.237—238。亦见*A Line in the Sand*, p.31。

52. 后来，列宁领导下取得胜利的革命的布尔什维克公开批判《赛克斯—皮科协定》，并宣布新成立的苏联不受该协定条款的约束。

53. 参见*A Line in the Sand*, p.33。亦见《英国与阿拉伯中东：第一次世界大战及其后果》(*Britain and the Arab Middle East: World War I and Its Aftermath*), pp.198—199。

54. 参见《基督教犹太复国主义的起源：基督教福音派对犹太人家园的支持》(*The Origins of Christian Zionism: Evangelical Support for a Jewish Homeland*), p.380。作为一项公众事业，基督教犹太复国主义在维多利亚时代稳定生长。1841年2月23日，塔斯马尼亚霍巴特出版的《殖民时报》上刊发了一篇题为《为犹太人重返巴勒斯坦致欧洲新教君主的备忘录》(Memorandum to the Protestant Monarchs of Europe for the Restoration of the Jews to Palestine)的文章，该文成为基督教犹太复国主义得以发展的先兆。

55. 参见《阿斯奎斯》(*Asquith*)，第27章。亦见《来自威尔士的粗汉：第一次世界大战前劳合·乔治的生涯》(*Bounder from Wales: Lloyd George's Career Before the First World War*), p.13。

56. 参见《哈伊姆·魏茨曼传》(*Chaim Weizmann: A Biography*), pp.320—321。伦纳德·斯坦的《贝尔福宣言》标题页。亦见《犹太复国主义者的伪装：英国—犹太复国主义者联盟的产生，1914—1918》(*The Zionist Masquerade: The Birth of the Anglo-Zionist Alliance, 1914—1918*)。

57. 参见*Lawrence of Arabia*, p.502。亦见国王乔治五世1918年9月23日致艾伦比勋爵的信，AP 1/9/9。

58. 参见《末代奥斯曼与现代中东的构建》(*The Last Ottoman Generation and the Making of the Modern Middle East*)。亦见*TEL Letters*, p.164。

第二章 1918年后的中东外交

1. 参见马修·休斯编辑的《艾伦比在巴勒斯坦：陆军元帅艾伦比子爵的中东通信，1917年6月—1919年10月》(*Allenby in Palestine: The Middle East Correspondence of Field Marshal Viscount Allenby June 1917—October 1919*)，pp.199，201—202。
2. 参见埃德蒙·艾伦比1918年10月17日致梅布尔·艾伦比的信，AP 1/9/15；埃德蒙·艾伦比1918年10月15日致梅布尔·艾伦比的信，AP 1/9/14；埃德蒙·艾伦比1918年10月23日致亨利·威尔逊的信，WP 2/33A/28。
3. 参见*Allenby in Palestine*，p.212。
4. 参见埃德蒙·艾伦比1918年10月19日致亨利·威尔逊的信，WP 2/33A/28；埃德蒙·艾伦比1918年11月9日致亨利·威尔逊的信，WP 2/33A/29；埃德蒙·艾伦比1918年11月11日致凯瑟琳·艾伦比的信，AP 1/9/17。
5. 参见*Allenby in Palestine*，p.215。亦见*Lawrence of Arabia*，p.571。
6. 参见*A Line in the Sand*，p.69。
7. 参见*The Letters of T.E. Lawrence*，p.161。
8. 参见*Lawrence of Arabia*，p.571；亦见*Faisal I of Iraq*，pp.157，167—168。
9. 引自亨特·米勒的《巴黎和会日记》(*My Diaries of the Conference of Paris*)，第15卷，pp.507—508。
10. 参见埃德蒙·艾伦比1918年10月19日致亨利·威尔逊的信，WP 2/33A/28。
11. 引自*Faisal I of Iraq*，pp.170—171；另引自*Redrawing the Middle East*，p.221。
12. 参见埃德蒙·艾伦比1918年11月9日致亨利·威尔逊的信，WP 2/33A/29；埃德蒙·艾伦比1918年12月14日致亨利·威尔逊的信，WP 2/33B/4；亨利·威尔逊1918年12月7日致埃德蒙·艾伦比的信，WP 2/33B/1。
13. 参见*Allenby in Palestine*，pp.220，224。
14. 参见《艾伦比：士兵与政治家》(*Allenby: Soldier and Statesman*)，pp.

258—259。

15. 参见马克·赛克斯的《叙利亚、巴勒斯坦和亚美尼亚形势评估》(Appreciation of the Situation in Syria, Palestine, and lesser Armenia), KP GD40/17/37, ff. 28—29。

16. 参见*Redrawing the Middle East*, p.230。

17. 参见埃德蒙·艾伦比1919年2月4日致亨利·威尔逊的信, KP GD40/17/37, f.30。

18. 引自*Allenby: Soldier and Statesman*, p.259。

19. 参见*Paris 1919*, pp.381—409。

20. 参见菲利普·克里1919年2月28日致戴维·劳合·乔治的信, KP GD40/17/1234。

21. 参见*Paris 1919*, p.xxv。

22. 参见埃德蒙·艾伦比1919年3月21日致梅布尔·艾伦比的信, AP 1/10/7。

23. 引自《帝国战士：陆军元帅艾伦比子爵的生活与时代, 1861—1936》(*Imperial Warrior: The Life and Times of Field-Marshal Viscount Allenby 1861—1936*), p.185。

24. 参见*Paris 1919*, p.394。

25. 参见《被忘记的美国中东提案：1919年的金—克兰委员会》(*America's Forgotten Middle East Initiative: The King—Crane Commission of 1919*)。

26. 参见*Allenby in Palestine*, pp.228—229, 232。

27. 引自《英国、埃及与中东：1918—1922年战争之后的帝国政策》(*Britain, Egypt and the Middle East: Imperial Policy in the Aftermath of War 1918—1922*), p.83。

28. 参见埃德蒙·艾伦比1919年3月21日致梅布尔·艾伦比的信, AP 1/10/7。

29. 参见*Paris 1919*, p.392。

30. 参见*Faisal I of Iraq*, 第12章。

31. 参见埃德蒙·艾伦比1919年5月17日致亨利·威尔逊的信, WP 2/33B/16。

32. 参见《西方帝国主义在中东, 1914—1958》(*Western Imperialism in the*

Middle East 1914—1958），p.61。

33. 参见埃德蒙·艾伦比1920年12月28日致凯瑟琳·艾伦比的信，AP 1/11/44。
34. 要全面了解国联“委任统治常设委员会”的历史，可参见下列图书资料：《守卫者：国联与帝国危机》；《劳特利奇手册：中东委任统治史》（*The Routledge Handbook of the History of the Middle East Mandates*）；《英国帝国主义的终结：围绕帝国、苏伊士和去殖民化的斗争》（*Ends of British Imperialism: The Scramble for Empire, Suez and Decolonization*），pp.251—290。
35. 参见威廉·思韦茨1920年5月5日致埃德蒙·艾伦比的信，FO 141/624/1。
36. 参见费萨尔致埃德蒙·艾伦比的信，未注明时间，大约是1920年6月，LGP F/59/10。
37. 参见*Faisal I of Iraq*，p.294；格特鲁德·贝尔1920年1月4日致埃德温·蒙塔古的信，KP GD40/17，f. 320。
38. 有关考克斯的传记资料主要取自《中东总督：珀西·考克斯爵士与帝国的终结》（*Proconsul to the Middle East: Sir Percy Cox and the End of Empire*）的第1章。
39. 参见*The Fall of the Ottomans*，第10章。
40. 参见《丘吉尔传》（*Churchill: A Biography*），p.220。
41. 《议会辩论》（*Parliamentary Debates*），1914年6月17日，引自*Churchill: A Biography*，p.261。
42. 引自《寇松：帝国政治家，1859—1925》（*Curzon: Imperial Statesman 1859—1925*），p.516。
43. 格特鲁德·贝尔1920年10月17日致休·贝尔的信，参见《格特鲁德·贝尔信函》，第2卷，p.131。
44. 参见《伊拉克史》（*A History of Iraq*），p.43。
45. 参见温斯顿·丘吉尔1921年2月7日致艾尔默·霍尔丹的信和艾尔默·霍尔丹1921年2月8日致温斯顿·丘吉尔的信，*WSC Companion*，pp.1337，1339。
46. 参见*Churchill: A Biography*，p.433；丘吉尔的1921年2月9日内阁会议

笔记，*WSC Companion*，pp.1342。

47. 参见格特鲁德·贝尔1920年1月4日致埃德温·蒙塔古的信，KP GD40/17/40，ff.320—326。
48. 参见《美索不达米亚民事管理问题评估报告》（*Review of the Civil Administration of Mesopotamia*）。
49. 引自纪录片《巴格达来信》（*Letters from Baghdad*）。格特鲁德·贝尔1920年1月4日致埃德温·蒙塔古的信，KP GD40/17/40，ff. 320—326。
50. 参见格特鲁德·贝尔1922年2月2日致休·贝尔爵士的信，GBA。

第三章　丘吉尔在殖民地事务部：为开罗会议做准备

1. 引自*Churchill: A Biography*，p.426。
2. 参见《帝国暴乱与走向独立之路：印度、爱尔兰与帝国危机》（*Imperial Violence and the Path to Independence: India, Ireland and the Crisis of Empire*）。
3. 参见*Allenby: Making the Modern Middle East*，第5章；*Churchill: A Biography*，pp.425—426，428。
4. 引自《温斯顿·S.丘吉尔，第4卷：苦难中的世界，1917—1922》（*Winston S. Churchill, Volume 4: World in Torment 1917—1922*），p.505。
5. 波特林姆尼公馆的主要建筑师赫伯特·贝克爵士，曾设计了南非的比勒陀利亚联合大厦以及塞西尔·罗兹位于格鲁特·舒尔的装饰豪华的开普敦宅邸。他的公寓在巴顿大街14号，在"一战"后曾供劳伦斯使用。
6. 参见《迷人的生活：菲利普·沙逊的非凡世界》（*Charmed Life: The Phenomenal World of Philip Sassoon*）。亦见《忘却或荣耀：1921年与温斯顿·丘吉尔的功业》（*Oblivion or Glory: 1921 and the Making of Winston Churchill*），pp.30—31。
7. 参见《埃尔金与丘吉尔在殖民地事务部，1905—1908：帝国与英联邦的分水岭》（*Elgin and Churchill at the Colonial Office 1905—1908: The Watershed of the Empire- Commonwealth*）。
8. 参见莫里斯·汉基1921年1月8日的日记，HP 1/5。

9. 托马斯于1919年3月间在纽约首次公映了他的旅行纪录片。他先后制作了六部此类纪录片，但只有两部用于商业放映。那年的春末，他在多伦多把两部影片做到极致，并于7月份转到伦敦西区进行了为期六个月的放映。后来，托马斯又把他的影片带到英帝国的所有主要首府和全美国的各个城市。到20世纪20年代末期，全球总计有超过400万人体味了“阿拉伯劳伦斯的传奇故事”。参见泰德·格伦撰写的文章《加拿大的劳伦斯》(Lawrence of Canada)。
10. 参见1920年4月的《斯特兰杂志》；亦见*Faisal I of Iraq*，p.180。
11. 引自*Hero: The Life and Legend of Lawrence of Arabia*标题页。
12. 参见*Lawrence of Arabia*，pp.620—621。
13. 参见*Gordon*，pp.79—80；*Kitchener*，p.194。
14. 参见T.E.劳伦斯1921年3月2日致W.S.布伦特的信，*TEL Letters*，p.196。
15. 引自*Lawrence of Arabia*，pp.621，643；亦见埃迪·马什1921年2月14日致温斯顿·丘吉尔的信，CHAR 17/15。
16. 参见《克莱门坦：丘吉尔夫人的一生》(*Clementine: The Life of Mrs Winston Churchill*)，p.138；亦见《丘吉尔：作为画家的一生》(*Churchill: His Life as a Painter*)，p.23。
17. 参见《香槟见底：丘吉尔和他的金钱》(*No More Champagne: Churchill and His Money*)；亦见《比弗布鲁克勋爵》(*Lord Beaverbrook*)。
18. 参见*Clementine: The Life of Mrs Winston Churchill*，p.138。可悲的是，玛丽戈尔德那年夏天死于脑膜炎。
19. 政府的大部岗位是指首相、财政大臣、外交大臣和内政大臣。
20. 参见A.H.M.柯克-格林撰写的文章《拉尔夫·多利根·弗斯爵士(1887—1973)》，见*Oxford Dictionary of National Biography*。
21. 参见1921年2月16日的《曼彻斯特卫报》，1921年3月4日的《时代周刊》。
22. 参见《当代伟人》(*Great Contemporaries*)，p.202。亦见*Curzon*，p.30。
23. 参见克莱门坦·丘吉尔1921年2月9日致温斯顿·丘吉尔的信，CHAR 1/139/11。
24. 参见《寇松勋爵：与超人旅行》(*Lord Curzon: Travels with a Superior*

Person）。

25. 参见温斯顿·丘吉尔1921年1月8日致寇松勋爵的信，*WSC Companion*，pp.1296。
26. 参见《寇松时期英国的对外政策，1919—1924》（*British Foreign Policy during the Curzon Period, 1919—24*），p.109。亦见寇松勋爵1921年2月14日致格雷斯·海因兹女士的信，*WSC Companion*，p.529。
27. 参见*Churchill and the Islamic World*，p.119。
28. 在丘吉尔担任殖民地事务大臣的同一天，2月13日，李（Lee）离开农业部，转任海军大臣。
29. 引自*Churchill: A Biography*，p.432。亦见温斯顿·丘吉尔致克莱门坦·丘吉尔的信，未注明时间，选自《窃窃私语：温斯顿与克莱门坦·丘吉尔的私人信件》（*Speaking for Themselves: The Personal Letters of Winston and Clementine Churchill*），p.224。
30. 参见拉姆利与拉姆利律师事务所1921年5月7日致温斯顿·丘吉尔的信，CHAR 1/151/29。亦见*Churchill and the Islamic World*，p.141。
31. 引自《马克·赛克斯：生活与信件》（*Mark Sykes: His Life and Letters*），p.vii。另引自*A Line in the Sand*，p.37。
32. 参见温斯顿·丘吉尔1921年1月12日致戴维·劳合·乔治的信，CHAR 16/71。亦见*Curzon*，p.520。
33. 1919年1月25日的《星期日先驱报》，引自*Churchill: A Biography*，p.947。
34. 参见温斯顿·丘吉尔1921年1月25日致戴维·劳合·乔治的信，*WSC Companion*，p.1324。亦见温斯顿·丘吉尔1921年1月12日致戴维·劳合·乔治的信，CHAR 16/71。
35. 参见温斯顿·丘吉尔致珀西·考克斯爵士的信，未注明时间，可能写于1921年2月中旬，CHAR17/18A—B。亦见《1921年3月12日至30日在开罗和耶路撒冷举行的中东会议报告》（以下简称《报告》）（Report on Middle East Conference Held in Cairo and Jerusalem, March 12th to 30th, 1921），CO 935/1，p.3。
36. 参见*Hero: The Life and Legend of Lawrence of Arabia*，p.507。亦见*Western Imperialism*，pp.86—87。亦见《美索不达米亚1920年的暴动》（*The*

Insurrection in Mesopotamia, 1920）。

37. 参见亨利·多布斯1919年10月5日致休伯特·扬的信，YP File 3。

38. 参见《第一次世界大战后英国中东政策的制定：劳伦斯与威尔逊学派》（*British Middle East Policy-Making after the First World War: The Lawrentian and Wilsonian Schools*），p.791。

39. 参见*Faisal I of Iraq*，p.315。亦见《英国、哈希姆家族与阿拉伯统治，1920—1925：沙里夫方案》（*Britain, the Hashemites and Arab Rule 1920–1925: The Sherifian Solution*）p.2。

40. 参见温斯顿·丘吉尔1921年2月16日致克莱门坦·丘吉尔的信，*WSC Companion*，p.1355。

41. 参见*Faisal I of Iraq*，p.320。亦见《近乎伟人：第六代温特顿伯爵的一生》（*Near to Greatness: A Life of the Sixth Earl Winterton*），p.19。

42. 参见《英国官员论巴勒斯坦形势，1923》（British Officials on the Situation in Palestine, 1923）。

43. 参见YP2 File 2。

44. 参见《独立的阿拉伯》（*The Independent Arab*）。劳伦斯在1927年7月的《圣尼古拉斯》杂志中被如此描述过。

45. 参见*Faisal I of Iraq*，p.317；另引自*Hero: The Life and Legend of Lawrence of Arabia*，p.510。

46. 参见温斯顿·丘吉尔1921年1月23日致阿瑟·赫泽尔的信，*WSC Companion*，pp.1320—1321。

47. 参见T.E.劳伦斯1921年1月17日致E.H.马什的信，出处同上，p.1314。

48. 参见《丘吉尔的帝国：造就他的世界与他造就的世界》（*Churchill's Empire: The World That Made Him and the World He Made*），pp.42—49。亦见《T.E.劳伦斯致其传记作者的信》（*T.E.Lawrence to His Biographers*），p.143。

49. 参见《恐怖之美：第一次世界大战中的英国艺术家》（*A Terrible Beauty: British Artists in the First World War*）。亦见*T.E. Lawrence to His Biographers*，p.143。

50. 参见休伯特·扬1920年12月30日致W.H.迪兹的信，YP File 3。

51. 参见约翰·沙克伯勒1921年2月25日致爱德华·马什的信，CHAR

17/18A—B。亦见*The Letters of T.E. Lawrence*，p.256。

52. 引自《英国与伊拉克，1914—1932》（*Britain in Iraq 1914—1932*），p.63。亦见*Faisal I of Iraq*，p.325。
53. 参见温斯顿·丘吉尔致珀西·考克斯爵士的信，未注明时间，可能写于1921年2月中旬，CHAR 17/18A—B。亦见《报告》，CO 935/1，p.3；T.E.劳伦斯致温斯顿·丘吉尔的信，未注明时间，大约是1921年2月17日，CO 732/3，f. 402。
54. 参见*Winston S. Churchill, Volume 4: World in Torment 1917—1922*，p.540。
55. 出处同上。
56. 参见《报告》，CO 935/1，p.156。亦见*Lawrence of Arabia*，pp.647，644。

第四章 "中东要人齐聚于此"：开罗十日第一幕

1. 温斯顿·丘吉尔1921年3月1日致珍妮·丘吉尔的信，见《心爱温斯顿：温斯顿·丘吉尔与其母亲间的四十年通信》（*Darling Winston: Forty Years of Letters Between Winston Churchill and His Mother*），p.560。
2. 丘吉尔在写给劳合·乔治的一份短笺中做了如此表示。在这份短笺中，丘吉尔感谢劳合·乔治为自己母亲的去世来信慰问。出处同上，p.562。
3. 引自*Clementine: The Life of Mrs Winston Churchill*，pp.140，432。
4. 参见温斯顿·丘吉尔1921年2月28日致埃德蒙·艾伦比的信，CHAR 17/18A—B。
5. 参见《报告》，CO 935/1，p.4。
6. 引自《旅游黄金时代的埃及大酒店》（*Grand Hotels of Egypt in the Golden Age of Travel*），p.29。亦见温斯顿·丘吉尔1921年2月28日致艾伦比勋爵的信，CHAR 17/18A—B。
7. 丘吉尔被任命为殖民地事务大臣以后，爱尔兰共和军发出了一系列针对丘吉尔的威胁，汤普森因此成为他的贴身保镖。两人相处愉悦，汤普森在1935年之前一直为丘吉尔服务。汤普森1939年退休后又被重新召回，并再次为丘吉尔服务，直到"二战"结束。有很多文字材料谈及他们的工作关系，特别是汤普森自己编写的《在斗牛犬身边：丘吉尔贴身保镖的温馨回忆》(*Beside the Bulldog: The Intimate Memoirs of Churchill's Bodyguard*)。

8. 参见《星期日泰晤士报》，1921年3月13日。
9. 引自*Curzon*，p.524。亦见温斯顿·丘吉尔1921年2月25日致乔治·寇松的信，*WSC Companion*，p.1378；埃德蒙·艾伦比1921年2月21日致乔治·寇松的信，出处同上，p.1369。
10. 参见*Grand Hotels of Egypt in the Golden Age of Travel*，pp.147—157。
11. 参见《旅行来信：1892—1913》(*Letters of Travel: 1892—1913*)，p.67。
12. 参见温斯顿·丘吉尔1921年3月18日致沃伦·费希尔的信，CHAR 17/19。艾伦比注意到，这家酒店临河而立，不会受到人群包围。丘吉尔受其奢华品味的驱使，自然表示同意。他的母亲珍妮生性节俭，曾在1908年初搬至皮卡迪里的里茨旅店住过一段时间。参见珍妮·丘吉尔1907年12月5日致温斯顿·丘吉尔的信，见*Darling Winston*，p.471。
13. 参见《格莱斯顿，1809—1898》(*Gladstone 1809—1898*)，pp.374—394。
14. 参见《克罗默勋爵：维多利亚时代的帝国主义者，爱德华时代的总督》(*Lord Cromer: Victorian Imperialist, Edwardian Proconsul*)。
15. 参见*Allenby: Making the Modern Middle East*，第6章。
16. 参见T.E.劳伦斯1921年3月20日致萨拉·劳伦斯的信，*TEL Letters*，p.196。亦见T.E.劳伦斯1921年2月19日致罗伯特·格雷夫斯的信，见*T.E. Lawrence to His Biographer Robert Graves*，p.10。
17. 参见格特鲁德·贝尔1921年2月24日和1921年3月12日、16日致弗洛伦斯·贝尔的信，GBA。亦见纪录片*Letters from Baghdad*。
18. 据认为是英国作曲家伯纳斯勋爵(Lord Berners，1883—1950)所言。
19. 参见《星期日泰晤士报》，1920年8月22日。
20. 参见埃德蒙·艾伦比1921年2月24日致凯瑟琳·艾伦比的信，AP 1/12/13；埃德蒙·艾伦比1921年3月12日致凯瑟琳·艾伦比的信，AP 1/12/16。
21. 参见T.E.劳伦斯1921年3月20日致萨拉·劳伦斯的信，*TEL Letters*，p.197。
22. 参见《报告》，pp.43—45，CO 935/1。根据《殖民地事务部记录》(CO

935/1)，开罗会议与会代表的完整花名册如下：英国代表团成员包括温斯顿·丘吉尔、空军中将休·特伦查德爵士(空军参谋长)、陆军中将沃尔特·康格里夫爵士(埃及远征军总指挥官)、乔治·巴斯托爵士(财政部)、陆军少将P.P.德·B.拉德克利夫爵士(陆军部军事作战局局长)、J.B.格罗斯·兰德(陆军部财政局局长)、阿奇博尔德·辛克莱爵士(殖民地事务大臣私人秘书)、B.H.沃特斯-泰勒中校(军事委员会秘书)、T.E.劳伦斯中校(中东局)、H.W.扬少校(中东局)、空军中校E.L.戈西奇(空军参谋长秘书)、G.麦尔丁-埃文斯(乔治·巴斯托爵士的私人秘书)、R.D.巴德科克(会议秘书)；美索不达米亚代表团成员包括珀西·考克斯爵士(英国驻美索不达米亚高专)、陆军中校J.A.L.霍尔丹爵士(美索不达米亚远征军司令官)、陆军少将埃德蒙·艾恩赛德(波斯驻军司令)、陆军少将E.H.德·V.阿特金森(美索不达米亚工作与沟通顾问)、S.H.斯莱特(美索不达米亚财政顾问)、格特鲁德·贝尔(美索不达米亚政治秘书)、J.H.K.斯图尔特上校(美索不达米亚远征军总参谋部A局)、G.R.弗里斯上校(美索不达米亚远征军总参谋部Q局)、伯雷特空军中校(美索不达米亚)、I.伊迪少将(美索不达米亚国防部长代理顾问)；巴勒斯坦代表团成员包括赫伯特·塞缪尔爵士(英国驻巴勒斯坦高专)、空军少将G.萨蒙德爵士(皇家空军驻中东部队司令)、W.H.迪兹(巴勒斯坦民事官)、F.R.萨默塞特少校(英国驻外约旦代表)、F.G.皮克上尉(外约旦宪兵指挥官)；索马里兰代表团成员包括杰弗里·阿彻爵士(英国驻索马里兰总督)、杰布少校(柏培拉地区专员)；亚丁代表团成员包括T.E.司各脱少校(亚丁常驻司令官)、巴雷特少校(首席助理)；波斯湾代表团成员包括A.P.特雷弗上校(常驻波斯湾)。咨询顾问人员包括阿诺德·威尔逊爵士(英波石油公司)、K.康沃利斯上校(埃及财政部长)、P.C.乔伊斯中校(美索不达米亚国防部长助理)、E.W.C.诺埃尔少校、贾法尔帕夏阿斯卡里(美索不达米亚国防部长)、沙逊·埃斯凯尔(美索不达米亚财政部长)。

23. 参见*A Line in the Sand*，p.121。

24. 参见CHAR 17/18；亦见《报告》，CO 935/1，p.4。

25. 1915—1924年间，共发生54起类似案件，在开罗的英国人社区以及埃及其他地区造成了严重的恐慌气氛；AP 2/5/12。亦见《英国人在埃及：社区、犯罪与危机，1882—1922》（*The British in Egypt: Community, Crime and Crises 1882—1922*）和《埃及的政治谋杀，1910—1954》（*Political Assassination in Egypt, 1910—1954*），pp.625—626。

26. 参见格特鲁德·贝尔1921年3月12日致弗洛伦斯·贝尔的信，GBA。

27. 参见《沙漠的女儿：格特鲁德·贝尔不平凡的一生》（*Daughter of the Desert: The Remarkable Life of Gertrude Bell*），p.120。

28. 参见格特鲁德·贝尔1921年1月3日和1月10日致休·贝尔的信；亦见格特鲁德·贝尔1921年2月24日致弗洛伦斯·贝尔的信，以及格特鲁德·贝尔1921年3月25日致弗兰克·贝尔福的信，GBA。

29. 参见埃德蒙·艾伦比1920年6月4日致凯瑟琳·艾伦比的信，AP 1/11/15；埃德蒙·艾伦比1920年3月13日致凯瑟琳·艾伦比的信，AP 1/12/17。

30. 参见格特鲁德·贝尔1921年3月25日致弗兰克·贝尔福的信，GBA。

31. 参见《报告》，CO 935/1，pp.34—35。CHAR 17/18A—B。

32. 参见温斯顿·丘吉尔1921年2月23日致乔治·里奇的信，CHAR 5/24/1。

33. 参见1921年3月13日的《时代周刊》，1921年3月14日的《每日先驱报》。

34. 引自*Churchill: A Biography*，p.359。

35. 参见《一个士兵的故事：贾法尔帕夏阿斯卡里回忆录》（*A Soldier's Story: The Memoirs of Jafar Pasha Al-Askari*）。

36. 引自*Times of Israel*（Jerusalem），2016年8月7日。

37. 引自纪录片*Letters from Baghdad*。亦见格特鲁德·贝尔1921年2月24日和1921年3月12日致弗洛伦斯·贝尔的信，GBA。

38. 参见《报告》，CO 935/1，p.18。

39. 参见*Churchill's Folly*，p.129；亦见*Kingmakers: The Invention of the Modern Middle East*，pp.160—163。

40. 参见格特鲁德·贝尔1921年1月10日致休·贝尔的信，以及格特鲁德·贝尔1921年3月25日致弗兰克·贝尔福的信，GBA。

41. 菲尔比曾是一位沙漠探险者，他在此方面取得的突出成绩为他赢得了应有的赞誉。1920年，菲尔比因此被皇家地理协会授予金质奖章。菲尔比一贯特立独行，但其晚年生活和职业生涯饱受争议和困扰，其境况因他的儿子变节苏联而更为窘迫。他的儿子名叫金·菲尔比，是军情六处令人耻辱的双面特工。围绕菲尔比和所谓“剑桥五杰”的故事，涌现出一大批书籍。最近出版的相关书籍可参见《间谍与叛徒：冷战中的巅峰间谍故事》（*The Spy and the Traitor: The Greatest Espionage Story of the Cold War*）。

42. 参见《报告》，CO 935/1，p.39。
43. 参见格特鲁德·贝尔1921年2月24日致弗洛伦斯·贝尔的信，以及格特鲁德·贝尔1921年3月25日致弗兰克·贝尔福的信，GBA。
44. 参见《报告》，CO 935/1，p.40。亦见*M.H. Coote diary*，1921年3月13日，CP。
45. 参见*Faisal I of Iraq*，pp.327—328。
46. 参见《报告》，CO 935/1，p.40。
47. 参见温斯顿·丘吉尔1920年8月31日致戴维·劳合·乔治的信，[未发出]，*WSC Companion*，p.1199。
48. 格特鲁德·贝尔1922年2月2日致休·贝尔的信，GBA。
49. 参见*Allenby: Making the Modern Middle East*，第6章及p.150。
50. 参见*Paris 1919*，p.390。
51. 参见T.E.劳伦斯1921年3月20日致萨拉·劳伦斯的信，*TEL Letters*，p.196。
52. 参见埃德蒙·艾伦比1921年3月13日致凯瑟琳·艾伦比的信，AP 1/12/17。
53. 格特鲁德·贝尔1921年3月12日致弗洛伦斯·贝尔的信，GBA。

第五章　“我们做了很多工作”：开罗十日第二幕

1. 参见T.E.劳伦斯1921年3月2日致威尔弗里德·斯科恩·布伦特的信，*TEL Letters*，p.196。
2. 参见《马尔罗与T.E.劳伦斯》（Malraux and T.E. Lawrence），p.220。
3. 引自纪录片*Letters from Baghdad*。
4. 贝尔的第一位恋人是亨利·G.G.卡多根（Henry G.G. Cadogan，1859—

1893)。贝尔年轻时曾访问伊朗，卡多根当时是英国驻德黑兰大使馆的一名外交官；卡多根因患肺炎在德黑兰去世。第二位是查尔斯·“迪克”·道蒂-怀利（Charles ‘Dick’ Doughty-Wylie，1868—1915）。他是一位已婚的英国步兵军官，是贝尔关系微妙的老朋友；他死于加里波利。

5. 参见温斯顿·丘吉尔1921年3月13日致爱德华·马什的信，CHAR 17/18。
6. 参见《报告》，CO 935/1，pp.41—44。
7. 参见温斯顿·丘吉尔1921年3月18日致戴维·劳合·乔治的信，CHAR 17/18A—B。
8. 参见《报告》，CO 935/1，p.46。
9. 参见*A Soldier's Story: The Memoirs of Jafar Pasha Al-Askari*。
10. 参见格特鲁德·贝尔1921年2月24日致弗洛伦斯·贝尔的信，GBA。
11. 参见《英国对南库尔德斯坦的政策：第一个库尔德人政府的形成与终结，1918—1919》（*Britain's Policy in Southern Kurdistan: The Formation and Termination of the First Kurdish Government, 1918—1919*）。
12. 参见《报告》，CO 935/1，pp.35，59。
13. 参见《君士坦丁堡以东的秘密行动：大博弈与大战》（*On Secret Service East of Constantinople: The Great Game and the Great War*）。亦见《E.M.诺埃尔少校日记，关于1919年6月14日—9月21日库尔德斯坦特殊任务的记述》（*Diary of Major E.M. Noel, on Special Duty in Kurdistan from June 14th to September 21st, 1919*）和《活动在阿拉伯的间谍：世界大战与英国在中东隐秘帝国的文化基础》（*Spies in Arabia: The Great War and the Cultural Foundations of Britain's Covert Empire in the Middle East*）。
14. 参见《报告》，CO 935/1，pp.60—61。
15. 引自《沙漠女王：格特鲁德·贝尔的非凡一生》（*Desert Queen: The Extraordinary Life of Gertrude Bell*）pp.299，59，61。
16. 参见格特鲁德·贝尔1921年1月10日致休·贝尔的信，GBA。
17. 参见《报告》，CO 935/1，pp.60—61。
18. 参见《库尔德民族主义的兴起与谢赫·赛义德反叛，1880—1925》（*The Emergence of Kurdish Nationalism and the Sheikh Said Rebellion,*

1880—1925）。

19. 参见*Daughter of the Desert*，pp.43—44。
20. 参见埃德蒙·艾伦比1921年3月18日致凯瑟琳·艾伦比的信，AP 1/12/18。肯宁顿最初绘制的艾伦比画像曾悬挂在劳伦斯在云山的多塞特居所里。劳伦斯去世后，这幅画像被他的家人捐献给伦敦的国立肖像馆。亚伯拉罕·梅尔尼科夫（Abraham Melnikov，1892—1960）雕塑的艾伦比半身像，被安置在贝尔谢巴奥斯曼时代修建的一座公园的中心，高耸在一个底座上。该公园被重新命名为艾伦比公园，以纪念巴勒斯坦战役的胜利。这座雕塑在20世纪30年代被毁坏，后来又委托有关方面塑造了新的半身像，直到今天仍然是公园的一个靓丽景观。
21. 参见《塞缪尔子爵传》（*Viscount Samuel: A Biography*）。
22. 参见《报告》，CO 935/1，p.97。
23. 参见*Faisal I of Iraq*，p.330。
24. 参见《报告》，CO 935/1，pp.98—100。
25. 参见格特鲁德·贝尔1921年3月12日致无名者[可能是弗洛伦斯·贝尔]的信，GBA。
26. 参见《报告》，CO 935/1，pp.103—104。
27. 就在离开伦敦前往开罗之前，丘吉尔请求艾伦比为会议提供秘书班子，艾伦比答称做不到这一点："鉴于这里的事态发展（指埃及尚未平复的政治氛围），我的团队目前都已满负荷工作。"但最后，艾伦比还是派出一小部分秘书人员帮助处理会议事务。然而，艾伦比仍有疑问："耶路撒冷就不能派员协助会议吗？"见埃德蒙·艾伦比1921年3月1日致温斯顿·丘吉尔的信，CHAR 17/18。
28. 参见《报告》，CO 935/1，pp.101—103。
29. 参见温斯顿·丘吉尔1921年3月18日致戴维·劳合·乔治的信，CHAR 17/18A—B。
30. 参见温斯顿·丘吉尔1921年3月18日致戴维·劳合·乔治的信，*WSC Companion*，pp.1398—1399。
31. 参见《报告》，CO 935/1，pp.51—52，62—63，74—75。
32. 围绕这一课题有很多文字材料。例如，可参见《迅捷的政府臂膀：英国在非洲殖民地的空中力量，1916—1939》(*A Swift Agent of Government: Air Power in British Colonial Africa, 1916—1939*)。亦见《不人道的防卫：空中管控与英国的阿拉伯理念》(*The Defence of Inhumanity: Air Control and the British Idea of Arabia*)。

33. 参见《王国：阿拉伯与沙特王室》(*The Kingdom: Arabia and the House of Saud*)。亦见《沙特王室》(*The House of Saud*)。

34. 参见《报告》，CO 935/1，pp.188—189。

35. 丘吉尔离开开罗后，马上给伦敦的爱德华·马什写信称："我推迟回国一周，以便我能够充分处理巴勒斯坦事务。"参见温斯顿·丘吉尔1921年3月24日致爱德华·马什的信，CHAR 17/18A—B。"推迟"的说法其实并不十分准确，返程时间取决于开罗会议的运行情况，丘吉尔之前就曾计划前往耶路撒冷会见阿卜杜拉，与之讨论外约旦的未来发展问题。

36. 参见《报告》，CO 935/1，pp.5，80。

37. 出处同上，p.194。

38. 参见T.E.劳伦斯1921年3月20日致萨拉·劳伦斯的信，*TEL Letters*，p.197。

39. 参见格特鲁德·贝尔1921年3月12日致无名者[可能是弗洛伦斯·贝尔]的信，GBA。

40. 参见格特鲁德·贝尔1921年3月25日致弗兰克·鲍尔弗的信，GBA。

41. 参见格特鲁德·贝尔1921年2月24日致弗洛伦斯·贝尔的信，GBA。

42. 参见*Britain, Egypt and the Middle East*，p.112。

43. 参见埃德蒙·艾伦比1921年3月24日致凯瑟琳·艾伦比的信，AP 1/12/19。即使在今天，完全重新修建的塞米拉米斯酒店仍然是开罗经常性反政府抗议骨干的集中点。2013年，据广泛报道，一个"由40人组成的团伙"猛烈袭击了塞米拉米斯酒店。袭击中没有出现人员伤亡，但当抗议人群进入酒店大堂时，顾客们被暂时转移到一个安全的会议厅。事后，酒店大堂里遍地都是垃圾和玻璃碎片。参见凯特琳·杜威的报道《开罗酒店在冲突中求助》(Cairo Hotel Tweets for Help amid Clashes)，见《华盛顿邮报》，2013年1月29日。

44. 参见*Clementine: The Life of Mrs Winston Churchill*，p.140。

45. 引自*Desert Queen: The Extraordinary Life of Gertrude Bell*，p.300。

46. 参见*Churchill: A Biography*，p.434。

47. 参见T.E.劳伦斯1922年11月18日致温斯顿·丘吉尔的信，CHAR 1/157/79。丘吉尔在三天前的大选中刚刚失去了席位，保守党在安德鲁·博纳·劳的领导下赢得大选，上台执政。劳伦斯写信给丘吉尔表示同情并鼓励他称："在勇气、权威和演讲能力方面，除了劳合·乔治之外，您碾压所有人。"爱德华·赛义德后来写了一部著作，为今天的人们审视那个时刻的骑行骆驼场景提供了一个东方学家的视角；通过这一视角，有人可能会禁不住认为，这一场景仅仅体现出西方与阿拉伯世界最近的战时相遇所引发的问题：两位英国要人动用个性化的交通工具去强化其文化真诚，为新兴和现代中东的建设提供设计框架。但是，可以说，这一场景更应这样解读：既体现了劳伦斯献身阿拉伯事业的坚守，也反映出他期望与丘吉尔之间能够在一定程度上相互尊重、相互理解，又显示了他们推进国家构建的渴望。参见《东方主义》(*Orientalism*)、《文化与帝国主义》(*Culture and Imperialism*)。

48. 参见*Grand Hotels of Egypt in the Golden Age of Travel*，p.153。

49. 关于此次宴会没有留下细节性记述。作家玛丽·多利亚·罗素曾在其以开罗会议为背景的小说《梦想者》中，对此次宴会进行了具有说服力和怀念情感的虚构描述。参见*Dreamers of the Day*，pp.81—92。

50. 参见*Grand Hotels of Egypt in the Golden Age of Travel*，p.153；亦见*Allenby: Making the Modern Middle East*，第7章；埃德蒙·艾伦比1921年3月24日致凯瑟琳·艾伦比的信，AP 1/12/19。

51. 参见休伯特·扬1920年12月30日致W.H.迪兹的信，YP File 3。

52. 引自*Winston S. Churchill, Volume 4: World in Torment 1917—1922*，p.638。

53. 参见T.E.劳伦斯1921年3月20日致萨拉·劳伦斯的信，*TEL Letters*，p.197。

54. 参见格特鲁德·贝尔1921年3月25日致弗兰克·鲍尔弗的信，GBA。

55. 参见*Daughter of the Desert*，p.399。

第六章　在开罗远未结束：转向耶路撒冷

1. 引自*Lawrence of Arabia*，p.648。
2. 参见T.E.劳伦斯1921年3月20日致萨拉·劳伦斯的信，*TEL Letters*，p.197。
3. 参见《巴勒斯坦罹难史：两次世界大战之间的加沙》(*Toward a Palestinian History of Ruins: Interwar Gaza*)。
4. 参见埃德蒙·艾伦比1921年3月24日致凯瑟琳·艾伦比的信，AP 1/12/19；亦见M.H. Coote diary，24 March 1921，CP。
5. 参见埃德蒙·艾伦比致伦尼·麦金尼斯的信，其中两封未注明时间，大约分别写于1917年11月25日和1917年12月29日；另两封注明了时间，分别写于1918年1月20日和1918年2月13日，ML。
6. 参见《巴勒斯坦和以色列的圣公会教会：殖民主义、阿拉伯化与土地所有权》(*The Anglican Church in Palestine and Israel: Colonialism, Arabization and Land Ownership*)。关于更广泛的基督教和犹太复国主义问题，可参见*The Origins of Christian Zionism: Evangelical Support for a Jewish Homeland*；亦见1922年11月6日的《纽约时报》。
7. 参见*Allenby*，pp.135—137。
8. 引自*Winston S. Churchill, Volume 4: World in Torment 1917—1922*，p.559。
9. 参见*Seven Pillars of Wisdom*，pp.56—57。
10. 引自*Hero: The Life and Legend of Lawrence of Arabia*，p.353。
11. 关于这一问题的详尽讨论，可参见《外约旦是如何从犹太人家园的领土中割裂出来的》(*How Trans-Jordan Was Severed from the Territory of the Jewish National Home*)。
12. 参见《权威的习惯：英国历史中的家长式管理》(*The Habit of Authority: Paternalism in British History*)。20世纪早期，间接统治的帝国政策应是通过地方政府指导发展中国家，以求减少英国财政担负的行政管理费用。
13. 参见《报告》，CO 935/1，pp.97—103。
14. 参见哈伊姆·魏茨曼1919年12月29日致戴维·劳合·乔治的信，KP GD40/17/40，f.317。

15. 参见*Lawrence of Arabia*，p.649。
16. 参见*Seven Pillars of Wisdom*，pp.66—67。
17. 参见《外约旦国王阿卜杜拉回忆录》(*Memoirs of King Abdullah of Transjordan*)，p.170。
18. 参见《国王阿卜杜拉、英国与约旦的构建》(*King Abdullah, Britain and the Making of Jordan*)，p.3。
19. 参见T.E.劳伦斯1921年4月12日致萨拉·劳伦斯的信，*TEL Letters*，p.197。
20. 参见*King Abdullah, Britain and the Making of Jordan*，pp.52—53。
21. 参见 FO 371/6343，22 March 1921。
22. 参见*King Abdullah, Britain and the Making of Jordan*，pp.44，48。
23. 参见温斯顿·丘吉尔1921年3月23日致戴维·劳合·乔治的信，CHAR 17/18A—B。
24. 参见*King Abdullah, Britain and the Making of Jordan*，p.53。
25. 参见*Lawrence of Arabia's War*，p.165。
26. 参见*Faisal I of Iraq*，p.331。
27. 参见*Seven Pillars of Wisdom*，p.68。
28. 参见《温斯顿·S.丘吉尔1897—1963年演说全集，第3卷：1914—1922》(*Winston S. Churchill: His Complete Speeches 1897—1963, Volume3：1914—1922*)，p.3095。
29. 参见*Winston S. Churchill, Volume 4: World in Torment 1917—1922*，p.560。
30. 参见《荆棘丛生：中东经历》(*A Crackle of Thorns: Experiences in the Middle East*)，pp.26—27。
31. 参见*King Abdullah, Britain and the Making of Jordan*，p.53。
32. 参见《沙地帝国：围绕中东主导权的斗争，1789—1923》(*Empires of the Sand: The Struggle for Mastery in the Middle East, 1789—1923*)，p.322。
33. 参见*King Abdullah, Britain and the Making of Jordan*，p.53。
34. 参见*Winston S. Churchill, Volume 4: World in Torment 1917—1922*，p.561。
35. 参见*WSC Companion*，pp.1419—1421。
36. 参见JP 1/0/9。
37. 参见费萨尔1919年3月1日致费利克斯·法兰克福特的信，KP

GD40/17/40, f. 347。

38. 参见《哈伊姆·魏茨曼：一个政治家的塑造，第2卷》(*Chaim Weizmann: The Making of a Statesman, vol.2*)，p.256。

39. 类似探险家、摄影家、作家维尔福雷德·赛西杰(Wilfred Thesiger, 1910—2003)那样的传统人士，在20世纪都持这样的观点。参见《阿拉伯的沙子》(*Arabian Sands*)。后来，在巴勒斯坦出生的美国学者爱德华·赛义德在其1978年出版的《东方主义》一书中对这一传统观点进行了富有影响的批评。

40. 参见*WSC Companion*, p.1422。亦见《中东日记》(*Middle East Diary*)，pp.99—100。

41. 引自*Churchill: A Biography*, p.435。

42. 参见温斯顿·丘吉尔1921年3月24日致埃迪·马什的信，CHAR 17/18A—B。

43. 参见*Seven Pillars of Wisdom*, p.283。亦见*WSC Companion*, p.1420。

44. 参见《奥斯曼帝国的垮台与清教徒千禧年主义"犹太中心"说中以色列的回归》(The Fall of the Ottoman Empire and the Restoration of Israel in the "Judeo-Centric" Strand of Puritan Millenarianism)。

45. 参见*Seven Pillars of Wisdom*, p.283。

46. 参见《指派丘吉尔》(*Assignment Churchill*)，p.30。

47. 引自*Lawrence of Arabia*, p.649。亦见T.E.劳伦斯1921年4月12日致萨拉·劳伦斯的信，*TEL Letters*, p.197。

48. 引自*Lawrence of Arabia*, p.649。

49. 引自*A Peace to End All Peace: The Fall of the Ottoman Empire and the Creation of the Modern Middle East*, p.510。

50. 参见T.E.劳伦斯1921年4月12日致萨拉·劳伦斯的信，*TEL Letters*, p.197。

51. 参见《来自阿拉伯的秘密快件和劳伦斯的其他书面文件》(*Secret Despatches from Arabia and Other Writings by T.E.Lawrence*)。

52. 参见*Faisal I of Iraq*, p.333。

53. 参见T.E.劳伦斯1921年4月12日致萨拉·劳伦斯的信，*TEL Letters*, p.198。

54. 参见埃德蒙·艾伦比1921年4月20日致凯瑟琳·艾伦比的信，AP 1/12/24。
55. 参见*Seven Pillars of Wisdom*，p.659。亦见T.E.劳伦斯1921年4月12日致萨拉·劳伦斯的信，*TEL Letters*，p.198。
56. 引自*Lawrence of Arabia*，p.651。
57. 参见T.E.劳伦斯1921年5月21日致罗伯特·格雷夫斯的信，见*T.E. Lawrence to His Biographer Robert Graves*，pp.15，80，112，117。亦见*Lawrence and the Arabs*；以及*Faisal I of Iraq*，p.336。

第七章　开罗在行动：沙里夫方案的贯彻

1. 参见*Churchill: A Biography*，pp.437—438。
2. 参见《文件杂编》(Miscellaneous Collection)，此文件未注明时间，也没有签名，存于"格特鲁德·贝尔档案"(GBA)。
3. 参见纪录片*Letters from Baghdad*。
4. 参见*Western Imperialism*，p.91。
5. 参见珀西·考克斯1921年7月3日致格特鲁德·贝尔的信，见*The Letters of Gertrude Bell Volume 1*，p.428。
6. 参见《阿拉伯岁月》(*Arabian Days*)。
7. 参见格特鲁德·贝尔1921年5月2日致休·贝尔的信，GBA。亦见*Review of the Civil Administration of Mesopotamia*，p.61。
8. 吉尔伯特·克莱顿爵士的话引自纪录片*Letters from Baghdad*。亦见《保卫英国的中东帝国：吉尔伯特·克莱顿爵士的一生》(*In Defence of Britain's Middle Eastern Empire: A Life of Sir Gilbert Clayton*)。
9. 参见格特鲁德·贝尔1920年1月4日致埃德温·蒙塔古的信，KP GD40/17/40，f. 326。
10. 近期的著作可参见*Kingmakers: The Invention of the Modern Middle East*，pp.251—252。
11. 参见格特鲁德·贝尔1921年5月2日致休·贝尔的信，GBA。亦见纪录片*Letters from Baghdad*。
12. 参见*Western Imperialism*，p.96。贝尔认为，美国的石油利益集团向伊拉克反对英国的起义领导人秘密提供了资助。参见纪录片*Letters from Baghdad*。

13. 参见*Daughter of the Desert*，p.404。
14. 引自*Faisal I of Iraq*，p.364。
15. 参见*Proconsul to the Middle East*，pp.170—171。亦见《珀西·考克斯爵士的一生》(*The Life of Sir Percy Cox*)。
16. 参见哈伊姆·魏茨曼1920年3月25日致犹太复国主义组织执行官的信，KP GD40/17/40，f. 353。
17. 参见格特鲁德·贝尔1921年3月29日和4月3日、17日、25日以及6月30日致休·贝尔的信，GBA。格特鲁德·贝尔的话引自纪录片*Letters from Baghdad*。
18. 参见*Churchill's Folly*。亦见*A Line in the sand: Britain, France and the Struggle That Shaped the Middle East*。
19. 参见格特鲁德·贝尔1921年4月17日致休·贝尔的信，GBA。亦见格特鲁德·贝尔1921年5月8日致弗洛伦斯·贝尔的信，GBA。
20. 参见*Daughter of the Desert*，第15章。亦见*Hero: The Life and Legend of Lawrence of Arabia*，p.517；格特鲁德·贝尔1921年6月23日致休·贝尔的信，GBA。
21. 参见格特鲁德·贝尔1921年6月19日致休·贝尔的信，GBA。贝尔就读名牌大学牛津大学的经历，使其无法容忍没有受过教育和教育水准低的西方女性。如同她在巴格达的传教士朋友多萝西·范·埃斯在描述她为何与贝尔愉悦相处的原因时所说："我确有大学学历，而且我能讲阿拉伯语。"如范·埃斯所言，"傲慢"或许并非贝尔的唯一个性，然而，这确实是其"许多人看到的"个性。认识贝尔的其他人也谈到她的尖刻举止。比如，巴格达的连队办公室勤务兵弗兰克·斯塔福德中士曾评论贝尔说，贝尔"非常傲慢，对别的妇女尤其如此，简直就是祖鲁"。多萝西·范·埃斯和弗兰克·斯塔福德所述，参见纪录片*Letters from Baghdad*。
22. 参见T.E.劳伦斯1921年7月7日致埃米莉·里德的信，亦见T.E.劳伦斯1921年7月7日致威尔弗里德·斯科特·布伦特的信，*TEL Letters*，pp.198—199。

23. 此处所叙述的发生在吉达的情况，包括劳伦斯的引言，主要取自 *Lawrence of Arabia*，pp.656—663。
24. 格特鲁德·贝尔1921年6月21日、30日致休·贝尔的信，GBA。
25. 参见*Faisal I of Iraq*，pp.347—349，375，377—378。检验公众关于费萨尔预期登临为王的态度观点的公民投票在1918年至1919年展开，试图在全国范围内确定奥斯曼人垮台后伊拉克政府的性质。此次投票中的一个问题是问伊拉克人是否愿意由一位阿拉伯人担任其新的政府首脑。尽管此次投票结果不够完美也不清晰，但此举表明了英国希望推动这个国家沿着当地领导、自我管理并取得独立的道路向前发展。
26. 参见格特鲁德·贝尔1921年7月7日致休·贝尔的信，GBA。
27. 参见*Faisal I of Iraq*，pp.376，378。亦见温斯顿·丘吉尔1921年8月9日致珀西·考克斯的信，CO 730/3/38478。
28. 参见格特鲁德·贝尔1921年7月16日和8月6日、21日、28日致休·贝尔的信，GBA。
29. 参见*Allenby: Making the Modern Middle East*，第6—7章。亦见*Faisal I of Iraq*，p.385。
30. 参见《加拿大与冲突时代，第2卷：1921—1948，麦肯齐·金时代》（*Canada and the Age of Conflict, Volume 2: 1921—1948, The Mackenzie King Era*），pp.17—27。
31. 参见《费萨尔的泛阿拉伯主义，1921—1933》（*Faisal's Pan-Arabism, 1921—33*）。
32. 参见格特鲁德·贝尔1921年8月21日致休·贝尔的信，GBA。
33. 参见*Western Imperialism*，p.91。
34. 引自*Faisal I of Iraq*，pp.391，474—476，517，520—521。
35. 参见温斯顿·丘吉尔1922年8月27日致珀西·考克斯的信，CO 730/24/43045。
36. 引自*Daughter of the Desert*，p.425。格特鲁德·贝尔的言论引自纪录片*Letters from Baghdad*。亦见格特鲁德·贝尔1922年6月4日致休·贝尔的信，GBA。
37. 参见玛丽亚姆·雅各布的文章《格特鲁德·贝尔关于伊拉克费萨尔一世的看法与英国—阿拉伯浪漫故事》（Gertrude Bell's Perception of

Faisal I of Iraq and the Anglo-Arab Romance），见*Gertrude Bell and Iraq: A Life and Legacy*，pp.187—213。

38. 参见《巴格达的三个国王：伊拉克君主国的悲剧》(*Three Kings in Baghdad: The Tragedy of Iraq's Monarchy*)。
39. 参见格特鲁德·贝尔1921年8月6日致休·贝尔的信，GBA。亦见纪录片*Letters from Baghdad*。
40. 参见克里斯托弗·希钦斯的文章《缔造伊拉克的女人》(The Woman Who Made Iraq)，见《大西洋月刊》，2007年6月。亦见纪录片*Letters from Baghdad*。
41. 参见T.E.劳伦斯[1922年1月]致休·特伦查德的信，未注明时间，见*The Letters of T.E. Lawrence*，p.193。亦见T.E.劳伦斯1922年11月12日致R.R.格雷夫斯的信，见*T.E. Lawrence to His Biographer Robert Graves*，p.23。
42. 参见温斯顿·丘吉尔1927年5月16日致T.E.劳伦斯的信，LL MS Eng. D. 3341。亦见T.E.劳伦斯1922年11月18日致温斯顿·丘吉尔的信，*TEL Letters*，p.224。
43. 参见《19世纪英国的男人品性与男子汉气质：论述性别、家庭与帝国的论文》(*Manliness and Masculinities in Nineteenth-Century Britain: Essays on Gender, Family and Empire*)。亦见《劳伦斯传》(*A Prince of Our Disorder: The Life of T.E. Lawrence*)。
44. 参见温斯顿·丘吉尔1922年7月17日致T.E.劳伦斯的信，LL MS Eng. D. 3341，f. 254。
45. 赫伯特·塞缪尔爵士1926年4月3日的讲话，英国图书馆声音档案馆(British Library Sound Archive)，2004。
46. 参见温斯顿·丘吉尔1922年9月1日致戴维·劳合·乔治的信，CHAR 17/27/31—2。亦见*Churchill: A Biography*，p.437。
47. 参见《丘吉尔与犹太人，1900—1948》(*Churchill and the Jews, 1900—1948*)，p.119。
48. 参见温斯顿·丘吉尔1921年6月15日致约翰·沙克伯勒的信，*WSC Companion*，p.1508。
49. 参见*Churchill's Empire*，p.149。

50. 参见哈伊姆·魏茨曼1920年3月25日致犹太复国主义组织执行官的信，KP GD40/17/40，f. 353。
51. 参见《反叛与政治家：弗拉基米尔·亚博廷斯基的故事》(*Rebel and Statesman: The Vladimir Jabotinsky Story*)，pp.279–282。
52. 参见温斯顿·丘吉尔1921年6月15日致约翰·沙克伯勒的信，*WSC Companion*，p.1560。
53. 参见《与巴勒斯坦阿拉伯代表团和犹太复国主义组织的巴勒斯坦通信》(*Palestine Correspondence with the Palestine Arab Delegation and the Zionist Organisation*)。
54. 参见*Western Imperialism*，pp.155—156。亦见《英国对巴勒斯坦的政策，1917—1922》(*British Policy in Palestine*，1917—22)，p.286。
55. 参见《贝尔福的政策可否逆转？殖民地事务部与巴勒斯坦，1921—1923》(*Was Balfour Policy Reversible ？ The Colonial Office and Palestine*，1921—23)。
56. 参见*Churchill: A Biography*，p.438。亦见*King Abdullah*，*Britain and the Making of Jordan*，pp.73–74。
57. 参见*Churchill's Folly*。亦见《创建伊拉克：国家构建的失败与一段被否认的历史》(*Inventing Iraq: The Failure of Nation Building and a History Denied*)。
58. 参见温斯顿·丘吉尔1922年9月1日致戴维·劳合·乔治的信，CHAR 17/27/29，32。

结论　开罗会议历史回顾

1. 参见《阿拉伯人民的历史》(*A History of the Arab Peoples*)，pp.340—344。
2. 参见《全球主导地位的运作：欧洲海外帝国，1415—1980》(*The Dynamics of Global Dominance: European Overseas Empires*，*1415—1980*)，p.406。
3. 参见《非洲状况：五十年独立史》(*The State of Africa: A History of Fifty Years of Independence*)。亦见《非洲贫困史》(*The African Poor: A History*)。

4. 参见格特鲁德·贝尔1921年8月28日致弗洛伦斯·贝尔的信,GBA。
5. 参见德克斯特·菲尔金斯的文章《鬼魂缠身:英雄与宏伟计划》(Among the Ghosts: Heroes and Grand Plans),见《纽约时报》,2006年7月9日。
6. 引自纪录片*Letters from Baghdad*。亦见《皇家国际事务研究所书作与其他中东研究》(*The Chatham House Version and Other Middle-Eastern Studies*),p.239。
7. 参见格特鲁德·贝尔1920年1月4日致埃德温·蒙塔古的信,KP GD40/17/40,ff. 320–326。
8. 参见*Faisal I of Iraq*,第21章。亦见*Western Imperialism*,pp.100—102。
9. 引自《旧有社会阶层与伊拉克的革命运动:伊拉克传统土地和商业阶层及其共产主义者、复兴党人和自由军官研究》(*The Old Social Classes and the Revolutionary Movements of Iraq: A Study of Iraq's Old Landed and Commercial Classes and of its Communists, Ba'thists, and Free Officers*),p.25。
10. 参见格特鲁德·贝尔1920年1月4日致埃德温·蒙塔古的信,KP GD40/17/40,ff. 320—326。
11. 参见《伊拉克,1900—1950:政治、社会与经济史》(*Iraq 1900—1950: A Political, Social and Economic History*),p.224。
12. 参见格特鲁德·贝尔1920年1月4日致埃德温·蒙塔古的信,KP GD40/17/40,ff. 320—326。
13. 参见*Churchill's Folly*。这一提法也被用于《劳伦斯在阿拉伯》一书中。亦见《陆军元帅亨利·威尔逊爵士:生平与日记,第2卷》(*Field Marshal Sir Henry Wilson: His Life and Diaries, Vol. II*),p.310。
14. 参见《温斯顿·S.丘吉尔1897—1963年演说全集,第6卷:1935—1942》(*Winston S. Churchill: His Complete Speeches 1897—1963, Volume 6: 1935—1942*),pp.5715。
15. 该家族四代人是:第一代阿卜杜拉一世;第二代塔拉尔,在退位之前曾短暂统治;第三代侯赛因,塔拉尔的弟弟;第四代阿卜杜拉二世。
16. 参见*Seven Pillars of Wisdom*,p.68。
17. 参见《奥斯曼帝国晚期的国家边界:外约旦,1851—1920》(*Frontiers of*

the State in the Late Ottoman Empire: Transjordan, 1851—1920）。

18. 约旦历史上这段时间的国家巩固发展情况，有很多历史著作，可重点参见《国王阿卜杜拉、英国与约旦的构建》、《英帝国在中东，1945—1951：阿拉伯民族主义、美国以及战后帝国主义》（*The British Empire in the Middle East 1945—51: Arab Nationalism, the United States, and Postwar Imperialism*）、《约旦史》（*A History of Jordan*）、《英国、哈希姆家族与阿拉伯统治》（*Britain, the Hashemites and Arab Rule*）。
19. 参见*Lawrence of Arabia*, p.672。亦见*Western Imperialism*, pp.224, 227, 244, 530。
20. 参见*The Guardians*。
21. 参见*Britain, Egypt and the Middle East*。
22. 引自《巴勒斯坦文件，1917—1923：冲突的种子》（*Palestine Papers 1917—1923：Seeds of Conflict*）, p.96。
23. 在1920年5月发给劳合·乔治的一封电报中，艾伦比告诉首相：任命犹太人赫伯特·塞缪尔爵士担任驻巴勒斯坦高专是"非常危险的"，穆斯林和基督徒都会反对这一任命，将使"政府难以开展任何工作"。参见艾伦比1920年5月6日致劳合·乔治的信，LGP LG/F/12/3/32 (b)。
24. 参见*The Memoirs of Sir Ronald Storrs*, p.385。亦见《耶路撒冷：从奥斯曼属地到英国统治》（*Jerusalem: From the Ottomans to the British*）。
25. 参见*What the British Did: Two Centuries in the Middle East*。
26. 参见格特鲁德·贝尔1921年6月26日致休·贝尔的信，GBA。
27. 参见《观赏倾向：英国人如何看待他们的帝国》（*Ornamentalism: How the British Saw Their Empire*）。
28. 参见格特鲁德·贝尔1921年3月25日致弗兰克·鲍尔弗的信，GBA。亦见*Gertrude Bell and Iraq: A Life and Legacy*。

参考文献

档案资料

Allenby Papers, Liddell Hart Centre for Military Archives, King's College London (AP) .

Gertrude Bell Archive, Newcastle University (online) (GBA) .

Cabinet Papers, The National Archives, Kew, London.

Sir Winston Churchill Papers, Churchill Archives Centre, Cambridge (CHAR)

Colonial Offfice Record, The National Archives, Kew, London (CO) .

Captain Maxwell Henry Coote Papers, Liddell Hart Centre for Military Archives, King's College London (CP) .

Foreign Office Record, The National Archives, Kew, London (FO) .

Sir Maurice Hankey Papers, Churchill Archives Centre, Cambridge (HP) .

Lieuenant Colonel Pierce Charles Joyce Papers, Liddell Hart Centre for Military Archives, King's College London (JP) .

Kitchener Papers, The National Archives, Kew, London.

T.E.Lawrence Letters, Bodleian Library, Oxford (LL) .

David Lloyd George Papers, Parliamentary Archives, London (LGP) .

Bishop Rennie MacInnes Letters, Middle Easr Centre Archive, St Antony's College, Oxford (ML) .

Philip Kerr Papers, National Records of Scotland, Edinburgh (KP) .

General Sir William Robertson Papers, Liddell Hart Centre for Military Archives, King's College London (RP) .

Sir Henry Wilson Papers, Imperial War Museum, London (WP) .

Sir Hubert Young Papers, Middle Easr Centre Archive, St Antony's College, Oxford (YP) .

Sir Hubert Young Papers, Liddell Hart Centre for Military Archives, King's College London (YP2) .

印刷原始资料

Bell Gertrude: *Review of the Civil Administration of Mesopotamia*, London, H.M.Stationary Office, 1920, Cmd 1061.

Bell, Lady, ed.: *The Letters of Gertrude Bell Volume 1*, London, Ernest Benn, 1927.

——*The Letters of Gertrude Bell: Selected and Edited by Lady Bell, DBE, Volume 2*, New York, Boni and Liveright, 1927.

Brown, Malcolm, ed.: *The Letters of T.E. Lawrence*, London, J.M. Dent & Sons, 1988.

——*Secret Despatches from Arabia and Other Writings by T.E.Lawrence*, London, Bellew Publishing, 1991.

——*Lawrence of Arabia: The Selected Letters*, London, Little Books, 2005.

Churchill, Randolph, ed.: *Winston S. Churchill: Companion Volume I, Part 2—1896—1900*, London, Heinemann, 1967.

Facey, William and Najdat Fathi Safwat, eds.: *A Soldier's Story: The Memoirs of Jafar Pasha Al-Askari*, Trans. Mustafa Tariq al-Askari, London, Arabian Publishing, 2003.

Garnett, David, ed.: *The Letters of T.E.Lawrence*, London, Jonathan Cape, 1938.

Gilbert, Martin, ed.: *Winston S. Churchill: Companion Volume IV, Part 2—July 1919—March 1921*, London, Heinemann, 1975.

Graves, Robert and B.H. Liddell Hart eds.: *T.E. Lawrence to His Biographers*, Garden City, NY, Doubleday, 1963.

Graves, Philip, ed.: *Memoirs of King Abdullah of Transjordan*, London, Jonathan Cape, 1950.

Haldane, Sir James Aylmer Lowthrop: *How We Escaped from Pretoria*, Edinburgh, William Blackwood & Sons, 1900.

Hughes, Matthew, ed.: *Allenby in Palestine: The Middle East Correspondence of Field Marshal Viscount Allenby June 1917—October 1919)* , Stroud, Sutton, 2004.

Ingrams, Doreen, ed.: *Palestine Papers 1917—1922: Seeds of Conflict*, London, John Murray, 1972.

Kipling, Rudyard: *Letters of Travel: 1892—1913*, New York, Doubleday, 1920.

Lawrence, M.R., ed.: *The Home Letters of T.E. Lawrence and His Brothers*, Oxford, Basil Blackwell, 1954.

Lawrence, T.E.: *T.E. Lawrence to His Biographer Robert Graves*, London, Faber & Faber, 1938.

Leslie, Shane: *Mark Sykes: His Life and Letters*, London, Cassell, 1923.

Lloyd George, David: *War Memoirs*, Vol.1, London, Odhams Press, 1938.

Lough, David, ed.: *Darling Winston: Forty Years of Letters Between Winston Churchill and His Mother*, London, Head of Zeus, 2019.

Matthew, H.C.G. and Brian Harrison, eds.: *Oxford Dictionary of National Biography*, Oxford, Oxford University Press, 2004.

Meinertzhagen, Richard: *Middle East Diary, 1917—1956*, London, Cresset, 1959.

Miller, D. Hunter: *My Diaries of the Conference of Paris*, Vol.15, New York, Appeal, 1924.

Noel, E.M.: *Diary of Major E.M. Noel, on Special Duty in Kurdistan from June 14th to September 21st, 1919*, Basra, Office of the Civil Commissioner, 1920.

O'Brien, Rosemary, ed.: *Gertrude Bell: The Arabian Diaries, 1913—1914*, Syracuse, NY, Syracuse University Press, 2000.

Palestine Correspondence with the Palestine Arab Delegation and the Zionist Organisation, London, H.M. Stationary Office, 1922.

Rhodes James, Robert, ed.: *Winston S. Churchill: His Complete Speeches 1897—1963, Volume 3: 1914—1922; Vol.6: 1935—1942*, New York, R.R. Bowker and Co, 1974.

Soames, Mary, ed.: *Speaking for Themselves: The Personal Letters of Winston and Clementine Churchill*, New York, Doubleday, 1988.

Storrs, Ronald: *The Memoirs of Sir Ronald Storrs*, New York, G.P. Putnam's Sons, 1937.

Thompson, Walter H.: *Beside the Bulldog: The Intimate Memoirs of Churchill's Bodyguard*, London, Apollo, 2003.

Wilson, Arnold T.: *Mesopotamia, 1917—1920: A Clash of Loyalties, a Personal and Historical Record*, Oxford, Oxford University Press, 1931.

二手资料

图书

Abernethy, David B.: *The Dynamics of Global Dominance: Overseas Empires, 1415—1980*, New Haven, CT, and London, Yale University Press, 2000.

Aldous, Richard: *The Lion and the Unicorn: Gladstone vs Disraeli*, London, Hutchinson, 2006.

Allawi, Ali A.: *Faisal I of Iraq*, New Haven, CT, and London, Yale University Press, 2014.

Anderson, Scott: Lawrence in Arabia: *War, Deceit, Imperial Folly and the Making of the Modern East*, New York, Doubleday, 2013.

Barnett, Corelli: *The Collapse of British Power*, Stroud, Sutton, 1997.

Barr, James: *A Line in the sand: Britain, France and the Struggle That Shaped the Middle East*, London, Simon & Schuster, 2012.

——*Lords of the Desert: Britain's Struggle with America to Dominate the Middle East*, London, Simon & Schuster, 2018.

Batatu, Hanna: *The Old Social Classes and the Revolutionary Movements of Iraq: A Study of Iraq's Old Landed and Commercial Classes and of its Communists, Ba'thists, and Free Off icers, Princeton*, NJ, Princeton University Press, 1978.

Bennett, G.H.: *British Foreign Policy during the Curzon Period, 1919—24*,

New York, St Martin's Press, 1995.

Berdine, Michael D.: *Redrawing the Middle East: Sir Mark Sykes, Imperialism and the Sykes-Picot Agreement*, London, I.B. Tauris, 2018.

Bowle, John: *Viscount Samuel: A Biography*, London, Victor Gollancz, 1957.

Brodrick, Alan H.: *Near to Greatness: A Life of the Sixth Earl Winterton*, London, Hutchinson, 1965.

Brown, Judith M. and Wm Roger Louis, eds.: *The Oxford History of the British Empire: Volume IV, The Twentieth Century*, Oxford, Oxford University Press, 1999.

Brown, Malcolm: *Lawrence of Arabia: The Life, the Legend*, London, Thames & Hudson, 2005.

Callwell, C.E.: *Field Marshal Sir Henry Wilson: His Life and Diaries, Vol. II* , London, Cassell, 1927.

Cannadine, David: *Ornamentalism: How the British Saw Their Empire*, Oxford, Oxford University Press, 2001.

Catherwood, Christopher: *Churchill's Folly: How Churchill Created Mordern Iraq*, New York, Carroll & Graf, 2004.

Churchill, Winston S.: *Great Contemporaries*, London, Thomas Butterworth, 1937.

——*My African Journey*, London, Bloomsbury Academic, 2015.

Cohen, Michael J.: *Churchill and the Jews, 1900—1948*, London, Routledge, 2003.

Collins, Damian: *Charmed Life: The Phenomenal World of Philip Sassoon*, London, HarperCollins, 2016.

Collins, Paul and Charles Tripp, eds.: *Gertrude Bell and Iraq: A Life and Legacy*, Oxford, Oxford University Press, 2017.

Collins, Robert O.: *The Nile,* New Haven, CT, and London, Yale University Press, 2002.

Cooper, Lisa: *In Search of Kings and Conquerors: Gertrude Bell and the Archaeology of the Middle East*, London, I.B. Tauris, 2016.

Cregier, Don M.: *Bounder from Wales: Lloyd George's Career Before the*

First World War, Columbia, University of Missouri Press, 1976.

Darwin, John: *Britain, Egypt and the Middle East: Imperial Policy in the Aftermath of War 1918—1922*, London, Macmillan, 1981.

——*The Empire Project: The Rise and Fall of the British World System, 1830—1970*, Cambridge, Cambridge University Press, 2009.

Davis, Paul K.: *Ends and Means: The British Mesopotamian Campaign and Commission*, Ann Arbor, MI, University of Michigan Press, 1994.

de Gaury, Gerald: *Three Kings in Baghdad: The Tragedy of Iraq's Monarchy*, London, I.B. Tauris, 2008.

Dockter, Warren: *Churchill and the Islamic World*, London, I.B. Tauris, 2015.

Dodge, Toby: *Inventing Iraq: The Failure of Nation Building and a History Denied*, London, Hurst & Co., 2003.

Faught, C. Brad: *Gordon: Victorian Hero*, Washington, DC, Potomac Books, 2008.

——*Kitchener: Hero and Anti-Hero*, London, I.B. Tauris, 2016.

——*Allenby: Making the Modern Middle East*, London, Bloomsbury, 2020.

Faulkner, Neil: *Lawrence of Arabia's War: The Arabs, the British and the Remaking of the Middle East in WWI*, New Haven, CT, and London, Yale University Press, 2016.

Fieldhouse, D.K.: *Western Imperialism in the Middle East 1914—1958*, Oxford, Oxford University Press, 2006.

Fromkin, David: *A Peace to End All Peace: The Fall of the Ottoman Empire and the Creation of the Modern Middle East*, New York, Henry Holt, 1989.

Gardner, Brian: *Allenby*, London, Cassell, 1965.

Gilbert, Martin: *Winston S. Churchill, Volume 4: World in Torment 1917—1922*, London, Minerva, 1990.

——*Churchill: A Life*, London, Heinemann, 1991.

Gilmour, David: *Curzon: Imperial Statesman 1859—1925*, London, John Murray, 2003.

Gough, Paul: *A Terrible Beauty: British Artists in the First World War*, London, Sansom and Company, 2010.

Graves, Philip: *The Life of Sir Percy Cox*, London, Hutchinson, 1941.

Graves, Robert: *Lawrence and the Arabs*, London, Jonathan Cape, 1927.

Hadaway, Stuart: *From Gaza to Jerusalem: The Campaign for Southern Palestine 1917*, London, History Press, 2015.

Haldane, Sir James Aylmer Lowthrop: *The Insurrection in Mesopotamia, 1920*, Edinburgh, William Blackwood & Sons, 1922.

Hardy, Roger: *The Poisoned Well: Empire and Its Legacy in the Middle East*, New York, Oxford University Press, 2016.

Holden, David, and Richard Johns: *The House of Saud*, London, Sidgwick & Jackson, 1976.

Holmes, Richard: *Sahib: The British Soldier in India, 1750—1914*, London, HarperCollins, 2005.

Hopkirk, Peter: *The Great Game: On Secret Service in High Asia*, London, John Murray, 1990.

——*On Secret Service East of Constantinople: The Great Game and the Great War*, London, John Murray, 1994.

Hourani, Albert: *A History of the Arab Peoples*, Cambridge, MA, Harvard University Press, 1991.

Howell, Georgina: *Daughter of the Desert: The Remarkable Life of Gertrude Bell*, London, Macmillan, 2006.

Humphreys, Andrew: *Grand Hotels of Egypt: In the Golden Age*, Cairo, American University of Cairo Press, 2012.

Hyam, Ronald: *Elgin and Churchill at the Colonial Office 1905—1908: The Watershed of the Empire-Commonwealth*, London, Macmillan, 1968.

Ilhahi, Shereen: *Imperial Violence and the Path to Independence: India, Ireland and the Crisis of Empire*, London, I.B. Tauris, 2016.

Iliffe, John: *The African Poor: A History*, Cambridge, Cambridge University Press, 2009.

James, Lawrence: *Imperial Warrior: The Life and Times of Field-Marshal Viscount Allenby 1861—1936*, London, Weidenfeld & Nicolson, 1993.

Jenkins, Roy: *Asquith*, London, Collins, 1964.

——*Churchill: A Biography*, Toronto, Plume, 2002.

Johnson, Rob: *The Great War and the Middle East*, Oxford, Oxford University Press, 2016.

——*Lawrence of Arabia on War: The Campaign in the Desert 1916—18*, Oxford, Osprey, 2020.

Judd, Denis and Keith Surridge: *The Boer War: A History*, London, I.B.Tauris, 2013

Karsh, Efraim and Inari Karsh: *Empires of the Sand: The Struggle for Mastery in the Middle East, 1789—1923*, Cambridge, MA, Harvard University Press, 2001.

Kattan, Victor: *From Coexistence to Conquest: International Law and the Origins of the Arab-Israeli Conflict, 1891—1949*, London, Pluto Press, 2009.

Kedourie, Elie: *In the Anglo-Arab Labyrinth: The McMahon-Husayn Correspondence and Its Interpretations 1914—1939*, London, Frank Cass, 2000.

——*The Chatham House Version and Other Middle-Eastern Studies*, Chicago, Ivan R. Dee, 2004.

King, Peter, ed.: *Lord Curzon: Travels with a Superior Person*, London, Sidgwick & Jackson, 1985.

Kirkbride, Alec Seath: *A Crackle of Thorns: Experiences in the Middle East*, London, John Murray, 1956.

Korda, Michael: *Hero: The Life and Legend of Lawrence of Arabia*, New York, HarperCollins, 2010.

Lacey, Robert: *The Kingdom: Arabia and the House of Saud*, New York, Harcourt Brace Jovanovich, 1982.

Lawrence, T.E.: *Seven Pillars of Wisdom: A Triumph*, Toronto, Penguin, 1990.

Lev, Shimon, ed.: *A General and a Gentleman: Allenby at the Gates of Jerusalem*, Jerusalem, Tower of David/Museum of the History of Jerusalem, 2017.

Lewis, Donald M.: *The Origins of Christian Zionism: Evangelical Support for a Jewish Homeland*, Cambridge, Cambridge University Press, 2010.

Liddell Hart, B.H.: *History of the First World War*, London, Pan Books, 1970.

Lieshout, Robert H.: *Britain and the Arab Middle East: World War I and Its Aftermath*, London, I.B. Tauris, 2016.

Longrigg, S.H.: *Iraq 1900—1950: A Political, Social and Economic History*, Oxford, Oxford University Press, 1956.

Lough, David: *No More Champagne: Churchill and His Money*, London, Head of Zeus, 2015.

Louis, Wm Roger: *The British Empire in the Middle East 1945—51: Arab Nationalism, the United States, and Postwar Imperialism*, Oxford, Clarendon Press, 1984.

——*Ends of British Imperialism: The Scramble for Empire, Suez and Decolonization*, London, I.B. Tauris, 2006.

Macintyre, Ben: *The Spy and the Traitor: The Greatest Espionage Story of the Cold War*, Toronto, Signal, 2018.

Mack, John E.: *A Prince of Our Disorder: The Life of T.E. Lawrence*, Cambridge, MA, Harvard University Press, 1998.

MacMillan, Margaret: *Paris 1919: Six Months That Changed the World*, New York, Random House, 2003.

Mak, Lanver: *The British in Egypt: Community, Crime and Crises 1882—1922*, London, I.B. Tauris, 2012.

Mangold, Peter: *What the British Did: Two Centuries in the Middle East*, London, I.B. Tauris, 2016.

Mansel, Philip: *Aleppo: The Rise and Fall of Syria's Great Merchant City*, London, I.B. Tauris, 2018.

Marlowe, John: *Late Victorian: The Life of Sir Arnold Talbot Wilson*, London, Cresset Press, 1967.

Matthew, H.C.G.: *Gladstone 1809—1898*, Oxford, Clarendon Press, 1997.

Mazza, Roberto: *Jerusalem: From the Ottomans to the British*, London, I.B. Tauris, 2013.

McMeekin, Sean: *The Berlin-Baghdad Express: The Ottoman Empire and Germany's Bid for World Power*, Cambridge, MA, Belknap Press, 2013.

——*The Ottoman Endgame: War, Revolution, and the Making of the Modern Middle East, 1908—1923*, London, Penguin, 2015.

McTague, John: *British Policy in Palestine, 1917—22*, Lanham, MD, University Press of America, 1983.

Meredith, Martin: *The State of Africa: A History of Fifty Years of Independence*, London, Free Press, 2005.

Meyer, Karl E. and Shareen Blair Brysac: *Kingmakers: The Invention of the Modern Middle East*, New York, W.W. Norton, 2009.

Millard, Candice: *Hero of the Empire: The Boer War, a Daring Escape and the Making of Winston Churchill*, New York, Doubleday, 2016.

Olson, Robert: *The Emergence of Kurdish Nationalism and the Sheikh Said Rebellion, 1880—1925*, Austin, TX, University of Texas Press, 1989.

Otte, T.G.: *Statesman of Europe: A Life of Sir Edward Grey*, London, Allen Lane, 2020.

Owen, Roger: *Lord Cromer: Victorian Imperialist, Edwardian Proconsul*, Oxford, Oxford University Press, 2004.

Pakenham, Thomas: *The Scramble for Africa*, New York, Random House, 1990.

Paris, Timothy J.: *Britain, the Hashemites and Arab Rule 1920—1925: The Sherifian Solution*, London Routledge, 2003.

——*In Defence of Britain's Middle Eastern Empire: A Life of Sir Gilbert Clayton*, Brighton, Sussex Academic Press, 2015.

Patrick, Andrew: *America's Forgotten Middle East Initiative: The King—Crane Commission of 1919*, London, I.B. Tauris, 1919.

Pedersen, Susan: *The Guardians: The League of Nations and the Crisis of Empire*, Oxford, Oxford University Press, 2015.

Philby, H. St J.B.: *Arabian Days*, London, Robert Hale, 1948.

Provence, Michael: *The Last Ottoman Generation and the Making of the Modern Middle East*, Cambridge, Cambridge University Press, 2017.

Purnell, Sonia: *Clementine: The Life of Mrs Winston Churchill*, New York, Viking, 2015.

Reinharz, Jehuda: *Chaim Weizmann: The Making of a Statesman, Vol.2*, Oxford, Oxford University Press, 1993.

Renton, James: *The Zionist Masquerade: The Birth of the Anglo-Zionist Alliance, 1914—1918*, New York, Palgrave Macmillan, 2007.

Richards, David Adams: *Lord Beaverbrook*, Toronto, Penguin, 2011.

Robins, Philip: *A History of Jordan*, 2nd edn, Cambridge, Cambridge University Press, 2019.

Rogan, Eugene: *Frontiers of the State in the Late Ottoman Empire: Transjordan, 1851—1920*, Cambridge, Cambridge University Press, 1999.

——*The Fall of the Ottomans: The Great War in the Middle East*, New York, Basic Books, 2015.

Rose, Norman: *Chaim Weizmann: A Biography*, London, Penguin, 1989.

Said, Edward W.: *Orientalism*, New York, Pantheon Books, 1978.

——*Culture and Imperialism*, New York, Knopf, 1993.

Satia, Priya: *Spies in Arabia: The Great War and the Cultural Foundations of Britain's Covert Empire in the Middle East*, New York, Oxford University Press, 2008.

Sattin, Anthony: *Young Lawrence: A Portrait of the Legend as a Young Man*, London, John Murray, 2015.

Saunders, Nicholas J.: *Desert Insurgency: Archaeology, T.E. Lawrence, and the Arab Revolt*, Oxford, Oxford University Press, 2020.

Schayegh, Cyrus and Andrew Arsan, eds.: *The Routledge Handbook of the History of the Middle East Mandates*, London, Routledge, 2020.

Schechtman, Joseph B.: *Rebel and Statesman: The Vladimir Jabotinsky Story*, New York, Thomas Yoseloff, 1956.

Schneer, Jonathan: *The Balfour Declaration: The Origins of the Arab—Israeli Conflict*, New York, Random House, 2010.

Sklieman, Aaron: *Foundations of British Policy in the Arab World: The Cairo Conference of 1921*, Baltimore, MD, Johns Hopkins Press, 1970.

Sluglett, Peter: *Britain in Iraq 1914—1932*, New York, Columbia University, 2007.

Soames, Mary: *Churchill: His Life as a Painter*, London, Viking, 1990.

Stacey, C.P.: *Canada and the Age of Conflict, Volume 2: 1921—1948, The Mackenzie King Era*, Toronto, University of Toronto Press, 1981.

Stafford, David: *Oblivion or Glory: 1921 and the Making of Winston Churchill*, New Haven, CT, and London, Yale University Press, 2019.

Stein, Leonard: *The Balfour Declaration*, London, Magnes Press, 1983.

Sykes, Christopher Simon: *The Man Who Created the Middle East: A Story of Empire, Conflict and the Sykes—Picot Agreement*, London, HarperCollins, 2016.

Tauber, Eliezer: *The Arab Movements in World War I*, London, Routledge, 1993.

Thesiger, Wilfred: *Arabian Sands*, London, Longmans, 1959.

Thompson, Elizabeth F.: *How the West Stole Democracy from the Arabs*, New York, Atlantic Monthly Press, 2020.

Thompson, Walter H.: *Assignment Churchill*, New York, Farrar, Straus and Young, 1955.

Thornton, A.P.: *The Habit of Authority: Paternalism in British History*, London, Allen & Unwin, 1966.

Tosh, John: *Manliness and Masculinities in Nineteenth-Century Britain: Essays on Gender, Family and Empire*, Harlow, Pearson Longman, 2005.

Townsend, John: *Proconsul to the Middle East: Sir Percy Cox and the End of Empire*, London, I.B. Tauris, 2010.

Toye, Richard: *Churchill's Empire: The World That Made Him and the World He Made*, London, Pan Books, 2011.

Tripp, Charles: *A History of Iraq*, Cambridge, Cambridge University Press, 2007.

Wallach, Janet: *Desert Queen: The Extraordinary Life of Gertrude Bell*, London, Weidenfeld & Nicolson, 1996.

Wasserstein, Bernard: *The British in Palestine: The Mandatory Government and the Arab- Jewish Conflict, 1917—1929*, Oxford, Blackwell, 1991.

Wavell, Field Marshal Viscount: *Allenby: Soldier and Statesman*, London, White Lion, 1974.

Westrate, Bruce: *The Arab Bureau: British Policy in the Middle East, 1916—1920*, State College, PA, Pennsylvania State University Press, 1992.

Wilson, Jeremy: *Lawrence of Arabia: The Authorized Biography of T.E. Lawrence*, New York, Atheneum, 1990.

Wilson, Mary C.: *King Abdullah, Britain and the Making of Jordan*, Cambridge, Cambridge University Press, 1987.

Winstone, H.V.F.: *Gertrude Bell: A Biography*, London, Jonathan Cape, 1978.

Young, Hubert: *The Independent Arab*, London, John Murray, 1933.

文章

Atkins, Richard A.: 'The Origins of the Anglo-French Condominium in Egypt, 1875—1876', *Historian*, vol. 36, no. 2 (February 1974) , pp.264—282.

Boak, Denis: 'Malraux and T.E. Lawrence', *Modern Language Review*, vol. 61, no. 2 (April 1966) , pp.218—224.

Bar-Josef, Eitan: 'The Last Crusade? British Propaganda and the Palestine Campaign, 1917—1918', *Journal of Contemporary History*, vol. 36, no. 1 (January 2001) , pp.87—109.

Cogley, Richard W: 'The Fall of the Ottoman Empire and the Restoration of Israel in the "Judeo-Centric" Strand of Puritan Millenarianism', *Church History*, vol. 72, no. 2, (June 2003) , pp.304—332.

Darwin, John: 'An Undeclared Empire: The British in the Middle East, 1918—39', *Journal of Imperial and Commonwealth History*, vol. 27, no. 2 (May 1999) , pp.159—176.

Eskander, Saad: 'Britain's Policy in Southern Kurdistan: The Formation and Termination of the First Kurdish Government, 1918—1919', *British Journal of Middle Eastern Studies*, vol.27, no. 2, pp.139—163.

Frantzman, Seth J., Benjamin W. Glueckstadt and Ruth Kark: 'The Anglican Church in Palestine and Israel: Colonialism, Arabization and Land

Ownership', *Middle Eastern Studies*, vol. 47, no. 1 (January 2011) , pp.101—126.

Friedman, Isaiah: 'How Trans-Jordan Was Severed from the Territory of the Jewish National Home', *Journal of Israeli History*, vol. 27, no. 1 (2008) , pp.65—85.

Friesel, Evyatar: 'British Officials on the Situation in Palestine, 1923', *Middle Eastern Studies*, vol. 23, no. 2 (April 1987) , pp.194—210.

Glenn, Ted: 'Lawrence of Canada', *Canada's History*, vol. 100, no. 6 (December 2020—January 2021) , pp.20—27

Halevy, Dotan: 'Toward a Palestinian History of Ruins: Interwar Gaza', *Journal of Palestine Studies*, vol. 48, no. 1 (autumn 2018) , pp.53—72.

Hughes, Matthew: 'Elie Kedourie and the Capture of Damascus, 1 October 1918: A Reassessment', *War & Society*, vol. 23, no. 1 (2005) , pp.87—106.

Huneidi, Sahar: 'Was Balfour Policy Reversible? The Colonial Office and Palestine, 1921—23', *Journal of Palestine Studies*, vol. 27, no. 2 (1998) , pp.23—41.

Killingray, David: 'A Swift Agent of Government: Air Power in British Colonial Africa, 1916—1939', *Journal of African History*, vol. 25, no. 4 (1984) , pp.429—444.

Masalha, N: 'Faisal's Pan Arabism, 1921—33', *Middle Eastern Studies*, vol. 27, no. 4 (October 1991) , pp.679—693.

Paris, Timothy J: 'British Middle East Policy-Making after the First World War: The Lawrentian and Wilsonian Schools', *Historical Journal*, vol. 41, (September 1998) , pp.773—793.

Reid, Donald M: 'Political Assassination in Egypt, 1910—1954', *International Journal of African Historical Studies*, vol. 15, no. 4 (1982) , pp.625—651.

Satia, Priya: 'The Defence of Inhumanity: Air Control and the British Idea of Arabia', *American Historical Review*, vol. 111, no. 1 (2006) , pp.26—32.

期刊杂志

《大西洋月刊》(*The Atlantic*) (Washington, DC)

《加拿大历史》(*Canada's History*) (Toronto)
《纽约客》(*The New Yorker*)
《斯特兰杂志》(*Strand Magazine*) (London)
《圣尼古拉斯》(*St Nicholas*) (New York)

报纸

《殖民时报》(*Colonial Times*) (Hobart, Tasmania)
《每日先驱报》(*Daily Herald*) (London)
《曼彻斯特卫报》(*The Manchester Guardian)*
《星期日先驱报》(*Illustrated Sunday Herald*) (London)
《纽约时报》(*New York Times*)
《星期日泰晤士报》(*The Sunday Times*) (London)
《泰晤士报》(*The Times*) (London)
《华盛顿邮报》(*Washington Post*)

小说

Russell, Mary Doria: *Dreamers of the Day*, New York, Ballantine Books, 2008.

纪录片

Krayenbühl, Sabine and Zeva Oelbaum, dirs.: *Letters from Baghdad*, Vitagraph Films, 2016.

录音记录

British Library Sound Archive

“方尖碑”书系

第三帝国的兴亡：纳粹德国史

［美国］威廉・夏伊勒

柏林日记：二战驻德记者见闻，1934—1941

［美国］威廉・夏伊勒

第三共和国的崩溃：一九四〇年法国沦陷之研究

［美国］威廉・夏伊勒

新月与蔷薇：波斯五千年

［伊朗］霍马・卡图赞

海德里希传：从音乐家之子到希特勒的刽子手

［德国］罗伯特・格瓦特

威尼斯史：向海而生的城市共和国

［英国］约翰・朱利叶斯・诺里奇

巴黎传：法兰西的缩影

［英国］科林・琼斯

末代沙皇：尼古拉二世的最后 503 天

［英国］罗伯特・瑟维斯

巴巴罗萨行动：1941，绝对战争

［法国］让・洛佩　［格鲁吉亚］拉沙・奥特赫梅祖里

帝国的铸就：1861—1871：改革三巨人与他们塑造的世界

［美国］迈克尔・贝兰

罗马：一座城市的兴衰史

［英国］克里斯托弗・希伯特

1914：世界终结之年

［澳大利亚］保罗・哈姆

刺杀斐迪南：1914 年的萨拉热窝与一桩改变世界的罗曼史

［美国］格雷格·金　［英国］休·伍尔曼斯

极北之地：西伯利亚史诗

［瑞士］埃里克·厄斯利

空中花园：追踪一座扑朔迷离的世界奇迹

［英国］斯蒂芬妮·达利

俄罗斯帝国史：从留里克到尼古拉二世

［法国］米歇尔·埃莱尔

魏玛共和国的兴亡：1918—1933

［德国］汉斯·蒙森

独立战争与世界重启：一部新的十八世纪晚期全球史

［美国］马修·洛克伍德

港口城市与解锁世界：一部新的蒸汽时代全球史

［英国］约翰·达尔文

战败者：1917—1923 年欧洲的革命与暴力

［德国］罗伯特·格瓦特

盎格鲁-撒克逊人：英格兰的形成，400—1066

［英国］马克·莫里斯

巴比伦城：神话与奇迹之地

［英国］斯蒂芬妮·达利

吴哥王朝兴亡史

［日本］石泽良昭

伟大民族：从路易十五到拿破仑的法国史

［英国］科林·琼斯

穿破黑暗：灯塔的故事

［意大利］维罗妮卡·德拉·多拉

苏美尔文明

拱玉书

维纳斯与阿佛洛狄忒：一个女神的历史

［英国］贝塔妮·休斯

大马士革：刀锋下的玫瑰

［澳大利亚］罗斯·伯恩斯

开罗 1921：缔造现代中东的十日

［加拿大］C. 布拉德·福特

（更多资讯请关注新浪微博@译林方尖碑，
微信公众号“方尖碑书系”）

方尖碑微博　　方尖碑微信